Mecklenburgische Seenplatte

Land der 1000 Seen mit Nationalpark Müritz

Sven Hähle

GPX-Daten zum Download

www.kompass.de/gpx

Kostenloser Download der GPX-Daten der im Wanderführer enthaltenen Wandertouren.

AUTOR

„Geboren in Karl-Marx-Stadt“ steht im Personalausweis. Doch seit fast 25 Jahren lebt und arbeitet **Sven Hähle** in Oberbayern. Über seine Wahlheimat schrieb der studierte Ingenieur und langjährige Outdoor-Trainer das Buch „Radvergnügen Chiemgau & Rupertiwinkel“. Mit dem Osten Deutschlands fühlt sich Sven Hähle eng verbunden. So verfasste er neben dem vorliegenden Buch auch einen Radführer für die Mecklenburgische Seenplatte sowie den KOMPASS-Wanderführer „Erzgebirge“. Der Band „Mittelsachsen“ ist bereits in Arbeit.

VORWORT

Liebe Leserin, lieber Leser,

mein erster Wanderurlaub in der Mecklenburgischen Seenplatte begann frustrierend. Es war August, es hatte mehrere Tage dauergeregnet und ich fror. Unter dunklen Wolken stapfte ich seelenallein dahin. Dicke Wassertropfen platschten auf den Plauer See, rauer Wind blies mir ins Gesicht. Und da saß er plötzlich: ein wunderschöner Eisvogel, schillernd blau, mit einem kleinen silberglänzenden Fisch im Schnabel! In diesem Augenblick erhellte sich mein Himmel. Mir wurde klar, wie viel faszinierende Natur die Mecklenburgische Seenplatte besitzt: mehr als die meisten anderen Wanderregionen Deutschlands.

Schon beim zweiten Besuch erlebte ich das „Land der 1000 Seen“ in Sonne. Und wie es sich für einen gelungenen Sommerurlaub mit der Familie gehört, wurde nicht nur gewandert, sondern auch im Wasser herumgetollt, Sehenswürdigkeiten besucht und gut gespeist.

Ob jung oder alt: Das größte zusammenhängende Seengebiet Europas bietet allerbeste Voraussetzungen für Menschen, die gern draußen sind. Die Seenplatte ist quasi grenzenlos: Sie erstreckt sich über Mecklenburg hinweg bis nach Brandenburg und besitzt mit dem Müritz-Nationalpark den größten terrestrischen Nationalpark Deutschlands.

Doch unsere Wanderregion bietet nicht nur wundervolle Natur. Vor allem ist sie eine einmalige Kulturlandschaft mit einer langen Siedlungsgeschichte. Davon zeugen viele Grabanlagen aus der Steinzeit und der Bronzezeit, mittelalterliche Burgen sowie unzählige Gutshäuser, von denen manche zurecht Schlösser genannt werden.

Vier Naturparke im Gebiet der Mecklenburgischen Seenplatte haben es sich zur Aufgabe gemacht, einzigartige Natur- und Kuturlandschaften zu bewahren. Ob in der Feldberger Seenlandschaft oder in der Mecklenburgischen Schweiz, im Sternberger Seenland oder im Naturpark Nossentiner/Schwinzer Heide: Wandern lohnt sich!

Großartige Erlebnisse wünscht Ihnen

Sven Hähle

Kulturlandschaft: Kirschbaumblüte in der Nähe von Goldberg

INHALT UND TOURENÜBERSICHT

AUFTAKT

km	h	hm	hm	P								Karte
10,2	2:30	92	92	✓	✓		✓	✓	✓		✓	865
10,2	2:45	138	138	✓			✓		✓		✓	865
16,9	4:45	155	155	✓		✓	✓				✓	865
12,3	3:15	80	80	✓			✓				✓	865
9,7	2:30	42	42	✓	✓				✓			865
20,9	5:15	81	81	✓	✓		✓			✓	✓	865
14,8	4:00	119	119	✓	✓						✓	865
7,4	2:00	84	84	✓			✓		✓			865
17,4	4:45	147	149		✓		✓	✓			✓	865
12,1	3:30	140	139	✓	✓	✓	✓	✓			✓	865
12,6	3:15	125	125	✓							✓	865
10,5	2:45	51	51	✓					✓	✓		865
13	3:30	44	44	✓	✓		✓	✓	✓		✓	865
17,2	4:30	93	93	✓	✓		✓		✓			865
11,1	3:00	59	59	✓		✓	✓		✓		✓	865
6,9	1:45	16	16	✓			✓		✓			865
14,8	3:45	90	90	✓						✓	✓	865
13,5	3:30	141	141	✓	✓		✓		✓	✓	✓	865
13,9	3:45	35	35	✓	✓		✓				✓	865

INHALT UND TOURENÜBERSICHT

Still: der Krakower See in der Nähe der Halbinsel Lehmwerder

km	h	hm	hm	P								Karte
8,2	2:15	40	40	✓								865
15,5	4:00	69	69	✓				✓	✓	✓		865
21	5:30	72	72	✓	✓				✓	✓	✓	865
23,3	6:15	81	81	✓	✓		✓	✓	✓	✓	✓	865
11,1	3:00	104	104									865
15,7	4:00	57	57	✓			✓		✓		✓	865
14,9	4:00	37	37	✓			✓		✓	✓		865
9	2:30	47	47	✓	✓		✓				✓	865
10,3	2:45	33	33	✓			✓		✓	✓	✓	865
11,8	3:15	69	69	✓							✓	865
12,8	3:30	45	45	✓			✓				✓	865
8,9	2:30	28	28	✓					✓	✓		865
11,6	3:15	66	66	✓								865

Lebhaft: Der Schweriner See an einem stürmischen Frühlingstag

INHALT UND TOURENÜBERSICHT

km	h	hm	hm									Karte
12,9	3:15	107	107	✓								865
6,2	1:45	51	51	✓	✓				✓			865
4,9	1:30	6	6	✓		✓	✓				✓	865
7,3	1:45	71	71	✓				✓				865
13,2	3:30	136	136	✓			✓	✓	✓		✓	865
14	3:30	63	63	✓							✓	865
15,1	4:00	72	72	✓	✓		✓				✓	865
8	2:15	29	29	✓			✓					865
25,9	6:30	149	149	✓		✓	✓			✓	✓	865
14,2	4:00	91	91	✓			✓	✓			✓	865
6,5	1:45	41	41	✓			✓				✓	865
11,5	3:15	92	92	✓								865
10,6	3:15	41	41	✓			✓	✓			✓	865
9,5	2:30	43	43	✓								865
21,6	3:45	129	129	✓			✓		✓	✓	✓	865
14	3:45	123	123	✓				✓		✓	✓	865
17,8	4:45	162	162		✓			✓				865
8,4	2:00	104	104	✓								865
9,3	2:30	81	81	✓								865
7,2	2:00	68	68	✓							✓	865
16,2	4:15	164	164				✓					865
13,5	4:00	101	101									865
9,1	2:30	98	98	✓	✓							865

GEBIETSÜBERSICHTSKARTE

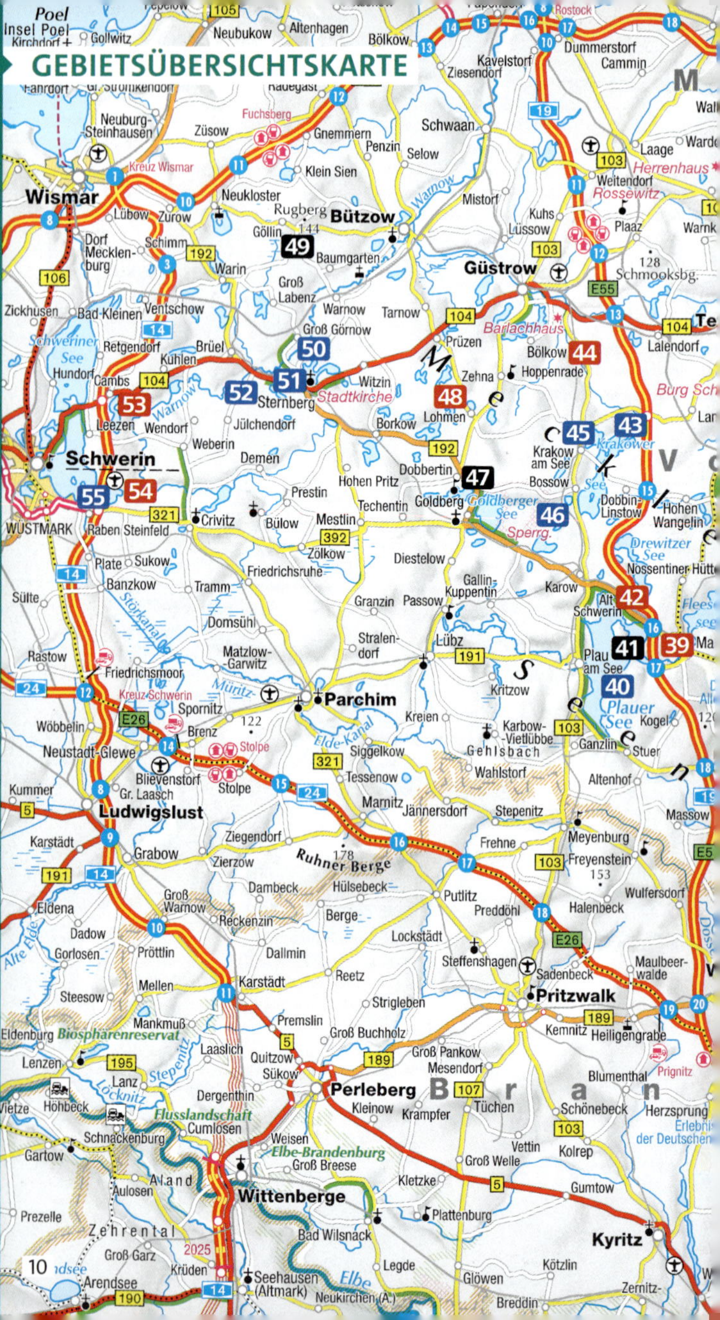

Behren-Lübchin
Deyelsdorf
Grammendorf
Rakow
Dersekow
Hanshagen
109
Glewitz
Sassen-Trantow
Görmin
20
Nehringen
Mecklenburg-Vorpommern
Gnoien
Nossendorf
Loitz
Züssow
Karlsburg
110
Stubbendorf
Trebel
27
Gützkow
111
Schmatzin
Jarmen
Demmin
Tutow
28
Lüssow
Altkalen
Dargun
Peene
Neetzow-Liepen
Ziethen
Jördenstorf
194
Utzedel
Demminer Land
Tollense
Anklam
Lelkendorf
Verchen
E251
199
Beggerow
Pelsin
15
Alt Sührkow
Neukalen
Borrentin
Deutsche Alleenstraße
29
36
Mecklenburgische Schweiz
Kummerower See
Breest
Kummerow
Burow
Spantekow
Lindenberg
108
Sarnow
Malchin
Gültz
197
Demzin
16
Ivenack
Tützpatz
Tausendjähr. Eiche
30
34
Gielow
104
Basedow
33
Rathaus
Reuterstadt Stavenhagen
Altentreptow
Wolde
Jürgenstorf
31
Brunn
Friedland
12
Schwinkendorf
Wildberg
Neddemin
Galenbecker See
Faulenrost
Rosenow
148
108
Alt Schönau
194
Ostpeene
Sadelkow
Möllin
9
Neubrandenburg
32
Schönbeck
Groß Gievitz
Varchentin
Weitin
10
33
Waren (Müritz)
Groß Plasten
192
Wulkenzin
27,28
24
Möllenhagen
Tollensesee
96
Burg Stargard
Alt Käbelich
Helpter Berge
179
26
25
Ankershagen
17
Penzlin
104
Plath
Klink
193
Groß Nemerow
1
Woldegk
23
Müritz-
E251
Kratzeburg
11
198
Müritz
18,19
Blumenholz
Blankensee
Röbel/M.
Boek
198
Bredenfelde
Naturpark
Ludorf
Neustrelitz
Möllenbeck
Fürstenwerder
National-
20
13
8
Feldberger
Rechlin
21
Userin
Carpin
5,2
3
park
7
Feldberg
Schönermark
Roggentin
Vipperow
Woblitzsee
Fürstensee
Seen-
Naturpark
198
Wokuhl-Dabelow
4
Mirow
22
Beenz
Boitzenburg
Wesenberg
E251
landschaft
30
Strelitzer Seenplatte
Uckermärkische
Schwarz
Wustrow
Lychen
6
Jakobshagen
122
Ravensbrück
Mittenwalde
Diemitz
Fürstenberg
Gedenkstätte
Schweinrich
29
Templiner Seen
109
Flecken Zechlin
Großer Stechlinsee
Neuglobsow
Zechlinerhütte
14
Densow
Stechlin-Ruppiner Land
96
Seen
Templin
Milmersdorf
Wallitz
Linow
Rheinsberg
Gadow
Menz
Blumenow
Dannenwalde
Sperrgebiet
Hammelspring
Gühlen-Glienicke
116
Brandenburg
Deutsche Alleenstraße
Zabelsdorf
Vietmannsdorf
31
Ruppiner Schweiz
Schulzendorf
Alt-Lüdersdf.
Dierberg
Schönermark
Katerbow
122
Gransee
Groß Dölln
24
Zehdenick
Walsleben
Alt Ruppin
Lindow (Mark)
Schorfheide
109
Krewelin
Werbellinsee
Jagdschloss Hubertusstock
Neuruppin
Löwenberger Land
Löwenberg
Falkenthal
Dabergotz
22
Ruppiner See
167
Herzberg (Mark)
Grieben
167
Groß Schönebeck
Eichhorst
167

DAS GEBIET

Ein Überblick zur Natur der Mecklenburgischen Seenplatte – mehr Infos bietet der Autor unter:
www.natur-heimat.de/1000seen

Landschaft der letzten Eiszeit

Das „Land der 1.000 Seen" erhielt seine Gestalt während der Weichsel-Eiszeit (ca. 113.000-9.700 v. Chr.) Eine kilometerdicke Eisdecke überzog weite Teile Nordeuropas. Während kälterer Perioden nahm die Vereisung südwärts zu, in wärmeren Zeiten wich das Eis nordwärts zurück. Viermal erreichten Gletscher unsere Wanderregion. Bei jedem Vorstoß und Rückzug hinterließen Eis und Schmelzwasser ein regelmäßiges Relief: die Glaziale Serie. Von Nord nach Süd:

GRUNDMORÄNEN

Die flachwelligen Grundmoränen entstanden durch Ablagerung von Geschiebemergel am Grund des Gletschereises. Dieses Ablagerungsgestein enthält alle Arten von Moränenmaterial: große Gesteinsblöcke (Findlinge), groben Kies, feinen Sand, noch feineren Schluff sowie feinsten Ton. Meist sorgt zerriebene Kreide aus dem Ostseeraum für den Zusammenhalt des Geschiebemergels (Kreide besteht im Wesentlichen aus Kalk). Wird die Kreide ausgewaschen, entsteht Geschiebelehm.

ENDMORÄNEN

Hügelige Endmoränen kennzeichnen den maximalen Eisvorstoß während der kalten Phasen. Schmelzwasser spülte Sand, Schluff und Ton aus, weshalb die Endmoränen vor allem aus Kies und Findlingen bestehen. Oft lässt sich noch die Lage der Gletscherzungen erkennen. Wo sich welche berührten, finden sich meist besonders hohe und steile Endmoränen.

SANDER

Schmelzwasser durchschnitt die Endmoränen und Flüsse verzweigten am Eisrand. Aus den Gletschertoren vor den Gletscherzungen wurden Sand und feiner Kies ausgeschwemmt und zu ebenen, fächerförmigen Sandern aufgeschüttet.

URSTROMTÄLER

In den breiten, flachen Niederungen strömten die mächtigen Schmelzwasserflüsse parallel zum Eisrand. Nach dem Ende der Weichsel-Eiszeit bildeten sie große Moorgebiete. Bis heute folgen viele Flüsse den Urstromtälern.

Von Landschaft zu Landwirtschaft

Durch natürliche Verwitterung und jüngere Ablagerungen, vor allem Löß, verändert sich die eiszeitliche Landschaft bis heute. Zudem prägt der Mensch die Landschaft, etwa durch landwirtschaftliche Nutzung oder Kiesabbau. Positiver Nebeneffekt: Wer tiefer in die eiszeitliche Geologie einsteigen will, kann es in Kiesgruben im wahrsten Sinne des Wortes tun – sofern das Betreten erlaubt ist.

Wo sandige Ablagerungen überwiegen, haben die Böden wenig Ertragspotenzial. Die Sander im Zentrum unseres Wandergebiets, besonders im Müritz-Nationalpark und im Naturpark Nossentiner/Schwinzer Heide, sind beispielhaft. Viel Wald und ein wenig Grünland dominieren.

Schluff und Ton steigern die Fruchtbarkeit der Böden. Bodengesellschaften, in denen Fahlerde als Leitboden auftritt, haben ein mittleres Ertragspotenzial. Kommt Parabraunerde hinzu oder tritt diese in Kombination mit anderen Bodenarten auf, steigert sich das landwirtschaftliche Ertragspoten-

Glaziale Kleinformen

Neben den Hauptformen der Glazialen Serie gibt es weitere Elemente, welche die eiszeitliche Landschaft prägen:

- Am häufigsten begegnen wir Söllen (Einzahl: das Soll). Beim Rückzug des Gletschers blieben unbewegliche Eisblöcke zurück, die später tauten und markante Hohlformen hinterließen. Manche Sölle sind noch mit Wasser gefüllt (Toteislöcher oder -seen), andere vermoort oder ausgetrocknet.
- Langgestreckte Rinnenseen entstanden durch Schmelzwasserflüsse unter dem Gletscher. Nicht alle sind so deutlich ausgeprägt wie der Schmale Luzin (Tour 2 und Tour 3 – Lieblingstour des Autors).
- Drumlins, Oser und Kames sind auffällige Geländeerhebungen mit unterschiedlicher Entstehung und Ausprägung.

zial deutlich. Fruchtbare Parabraunerde hat häufig Löß als Grundlage – feines Gesteinsmehl, das durch Einwirkungen der Gletscher und Frostverwitterung entstand.

Wo sich Moore befinden oder dereinst befanden, treffen wir auf Moorböden. Niedermoore besitzen Zu- und Abläufe oder werden von Grund- oder Quellwasser gespeist. Sie sind von Natur aus nährstoffreich, durch die enorme Nässe jedoch kaum landwirtschaftlich nutzbar. Durch Entwässerungsmaßnahmen versuchte man, Flächen für Grünland zu gewinnen. Inzwischen wurden viele Niedermoore wiedervernässt – sie sollen sich als wertvolle Landschaftsbestandteile regenerieren. Imposant ist die Große Rosin (Tour 15), das größte Flussniedermoor im westlichen Europa.

Vielfältige natürliche Lebensräume

MOORE

In Mooren müssen sich Pflanzen und Tiere an extreme Lebensbedingungen anpassen. Das gilt vor allem für Hochmoore, die wegen des geringen Nährstoffvorrats auch Armmoore genannt. Ihre „Baumeister“ sind die Torfmoose. Während ihr Unterirdisches abstirbt, entsteht unter Sauerstoffabschluss Torf. Er wächst quasi mit der Pflanze nach oben. So entsteht die typische „Uhrglasform“ der Hochmoore, die nur durch Regenwasser gespeist werden. In früheren Zeiten wurde Torf gestochen, der als Heizmaterial diente. Heute stehen alle Hochmoore unter Naturschutz. In unserer Wanderregion sind sie selten. Ein Beispiel ist das Rugenseemoor (Tour 49).

Eine Besonderheit eiszeitlicher Landschaften sind Kesselmoore, die sich in einem Entwicklungsstadium zwischen Nieder- und Hochmoor befinden. Sie entstanden zumeist aus Söllen und besitzen keinen Zu- und Ablauf. Ihnen fehlt jedoch die „Uhrglasform“, da der Torf eher in den Boden absinkt als sich aufzuwölben. Das Kesselmoor um die Wienpietschseen ist eindrucksvoll (Tour 28).

Zwischen Torfmoosen wachsen Spezialisten: die Sonnentaue. Die „fleischfressenden Pflanzen“ leben vom Eiweiß kleiner Insekten, die an ihrem „Fangarmen“ „klebenbleiben“. Die Moorbirke sowie verschiedene Wollgräser sind ebenfalls typisch für Hoch- und Kesselmoore. Moore sind Lebensräume für eine Vielzahl von Insekten, ganz besonders für Libellen und Schmetterlinge. In Niedermooren sind viele Amphibien zuhause, in Hochmooren Reptilien wie die Kreuzotter. Wanderer müssen sich vor der giftigen Schlange jedoch nicht fürchten: Die Tiere sind selten und scheu.

NATURWIESEN

Die typischerweise mit Pfeifengräsern bewachsenen Streuwiesen am Rande vieler Niedermoore entstanden durch traditionelle Mahd. Sofern sie nicht der Trockenlegung und Überdüngung zum Opfer fielen, sind Streuwiesen artenreich. Sie sind Standorte für Orchideen sowie wertvolle Brut- und Rastplätze für eine Vielzahl Vogelarten. Kiebitze und Schnepfenvögel wie der Große Brachvogel finden auf den Streuwiesen Nahrung – genau wie auf natürlichen Feuchtwiesen, die nicht gedüngt werden. Natürliche Feuchtwiesen erkennen wir an Binsengewächsen und den leuchtend gelben Trollblumen (nicht zu verwechseln mit anderen Hahnenfuchsgewächsen). Alle Naturwiesen sind bevorzugte Rastplätze für Zugvögel wie den Weißstorch und den Kranich. Jährlich rasten Tausende Kraniche in der Mecklenburgischen Seenplatte.

AUWÄLDER

Natürliche Flussauen dienen dem Hochwasserschutz, indem sie extreme Wasserstände regulieren. Tritt der Fluss wegen starker Niederschläge über die Ufer, nimmt die Aue das überschüssige Wasser auf. Die Auwälder bremsen die Geschwindigkeit, mit dem es abfließt, und helfen zugleich, das Grundwasser reinzuhalten. An den Wechsel von Trockenheit und Nässe haben sich Pflanzen und Tiere angepasst. Typische Bäume sind Weiden. Mehr als die Hälfte aller Libellenarten Deutschlands sind in Auen zuhause. In Stillgewässern leben Kleinkrebse. Amphibien laichen im seichten Wasser und Säugetiere nutzen Auwälder als Schutz- und Ruheräume.

BRUCHWÄLDER

Bruchwälder finden wir in Geländemulden, wo sie sich meist aus Mooren entwickelten, sowie in Verlandungsbereichen von Seen. Sie sind durch dichten Bewuchs, Sumpf- und Wasserstellen gekennzeichnet. Überschwemmungen im Frühjahr sind normal. Der Oberboden der Bruchwälder besteht aus zersetztem Pflanzenmaterial. Schwarzerlen mit ihren typischen Stehwurzeln sind dominant. Etwa zwei Drittel aller Säugetierarten der Mecklenburgischen Seenplatte leben in Bruchwäldern. Neben dem Europäischen Biber, dessen Spuren wir vermehrt begegnen, sind der Fischotter, der Baummarder und der Europäische Iltis in Bruchwäldern zuhause. Einen guten Einblick in den Lebensraum Erlenbruchwald bietet die Tour 38.

SEEN

Im „Land der 1.000 Seen“ sind sie allgegenwärtig: kleine und große, breite und schmale, flache und tiefe Seen.

• Durch Huminsäuren, die bei der Zersetzung organischen Materials entstehen, besitzt das Wasser von Moorseen braune Farbtöne. Die ph-Werte des Wassers sind niedrig (saures Milieu); das Nährstoffangebot entspricht dem Moortypus.
• Die im Wandergebiet seltenen Quellseen sind nährstoffarm und kalkreich, die pH-Werte des Wassers hoch (basisches Milieu). Wie es ihr Name verrät,

Natürlicher Buchenwald, hier im Naturschutzgebiet Stechlin während der Wanderung 14 fotografiert, ist inzwischen eine Seltenheit

werden sie von Grundwasserquellen gespeist. Ein interessantes Beispiel ist der Krüselinsee (Tour 4), dessen Zulauf Hangquellen bilden. Das moorige Wasser des etwa zehn Meter höher gelegenen Dreetzsees (Tour 3) wird durch Sanderschichten zu klarem Hangquellwasser gefiltert.

• Abgesehen von der fehlenden Grundwasserquelle besitzen eiszeitliche Klarwasserseen dieselben Merkmale wie Quellseen. Oft handelt es sich um Rinnenseen. Am Grund leben Armleuchteralgen. Als „biologische Filter" sind sie maßgeblich für die hohe Wasserqualität verantwortlich und schaffen optimale Lebensbedingungen für Fische, Krebse und Molche. Die Kleine Maräne ist ein Fisch, der ausschließlich im Klarwasser lebt. Während einer Rast in der Fischerei am Stechlinsee (Tour 14) können Sie Maränen verköstigen.

• Von Flüssen durchströmte Seen wie die Havelseen sind nährstoffreich. Dadurch wird das Wachstum von Algen begünstigt und das Wasser ist trüb. Abwässer und Einträge aus der Landwirtschaft verschlechtern die Wasserqualität. Solange die Nitrat- und Giftstoffbelastung nicht zu hoch ist, fühlen sich viele Fischarten wohl.

Alle Seen sind Lebensraum für Enten- und Gänsevögel, Möwen und andere Wasservögel. Fischreiche Seen bilden die Nahrungsquelle für Großvögel wie Reiher und Kormorane. Auch Greifvögel ernähren sich von Fisch. Fischadler kann man im Müritz-Nationalpark beobachten (Tour 25).

BUCHENWÄLDER

Die Mecklenburgischen Seenplatte ist waldreich. Von Natur aus wäre die Rotbuche der vorherrschende Baum. Doch die natürlichen Buchenwälder wurden weitestgehend zerstört. Was mit der Rodung zu Siedlungszwecken begann, setzte sich mit profitorientierter Forstwirtschaft fort: Naturwälder wurden abgeholzt, Monokulturen aus schnell wachsenden Baumarten aufgeforstet. Schier endlose Kiefernforste gehören daher zum Landschaftsbild unserer Wanderregion. Neben dem Holz nutzte man in früheren Zeiten auch das Harz (siehe Tour 19). Die letzten natürlichen Buchenwälder lernen wir auf den Touren 5 und 8 kennen: Die Heiligen Hallen bei Lüttenhagen sowie den Buchenwald von Serrahn, ein UNESCO-Weltnaturerbe. Alte Rotbuchenwälder durchstreifen wir außerdem im Naturschutzgebiet Ostpeene (Tour 33) sowie in den Durchbruchstälern der Nebel (Tour 43), der Mildenitz (Tour 47) und der Warnow (Tour 50). Während die menschgemachten Forste eine geringe Artenvielfalt aufweisen, zeichnen sich die natürlichen Buchenwälder durch eine enorme Biodiversität aus.

ALLGEMEINE TOURENHINWEISE

SCHWIERIGKEITSGRADE

■ LEICHT

Die Wege sind einfach zu finden und gut zu begehen. Oft sind sie markiert und beschildert. Die Länge der Touren und die geringen Höhenunterschiede erfordern keine besonderen körperlichen Anstrengungen. Kurze An- und Abstiege sind allerdings nicht ausgeschlossen. Die allermeisten leichten Touren eignen sich gut als Familienwanderungen mit Kindern oder auch als Mini-Radtouren. Beachten Sie aber auf jeden Fall die Angaben in jeder einzelnen Tourenbeschreibung!

■ MITTEL

Aufgrund der Tourenlänge oder der Höhenunterschiede braucht man für die mittelschweren Wanderungen ein gewisses Durchhaltevermögen. Je nach Jahreszeit können manche Wege von schlechtem Untergrund sein oder etwas überwachsen. Hin und wieder ist ein guter Orientierungssinn notwendig. Keine Sorge: An heiklen Stellen sind unsere Beschreibungen ausführlicher als an eindeutigen Punkten. Mittelschwere Wanderungen sind meist nur für laufstarke Kinder geeignet.

■ SCHWER

Lange, eher sportliche Wanderungen und solche, bei denen sehr guter Orientierungssinn gefragt ist, haben wir als schwer gekennzeichnet. Sie setzen Wandererfahrung voraus, auch wenn das nicht jeder Mensch gleich empfindet. Manchmal geht es auf schweren Touren weglos zur Sache, manchmal ist Trittsicherheit vonnöten, um knifflige Stellen zu meistern. Wenn sie als Radtouren geeignet sind, werden schwere Touren schnell zu leichten.

Neue Wegweiser bei der Tour 32

HINWEIS

Die angegebenen Schwierigkeitsbewertungen und Gehzeiten sind stets nur Richtwerte. Letztlich bestimmen die Jahreszeiten, das Wetter, der momentane Zustand der Wege und andere, oft nicht im Voraus planbare Kriterien die tatsächlichen Schwierigkeiten und Zeiten. Dabei kommt es sehr auf Wandererfahrung, Wissen und Kondition an.

ÖFFNUNGS- UND BETRIEBSZEITEN

Die Einkehr- und Übernachtungssymbole beziehen sich ausschließlich auf Einkehr- und Übernachtungsmöglichkeiten unterwegs. Wenn sie nicht gesetzt sind, können am Start- und Endpunkt der Wanderung trotzdem Einkehr- und Übernachtungsmöglichkeiten vorhanden sein. Diese beschreiben wir im Text. Da sich Öffnungszeiten und Betrieb von Einkehr- und Übernachtungsangeboten schnell ändern können, sollten Sie sich immer vor der Wanderung über die aktuellen Bedingungen informieren, zum Beispiel im Internet oder telefonisch. Das gilt auch für Sehenswürdigkeiten und Verkehrsmittel.

Es war nicht leicht, eine der 55 Wanderungen dieses Buchs zur Lieblingstour zu küren. Die Entscheidung fiel auf eine mittelschwere Runde im Naturpark Feldberger Seenlandschaft. Obwohl sie am Rande der Mecklenburgischen Seenplatte verläuft, vereint die Lieblingstour vieles, was unsere Wanderregion ausmacht. Zwischen den Endmoränen und Sandern der Pommerschen Staffel ist die Landschaft der Weichsel-Eiszeit unnachahmlich ausgeprägt.

Mal türkisfarben, mal nachtblau glänzt das klare Wasser des Schmalen Luzin. An den steilen Ufern des über 33 m tiefen Rinnensees wachsen uralte Buchen, deren dichtes Laubdach im Frühjahr hellgrün leuchtet oder in Gelb- und Ockertönen vom Herbst kündet. Das Ostufer wird vom Höhenzug Hullerbusch dominiert, wo traditionelle Schäferei betrieben wird. Ein Bohlensteg führt uns durch das Kesselmoor zum sagenhaften Teufelsstein, einem Findling.

Weiter geht's zu herrlichen Aussichtspunkten und in das schmucke Örtchen Carwitz, wo der berühmte Schriftsteller Hans Fallada lebte. Wir besuchen sein Wohnhaus, das nunmehr ein Museum ist, sowie seine letzte Ruhestätte. Und schließlich wandern wir um den Dreetzsee, der als Flachwassersee einen anderen Charakter als der Schmale Luzin und zugleich einen besonderen Charme besitzt. Dass es während der Lieblingstour etliche Bademöglichkeiten gibt, versteht sich von selbst.

→ Tour 3, Seite 28

Paradebeispiel für einen Rinnensee der Weichsel-Eiszeit: der Schmale Luzin. Ausblick vom Westufer in Richtung Carwitzer Windmühle

MEINE HIGHLIGHTS

1: Das herrliche Buchengrün im Mildenitz-Durchbruchstal im Frühling erleben und dem sanften Plätschern des Wildbachs lauschen.
→ Tour 47, Seite 214

2: Die Halbinseln im Krakower See erkunden und das große Wasser vom Aussichtsturm auf dem Jörnberg überblicken.
→ Tour 45, Seite 206

3: Eine große Runde im Herzen des Müritz-Nationalparks wandern und am Priesterbäker See die Seele baumeln lassen.
→ Tour 23, Seite 117

4: Den Tollensesee in voller Länge erwandern und anschließend mit dem Linienschiff Rethra von Nonnenhof nach Neubrandenburg zurückfahren.
→ Tour 10, Seite 61

5: Mit der Fähre zum Restaurant Aalbude am Kummerower See übersetzen und das größte Flussniedermoor Europas kennenlernen.
→ Tour 15, Seite 84

6: Auf dem Knüppeldamm durch das Moor am Schwarzen See spazieren und Lust auf noch mehr Abenteuer verspüren.
→ Tour 49, Seite 224

WOLDEGKER HEIDE UND HELPTER BERG • 179 m

Von der Mühlenstadt Woldegk auf den höchsten Berg in Mecklenburg-Vorpommern

10,2 km | 2:30 h | 92 hm | 92 hm | 865

START | Woldegk, 109 m, Parkplatz Burgtorstraße/Fliedergang [GPS: UTM Zone 33U x: 406.165 m y: 5.924.460 m]
CHARAKTER | Mit 179 m ü. NN ist der Helpter Berg die höchste Erhebung im Bundesland Mecklenburg-Vorpommern. Er besitzt sogar ein echtes Gipfelkreuz, aber leider keine Aussicht. Unser Aufstieg ist dennoch ein Erlebnis. Und in der reizvollen Umgebung gibt es einiges zu entdecken. Wir erkunden die Hügel rund um die Mühlenstadt Woldegk und besuchen die drei historischen Windmühlen auf dem Mühlenberg. Diese Wanderung ist einfach und für jede Jahreszeit empfehlenswert.

Los geht's am **Parkplatz Burgtorstraße/Fliedergang** 01. Wir spazieren innerhalb der Stadt an der mittelalterlichen Stadtmauer entlang nach rechts. Die Stadtbefestigung aus Feldsteinen stammt aus dem 13./14. Jh. und ist über mehrere Hundert Meter Länge gut erhalten.

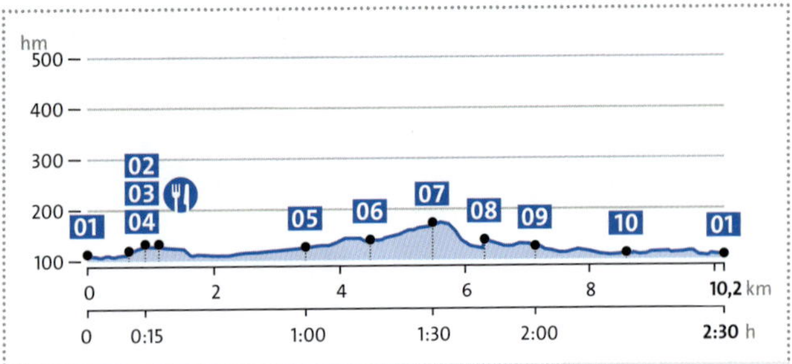

01 Parkplatz Burgtorstraße/Fliedergang, 109 m; 02 Dampfpflug-Lokomotive, 111 m; 03 Mühlenmuseum, 125 m; 04 Wasserturm, 132 m; 05 Asphaltstraße, 125 m; 06 Abzweig Helpter Berg, 136 m; 07 Gipfel des Helpter Berges, 179 m; 08 Rastplatz, 125 m; 09 Waldparkplatz, 123 m; 10 ehemalige Eisenbahnbrücke, 112 m

Monströs: Die Dampfpflug-Lokomotive wurde bis 1965 zum Pflügen von Feldern benutzt

Die Stadttore, es waren ursprünglich drei, existieren nicht mehr. Der sogenannte Katergang führt uns über die Rudolf-Breitscheid-Straße hinweg zur Ernst-Thälmann-Straße. Ihr folgen wir nach rechts bis zur Bundesstraße B104. Wir überqueren sie. Unübersehbar steht hier eine **Dampfpflug-Lokomotive** 02. Das beeindruckende Gefährt wurde bis 1965 zum Pflügen von Feldern benutzt.

Die Straße Mühlendamm führt uns zum **Mühlenmuseum** 03 (*windmuehlenstadt-woldegk.de/muehlenmuseum-woldegk*). Auf dem Mühlenberg können drei historische Windmühlen besichtigt werden, darunter die letzte Holländerwindmühle in Mecklenburg-Vorpommern, deren mit Segeltuch bespannten Mühlenflügel sich noch im Winde drehen. Das Restaurant Mühlen-Café bietet Übernachtungsmöglichkeiten.

Vom Mühlencafé gehen wir weiter zum **Wasserturm** 04. In dem 1912 erbauten Turm befinden sich heute Wohnungen. Vom Wasserturm folgen wir dem Mühlendamm, der wie mit dem Lineal gezogen ist. Hinter einem Elektro-Umspannwerk biegen wir rechts ab und wandern auf dem Alleenweg etwa 1,8 km Richtung Nordosten.

Nachdem wir das Anwesen Carlsfelde passiert haben, kommen wir auf eine schmale **Asphaltstraße** 05. Wir gehen nach rechts. Mit Blick auf den Fernmeldeturm Helpter Berg marschieren wir ostwärts bis zur nächsten, etwas breiteren Fahrstraße. Dieser folgen wir nach links und kommen zum **Abzweig Helpter Berg** 06, an dem ein Wegweiser steht.

Wir vertrauen dem mit blauem Balken gekennzeichneten „Naturparkweg“ Richtung Helpter Berg, Helpt und Rattey. Im Wald nehmen wir den linken der beiden Wege. Etwa 300 m weiter biegen wir rechts ab und orientieren uns an der Beschilderung Richtung Helpter Berg. Nach einem für mecklenburgische Verhältnisse wahrlich steilen Anstieg stehen wir auf dem **Gipfel des Helpter Berges** 07, den ein Gipfelkreuz ziert. Wer möchte, kann sich im traditionellen Gipfelbuch verewi-

Hügelig: Die Landschaft rund um Woldegk besitzt die höchsten Erhebungen Mecklenburgs, der höchste Hügel ist der Helpter Berg

gen oder die Online-Variante nutzen: *www.gipfelbuch.helpter-berge.de*

Vom Helpter Berg steigen wir südwärts ab und halten uns dabei eher links als rechts. So treffen wir auf einen breiteren Weg, dem wir nach links bis zur nächsten Kreuzung nachlaufen. Bei der Schranke geht's südwärts, kurz dahinter befindet sich ein **Rastplatz** 08. Von da schreiten wir durch die Woldegker Heide zum Waldrand, wo sich ein weiterer Rastplatz kurz vorm **Waldparkplatz** 09 befindet.

Auf dem von Bäumen gesäumten Betonplattenweg, er heißt Darkower Weg, marschieren wir bis zur **ehemaligen Eisenbahnbrücke** 10. Wir gehen unter der neuzeitlichen Fuß- und Radwegbrücke hindurch, halten uns rechts und steigen zum Bahndamm hinauf. Dann folgen wir der früheren Woldegker Kleinbahn Richtung Bahnhof. Die Schmalspurbahn diente dem Transport von landwirtschaftlichen Gütern, öffentlichen Personenverkehr gab es nicht. Hauptsächlich wurden Zuckerrüben zur Zuckerfabrik Woldegk gebracht. Die 750-mm-Spur wurde 1893 eröffnet und 1917 stillgelegt, als die Zuckerfabrik Woldegk in Konkurs ging.

Das alte Bahnhofsgebäude ist heute ein Wohnhaus. Hier biegen wir links ab und gehen entlang der Bundesstraße B104. Über den Karl-Liebknecht-Platz und die Burgtorstraße kehren wir zurück zum **Parkplatz Burgtorstraße/ Fliedergang** 01.

Wenn Sie genügend Zeit haben, sollten Sie sich noch zwei Windmühlen in Woldegk ansehen. Die Töpfermühle oder Gotteskampmühle (Gotteskamp 7) ist eine Turmwindmühle mit Töpferwerkstatt. Sehr gut erhalten ist die Fröhlkesche Mühle oder Seemühle (Prenzlauer Chausee 4), allerdings kann sie nur von außen besichtigt werden.

Die letzte ihrer Art in Mecklenburg: die Holländer-Windmühle auf dem Mühlenberg in Woldegk

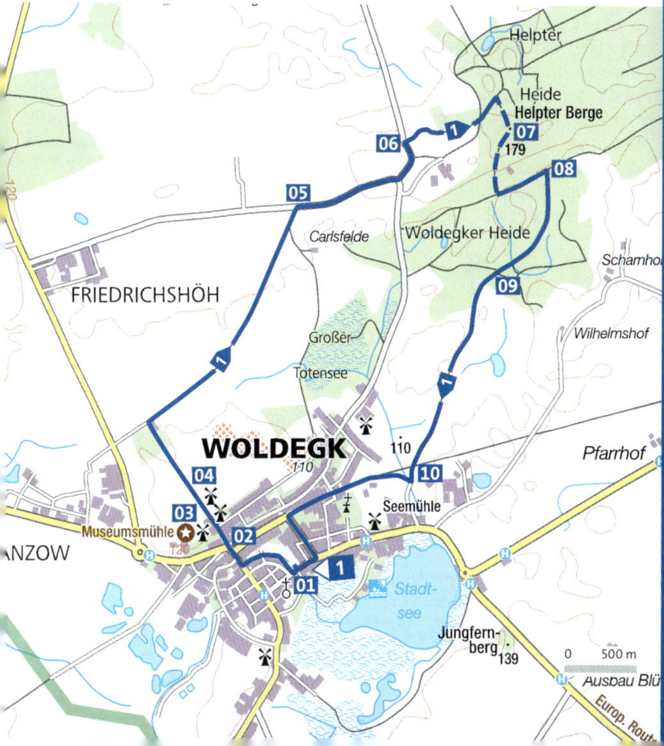

FELDBERGER SEEN UND PANORAMA

Um den Haussee an den Schmalen Luzin und auf den Feldberger Aussichtsturm

10,2 km | 2:45 h | 138 hm | 138 hm | 865

START | Feldberg, 82 m, Parkplatz am Wiesenpark
[GPS: UTM Zone 33U x: 395.380 m y: 5.910.895 m]
CHARAKTER | Sehr abwechslungsreiche Runde mit Bade- und Verpflegungsmöglichkeiten. Highlights sind der Ausblick vom Reiherberg, der Uferpfad am Schmalen Luzin und der Feldberger Aussichtsturm. Wanderfreudige Kinder können mitgehen, Fahrräder sind jedoch tabu: Der Uferpfad am Schmalen Luzin ist Fußgängern vorbehalten. Nach der Wanderung empfiehlt sich ein Bummel durch den Kurpark. Dort gibt es eine schöne Kneippanlage.

Die Feldberger Seen- und Panoramatour beginnt bei dem **Parkplatz am Wiesenpark** 01 (Straßenkreuzung Alter Landweg mit Strelitzer Straße). Wir gehen auf dem der Straße näheren Holzsteg durch das Biotop und erfahren Aufschlussreiches über die traditionelle Bewirtschaftung von feuchten Wiesenflächen, die Mahden. Durch diese menschlichen Eingriffe konnte sich eine große Artenvielfalt entwickeln. So blühen im Wiesenpark zum Beispiel das Breitblättrige Knabenkraut, eine Orchideenart, sowie die ebenfalls selten gewordene Ku-

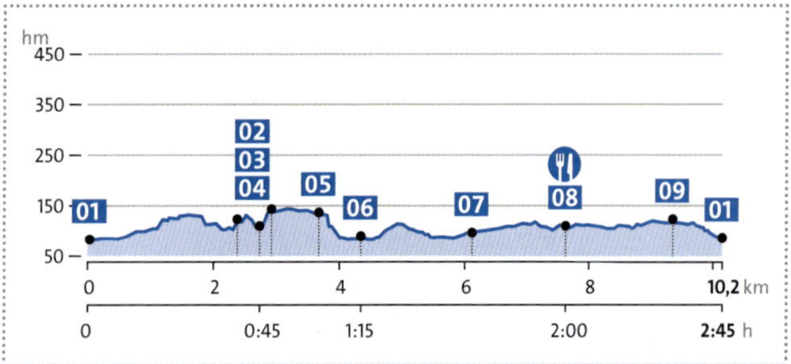

01 Parkplatz am Wiesenpark, 82 m; 02 Marienquelle, 104 m; 03 Nordspitze des Haussees, 97 m; 04 Reiherberg, 139 m; 05 aussichtsreiche Stelle, 117 m; 06 Luzinkanal, 86 m; 07 Badestelle am Schmalen Luzin, 92 m; 08 Luzinfähre, 96 m; 09 Aussichtsturm, 122 m

ckucks-Lichtnelke. Tipp: Von Mai bis Oktober finden im Wiesenpark botanische Führungen statt – immer freitags ab 10 Uhr.

Wir verlassen den Wiesenpark Richtung Kurpark und laufen auf der asphaltierten Kastanienallee nach links zum Kreisverkehr. Hier gehen wir halblinks in die Straße der Jugend. Sie führt uns an einigen Villen und den Parkplätzen der Klinik am Haussee vorüber. Wir ignorieren abzweigende Straßen und benutzen die Straße der Jugend, bis sie in den Schlichter Damm einmündet. Ihm folgen wir nach rechts. Unmittelbar nach der Ausfahrt des Hotel-Restaurants „Stieglitzenkrug“ nehmen wir den rechts abzweigenden Weg Richtung Feldberger Hütte. Er ist anfangs gepflastert, später teils geteert, und verläuft in leichtem Abstand zum Ufer des Haussees. Etwa 2,3 km ab Start ist die Nymphenquelle erreicht, und 100 m weiter der Rastplatz bei der **Marienquelle** 02. An dieser Stelle wurde ein schönes kleines Kneippbecken aus Feldsteinen gemauert. Eine Infotafel erklärt das Wassertreten.

Von der Marienquelle sind es etwa 10 min bis zur **Nordspitze des Haussees** 03, wo eine Ruhebank am Ufer steht. Wer sich traut, kann ins kühle Nass eintauchen, bevor der kurze Anstieg auf den **Reiherberg** 04 beginnt. Stufen helfen uns hinauf. Oben angekommen, genießen wir das Panorama, und erneut lädt eine Bank zum Ausruhen ein.

Wir verlassen den Reiherberg in östliche Richtung und wandern in wenig Abstand zum Waldrand. Bald schwenkt der Weg nach Südost in den Wald hinein, sodann in südliche Richtung. Wir ignorieren einen links und einen rechts abzweigenden Weg und erreichen nach Austritt aus dem Wald eine **aussichtsreiche Stelle** 05 oberhalb des ehemaligen Forsthauses Feldberger Hütte, das jetzt ein Ferienhaus ist. Vom Parkplatz beim früheren Forsthaus gehen wir südwärts über die Landenge zwi-

Einfach schön: der Haussee und die Kulisse von Feldberg an einem sonnigen Sommertag

Keine Fälschung: Das Wasser des Schmalen Luzin erscheint bei Sonnenschein in einzigartigen Blau- und Grüntönen

schen dem Breiten Luzin und dem Haussee. Der **Luzinkanal** 06 verbindet beiden Seen. Etwa 300 m nach dem Kanal verlassen wir das Asphaltsträßchen: Wir wandern linkerhand am Ferienhaus „Reinhard-Barby-Haus" vorbei und über den bewaldeten Scholverberg. Dahinter treffen wir auf einen Campingplatz und halten uns rechts. Nach rund 300 m erreichen wir bei einer Bushaltestelle die Landstraße von Prenzlau nach Feldberg.

Wir marschieren nach rechts, also Richtung Feldberg. Ungefähr 200 m nach dem Seerosenkanal zweigen wir links in die Gartensiedlung ein. Der Fahrweg macht eine 90-Grad-Kurve nach rechts und verläuft schnurgerade bis zum Ende der Gartensiedlung, wo wir auf einen Parkplatz treffen. Dort gehen wir links bis zur **Badestelle am Schmalen Luzin** 07. Wie wär's mit einer Erfrischung?

Jetzt folgen wir dem malerischen Uferpfad entlang des Sees. Der Schmale Luzin ist zwischen 150 und 300 m breit und etwa 7 km lang. Wie alle Seen der Region entstand er während der Weichsel-Kaltzeit. Die unter dem Gletschereis gebildete Schmelzwasserrinne ist bis zu 34 m tief. Die Steilhänge, unterhalb derer wir wandern, setzen sich also im Wasser fort. An Land sind sie mit artenreichem Mischwald bewachsen, der von Rotbuchen dominiert wird.

Mehr vom Schmalen Luzin erleben Sie während der Tour 3, der Lieblingstour des Autors. Den Schnittpunkt mit dieser Wanderung erreichen wir zirka 1,4 km von der Badestelle entfernt. Die Betreiber der **Luzinfähre** 08 bieten am Fährhaus einen kleinen Imbiss an, verkaufen Getränke und Souvenirs. Während einer Rast auf der Terrasse kann man gut die Fähre beobachten – eine der letzten handbetriebenen Seilfähren Europas.

Vom Fährhaus steigen wir auf steilem Treppenweg hinauf zum Parkplatz, an dem Tour 3 beginnt und endet. Wir folgen der Zufahrtsstraße zum Parkplatz, auf der der „Märkische Landweg" verläuft. Nach etwa 300 m gehen wir entlang der Bäume geradeaus, dann hinter dem Lidl-Markt bis zum Kreisverkehr beim Getränkemarkt. Dort halten wir uns links in die Bahnhofstraße. Hinterm „Özlem-Imbiss" biegen wir rechts in die Straße Am Rosenberg ab. Tipp: Wer möchte, kann über die Parkplätze abkürzen.

Rechts von uns befindet sich der Endbahnhof der Eisenbahnstrecke von Thurow nach Feldberg. Bis zum Jahr 2000 verkehrten regelmäßig Personenzüge nach Feldberg, danach gab es gelegentlich Sonderfahrten. Inzwischen ist die Strecke stillgelegt.

Wir folgen der Straße Am Rosenberg entlang der Bahngleise und in einer 90-Grad-Kurve nach links. Bei Hausnummer 17, einem Wohnhaus mit Friseurgeschäft, verlassen wir die Siedlung über einen breiten Feldweg nach rechts. Etwa 400 m weiter zweigen wir nach links ab zum kleinen **Aussichtsturm** **09**. Er ähnelt eher einem Jagdhochsitz als einem Turm, aber das Panorama auf Feldberg und den Haussee ist keinesfalls zu verachten.

Zurück zum bekannten Weg unterhalb des Aussichtsturmes und nach links: Gleich haben wir's geschafft! Nach ungefähr 400 m halten wir uns rechts und überqueren die Bahngleise. Wir laufen entlang der Friedhofsmauer und biegen an der Ecke links ab in den Neuen Landweg. Nach wenigen Schritten gehen wir vor dem Gelände der Gärtnerei nach rechts in die Straße An der Gärtnerei und folgen ihr bis zum Ende. Wir biegen links ab und enden beim **Parkplatz am Wiesenpark** **01**.

HULLERBUSCH UND SCHMALER LUZIN

Höhepunkte der Feldberger Seenlandschaft

16,9 km | 4:45 h | 155 hm | 155 hm | 865

START | Feldberg, 115 m, Parkplatz bei der Luzinfähre
[GPS: UTM Zone 33U x: 396.167 m y: 5.909.768 m]
CHARAKTER | Eine traumhafte Wanderung durch das Naturschutzgebiet „Hullerbusch und Schmaler Luzin" mit reicher Vogelwelt und alten Baumbeständen. Es gibt Einkehr- und Bademöglichkeiten. Achtung: Die Luzinfähre verkehrt nur zwischen Mai und Oktober! Von November bis April können Sie diese Tour allenfalls nach Absprache mit den Fährleuten unternehmen. Alternativ können Sie einen PKW-Transfer organisieren oder sich mit einem Taxi vom Ausgangspunkt zum Hotel Hullerbusch (Wegpunkt 2) fahren lassen.

„Fridolin, der freche Dachs" ist ein Kinderbuch des Schriftstellers Hans Fallada. Er schrieb es für seine Tochter Lore als Geschenk zu Weihnachten 1944. Mit seiner Familie hatte sich Fallada 1933 in Carwitz niedergelassen, um dem großstädtischen Trubel Berlins zu entfliehen und zur Ruhe zu finden. Die Falladas liebten die klaren Feldberger Seen, die

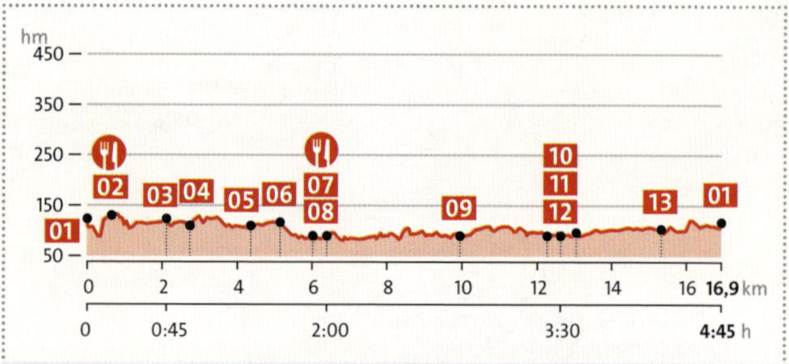

01 Parkplatz bei der Luzinfähre, 115 m; 02 Hotel Hullerbusch, 125 m; 03 Kesselmoor, 111 m; 04 Teufelsstein, 112 m; 05 Aussichtsplatz mit Schutzhütte, 108 m; 06 Hauptmannsberg, 120 m; 07 Hans-Fallada-Haus, 86 m; 08 Carwitzer Dorfkirche, 95 m; 09 Badestelle am Dretzsee, 92 m; 10 Windmühle Carwitz, 98 m; 11 Fallada-Grab, 93 m; 12 Badestelle am Schmalen Luzin, 86 m; 13 Badestelle Ziegenwiese, 87 m

Bereit zum Übersetzen: Die Luzinfähre ist eine der letzten handbetriebenen Seilfähren Europas. Sie bringt uns vom West- ans Ostufer des Schmalen Luzins

unberührten Wälder ringsum und ihre reiche Tier- und Pflanzenwelt. Naturbeobachtungen und die Erlebnisse seiner Kinder hat Fallada in „Fridolin, der freche Dachs“ liebevoll verpackt.

„Falladas Fridolinwanderung“ heißt ein 10,5 km langer Rundwanderweg, der 2017 vom Deutschen Wanderverband als „Qualitätsweg Wanderbares Deutschland“ ausgezeichnet wurde. Er ist mit einem Dachs-Symbol oder einem grünen Punkt auf weißem Grund markiert. Auf unserer Runde folgen wir ihm zum großen Teil und wandern darüber hinaus lohnende Zusatzkilometer. Wer sich diese sparen will, kann an beschriebener Stelle abkürzen.

▶ Wir stellen unser Auto auf dem **Parkplatz bei der Luzinfähre** 01 ab und steigen rund 100 Stufen hinunter zum Fährhaus. Dann setzen wir mit einer der letzten handbetriebenen Seilfähren Europas zum anderen Ufer des Schmalen Luzins über. Aufgepasst: Die Luzinfähre verkehrt von Mai bis Oktober regelmäßig, ansonsten nur nach Absprache! Informieren Sie sich vorab auf der Website *www.luzinfaehre.de* oder rufen Sie beim Fährmann Tom an: Tel. 0170-3070128.

Am Ostufer des Schmalen Luzin angekommen, steigen wir steil bergan zum **Hotel Hullerbusch** 02 mit schickem Restaurant und Gartenterrasse. Die klassizistische Villa wurde 1905 erbaut und war später offizielles Gästehaus des DDR-Kulturministeriums. Im Park wachsen einige fremdländische Gehölze, zum Beispiel Trompetenbäume und Magnolien. Ringsherum weiden die Schafe der Schäferei Hullerbusch (*www.schaeferei-hullerbusch.de*). Deren Hofladen befindet sich etwa 300 m südlich des Hotels. Unser Weiterweg verläuft genau in die andere Richtung: Wir schwenken vor dem Hotel links, also nordwärts.

Nach etwa 700 m biegen wir rechts ab und folgen damit „Fal-

Romantik pur: Der alte Steg am Schmalen Luzin eignet sich nicht mehr zum Betreten, umso mehr für tolle Fotos

ladas Fridolinwanderung" und dem „Lehrpfad Hullerbusch". Wir überqueren den eiszeitlichen Höhenrücken in ganzer Breite und spazieren auf einem Bohlensteg durch das **Kesselmoor** 03. Bei einer Infotafel über die Vogelwelt gehen wir rechts zum **Teufelsstein** 04. Der Teufel soll ihn über den See geworfen und ein paar Kratzspuren hinterlassen haben, doch in Wahrheit handelt es sich um einen vom Gletschereis transportierten und zerkratzten Stein. Wie die allermeisten Findlinge in der Region stammt der ungefähr 2 m breite und 1 m hohe Granitblock aus Skandinavien.

Wir folgen der Hangkante in südwestliche Richtung und passieren den von einem Steinwall umgebenen Hünenfriedhof, vermutlich eine vorchristliche Kultstätte. Beim Jagenstein entfernen wir uns vom Steilhang: Nach etwa 50 m biegen wir links ab. In leichtem Auf und Ab und nach vielen Kurven kommen wir zu einem **Aussichtsplatz mit Schutzhütte** 05. Kurz zuvor zweigt rechts ein beschilderter Weg zur Schäferei Hullerbusch ab. Wir spazieren weiter südwärts auf dem wunderschönen Moränenzug, auf dem stattliche Eichen gedeihen, und erreichen so schließlich den aussichtsreichen **Hauptmannsberg** 06.

Nach einer Rast steigen wir südwärts hinab zum Parkplatz und folgen der Straße nach links. An der Kreuzung bei der Freiwilligen Feuerwehr Carwitz biegen wir links ab. Am Café und Restaurant Carwitz-Eck (*www.carwitzeck.de*) nehmen wir die rechte Straße, und an der nächsten Kreuzung gehen wir ebenfalls nach rechts. Das Museum **Hans-Fallada-Haus** 07 (*fallada.de/museum-oeffnungszeiten/*) können wir nicht übersehen.

Extra-Tipp: Wer viel Energie besitzt und genug Zeit mitbringt, kann vom Fallada-Haus einen

Abstecher auf die landschaftlich reizvolle Halbinsel Bohnenwerder machen. Am Südufer befindet sich eine FKK-Badestelle. Eine Runde um die Halbinsel schlägt mit etwa 1,7 km zu Buche.

Vom Hans-Fallada-Haus schlendern wir auf bekannter Strecke durch das ehemalige Fischerdorf. An der Feuerwache laufen wir geradeaus zur hübschen **Carwitzer Dorfkirche** 08, die im frühen 18. Jh. geweiht wurde. Wenn Sie die Wanderung um rund 6 km verkürzen möchten, gehen Sie von der Kirche auf der Ortsstraße weiter bis zum Fallada-Grab. Die gesamte Tour setzt sich beim Kriegerdenkmal neben der Kirche

fort: Wir laufen südwärts in die Straße Am Hügel und rechts um den Campingplatz herum. Auf einem Steg überschreiten wir den Wasserlauf zwischen Dreetzsee und Carwitzer See. Rund 100 m weiter halten wir uns rechts zum Ufer des Dreetzsees, dem wir beständig folgen. Die **Badestelle am Dreetzsee** 09 befindet sich ganz im Süden des Sees. Nach einer hoffentlich erfrischenden Pause folgen wir dem Westufer des Dreetzsees bis zur schon von weitem sichtbaren **Windmühle Carwitz** 10, wobei wir die letzten 250 m auf Asphalt zurücklegen.

Am Kreisverkehr bei der Windmühle gehen wir noch einmal Richtung Ortsmitte Carwitz, und zwar bis zum **Fallada-Grab** 11. Die Ruhestätte befindet sich auf dem kleinen ummauerten Friedhof gegenüber vom Haus in der Carwitzer Straße 40. Vom Fallada-Grab ist es nicht weit zur **Badestelle am Schmalen Luzin** 12, wo der Uferweg entlang des langgestreckten Eiszeitsees beginnt. Wir können uns abermals abkühlen, bevor wir den etwa 4 km langen Uferweg bis zur Luzinfähre in Angriff nehmen. Etwa auf halber Strecke kommen wir auch noch an der **Badestelle Ziegenwiese** 13 vorbei.

Nicht nur für Hans Fallada und seine Kinder war der Schmale Luzin ein ganz besonderer See. Bis heute gilt er vielen als der schönste unter den Feldberger Seen. Vielleicht ist er sogar der schönste aller mecklenburgischen Seen? Entscheiden Sie selbst, bevor Sie die 100 Stufen zum **Parkplatz bei der Luzinfähre** 01 hinaufsteigen. Und wenn Sie noch mehr vom Schmalen Luzin sehen wollen, machen Sie Tour 2.

Hans Fallada (1893-1947)

Hans Fallada war ein Schriftsteller, der mit Büchern wie „Kleiner Mann – was nun?", „Wolf unter Wölfen" und „Der Trinker" international bekannt wurde. Er kam 1893 als Rudolf Wilhelm Friedrich Ditzen in Greifswald zur Welt und wuchs in Berlin und Leipzig auf. Seit seiner Jugend prägte ihn eine Alkohol- und Morphinsucht. Er verließ das Gymnasium ohne Abschluss, absolvierte eine landwirtschaftliche Lehre und schlug sich anschließend mit Gelegenheitsarbeiten durch. Wegen Betrugs musste Ditzen fast drei Jahre seines jungen Lebens hinter Gittern verbringen. Ab den 1930er Jahren begann sein schriftstellerischer Erfolg. Hans Fallada wählte seinen Künstlernamen in Anlehnung an Märchen der Gebrüder Grimm: nach dem Protagonisten aus „Hans im Glück" und dem sprechenden Pferd Falada aus „Die Gänsemagd". Neben märchenhaften Erzählungen für Kinder widmete er sich hauptsächlich gesellschaftskritischen Themen. Dabei schrieb Fallada in einem objektiv-nüchternen Stil und lieferte anschauliche Milieustudien. Literaturwissenschaftler ordnen Fallada der sogenannten „neuen Sachlichkeit" zu. Hans Fallada starb 1947 in Berlin an den Folgen seiner Morphinsucht und wurde 1981 nach Carwitz umgebettet, wo er von 1933 bis 1944 mit seiner Familie gelebt hatte.

KRÜSELINSEE UND MECHOWSEEN

Zur Dorfwüstung Krüselin, an den Waschsee und zum Ausflugslokal Krüseliner Mühle

12,3 km | 3:15 h | 80 hm | 80 hm | 865

START | Carwitz/Thomasdorf, 103 m, Campingplatz am Dreetzsee [GPS: UTM Zone 33U x: 395.344 m y: 5.904.938 m]
CHARAKTER | Das Naturschutzgebiet Krüselinsee und Mechowseen sichert eine struktur- und artenreiche Wald-, Moor- und Seenlandschaft. So wächst hier beispielsweise das Breitblättrige Knabenkraut, eine Orchidee, und im Krüselinsee lebt der seltene Steinbeißer, eine geschützte Fischart. Dank des vielen Waldes eignet sich die Wanderung gut für den Sommer, sofern es nicht allzu heiß ist. Während der Tour und danach gibt es Möglichkeiten zum Baden. Nach drei Viertel der Runde können wir in der Krüseliner Mühle einkehren.

Ausgangs- und Endpunkt unserer Wanderung ist der **Campingplatz am Dreetzsee** 01. Hier befinden wir uns an der Grenze zwischen Mecklenburg-Vorpommern und Brandenburg. Wir werden in beiden Bundesländern unterwegs sein, erst in Mecklenburg-Vorpommern, dann in Brandenburg. Leicht versetzt zur Campingplatz-Zufahrt steht an der Straße ein Wanderwegweiser. Wir folgen dem Schild

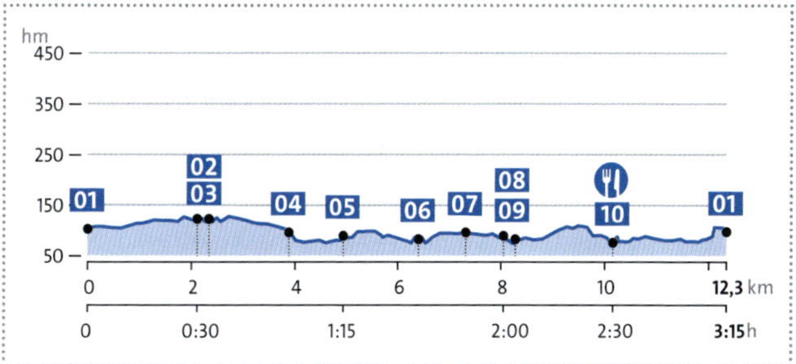

01 Campingplatz am Dreetzsee, 103 m; 02 Borrmannweg, 120 m; 03 Dorfwüstung Krüselin, 122 m; 04 Naturweg, 96 m; 05 Fahrstraße, 86 m; 06 Badestelle Waschsee, 80 m; 07 Y-Kreuzung, 92 m; 08 Mechowbach, 82 m; 09 Aalkasten, 79 m; 10 Krüseliner Mühle, 80 m

Abkühlung: Dieser schöne Badeplatz am Waschsee lädt auf halber Strecke zu einer Badepause ein

„Krüselin 5,2 km“ (Markierungen: „blaues Kreuz“ und „gelber Punkt“). Es geht zunächst westwärts. Nach etwa 200 m ignorieren wir einen links abzweigenden Weg, anschließend schwenkt unser breiter Waldweg in nordwestliche Richtung. Nach zirka 900 m ab Beginn der Wanderung und nach weiteren 300 m kreuzen wir Forstwege – beide Male gehen wir geradeaus. Nach der zweiten Forstweg-Kreuzung steigt unser Weg allmählich an. Kurz hinter dem höchsten Punkt, 113 m ü. NN, mündet von links der **Borrmannweg** 02 ein – wir erkennen ihn an einem Schild. Wir halten uns zweimal rechts und befinden uns inmitten der **Dorfwüstung Krüselin** 03. Das ehemalige Dorf ist jetzt ein herrlicher Rastplatz.

Infotafeln bringen uns die Geschichte näher, und die Grundmauern und Reste der Häuser sind eine ausgiebige Erkundung wert. In Krüselin gab es eine Försterei sowie drei Waldarbeiter-Anwesen. Fünf Familien lebten in dem idyllischen Dorf mitten im Wald, doch leicht war das Auskommen keinesfalls. 1945 versteckten sich Truppen der Deutschen Wehrmacht in Krüselin, kurz darauf brannte das Dorf nieder.

Nach der Pause gehen wir zurück zum **Borrmannweg** 02 und folgen ihm. An einer Kreuzung mit Wanderwegweiser gehen wir gerade Richtung „Krüseliner Mühle“ auf dem „Rundweg Krüselin“ (Markierung: „gelber Punkt“). Wir betreten das Naturschutzgebiet Krüselinsee und Mechowseen, die Wege dürfen nicht verlassen werden! Nach etwa 350 m biegen wir rechts in einen anfangs etwas unscheinbaren **Naturweg** 04 ab. Durch die Bäume erspähen wir bereits die Wasserfläche der Rohrpöhle. Unser Weg führt am Ostufer des stark verlandeten Sees südwärts und endet an der **Fahrstraße** 05, die nach links zur Krüseliner Mühle führt. Wer die Wanderung stark verkürzen will, folgt dieser Straße.

Viel lohnenswerter ist jedoch der Weiterweg um die übrigen Seen. Dazu zweigen wir nach wenigen Schritten von der Straße Richtung Krüseliner Mühle nach rechts ab (bei einem Schlagbaum/Schild „Naturschutzgebiet“). Wir wan-

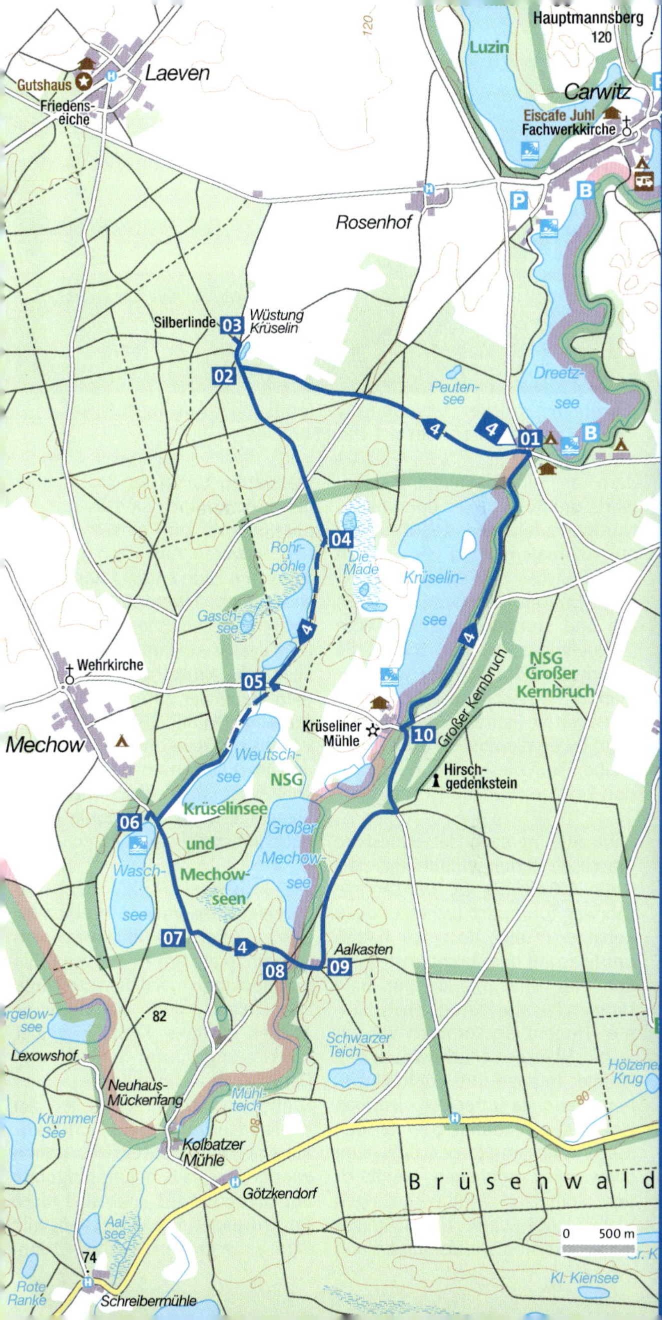

Hauptmannsberg
120
Luzin
Laeven
Gutshaus
Friedens-
eiche
Carwitz
Eiscafe Juhl
Fachwerkkirche
Rosenhof
Silberlinde
03
Wüstung
Krüselin
02
Peuten-
see
Dreetz-
see
4
01
04
Rohr-
pöhle
Die
Made
Krüselin-
see
Gasch-
see
Wehrkirche
05
NSG
Großer
Kernbruch
Großer Kernbruch
Mechow
Krüseliner
Mühle
10
Weutsch-
see
NSG
Krüselinsee
und
Mechow-
seen
Hirsch-
gedenkstein
06
Großer
Mechow-
see
Wasch-
see
07
08
Aalkasten
09
82
Lexowshof
Schwarzer
Teich
Neuhaus-
Mückenfang
Mühl-
teich
Hölzener
Krug
Krummer
See
Kolbatzer
Mühle
Götzkendorf
B r ü s e n w a l d
Aal-
see
74
0 500 m
Rote
Ranke
Schreibermühle
Kl. Kiensee

Einkehr in herrlicher Umgebung: Die Terrasse des Ausflugslokals Krüseliner Mühle befindet sich direkt am See

dern an einer Waldkante südwärts und folgen kurz darauf dem Nordwestufer des Weutschsees auf schmalem Pfad. Bei einem Strommasten stoßen wir auf einen breiten Fahrweg, queren ihn und stoppen unterhalb vom Holzgeländer an der **Badestelle Waschsee** 06. Nach der wohlverdienten (Wasser-)Pause gehen wir den breiten Fahrweg nach rechts („Rundweg Waschsee 3,8 km"). Wir bleiben auf diesem Fahrweg, der nun Richtung Südsüdost verläuft.

Etwa 900 m nach der Badestelle Waschsee treffen wir auf eine markante **Y-Kreuzung** 07. Der sandige Fahrweg führt nach Lychen und zur Kobatzer Mühle, doch wir halten uns links auf dem leicht ansteigenden Weg ohne Markierung. Bald säumen ihn alte Riesen-Lebensbäume (Thujen). So kommen wir zur Brücke über den **Mechowbach** 08. Paddler müssen ihre Köpfe einziehen, wenn sie unter der niedrigen Holzbrücke hindurch zum Großen Mechowsee im Norden oder zum südwestlich gelegenen Mühlteich der Kolbatzer Mühle gelangen wollen. Mit dem Überschreiten der Brücke sind wir im Bundesland Brandenburg. Von der Brücke über den Mechowbach sind es nur ein paar Schritte zum einsam gelegenen Anwesen **Aalkasten** 09. Wir gehen am Zaun entlang nordwärts. Unser Weg schwenkt zum Ufer des Großen Mechowsees, später entfernt er sich von ihm. Wenn wir uns eher links als rechts halten, kommen wir sicher zum Ausflugslokal **Krüseliner Mühle** 10. Hier können wir uns mit Speis und Trank stärken und im Krüselinsee baden (*www.krueseliner-muehle.de*). Außerdem bietet die Krüseliner Mühle Übernachtungsmöglichkeiten an.

Die Krüseliner Mühle liegt auf Mecklenburg-Vorpommerschem Gebiet, aber der Rückweg zum Campingplatz am Dreetzsee führt uns nochmals nach Brandenburg. Wir folgen den Markierungszeichen „blaues Kreuz", „gelber Punkt" und „roter Balken" am Ostufer des Krüselinsees. Hier kann man nicht falsch gehen. An der Nordspitze des Sees treffen wir auf einen kleinen Steg: Dort gehen wir nach rechts zum **Campingplatz am Dreetzsee** 01. Wer sich nicht im Krüseliner See erfrischen will, kann es im großen Dreetzsee tun.

DIE HEILIGEN HALLEN

Ein abwechslungsreiche Wanderung zu den uralten, ehrwürdigen Bäumen von Lüttenhagen

9,7 km | 2:30 h | 42 hm | 42 hm | 865

START | Lüttenhagen, 125 m, Waldmuseum Lütt-Holthus [GPS: UTM Zone 33U x: 392.147 m y: 5.910.911 m]
CHARAKTER | „Unter meinen alten Buchen, Die wie Himmelssäulen stehn, Möcht ich dich, o Ruhe, suchen, Möcht den Himmel wiedersehen!“ So beginnt ein Gedicht, das Großherzog Georg von Mecklenburg schrieb. Die Verse über die Heiligen Hallen entstanden vor mehr als 170 Jahren. Seither hat sich der alte Buchenwald bei Lüttenhagen kaum verändert. Georg verfügte, dass die Heiligen Hallen für immer geschützt werden. Planen Sie viel Zeit ein, um wie Georg zur Ruhe zu finden. Achtung: keine Radtour!

Wir starten am **Waldmuseum Lütt-Holthus** 01. Das kleine Museum erklärt die wichtigsten Baumarten der waldreichen Umgebung. Eine „Duftorgel“ steht für „Geruchsproben“ bereit. Außerdem lernen Besucher die heimische Tierwelt anhand verschiedener Präparate und einer „Geräuschebox“ kennen. Auf

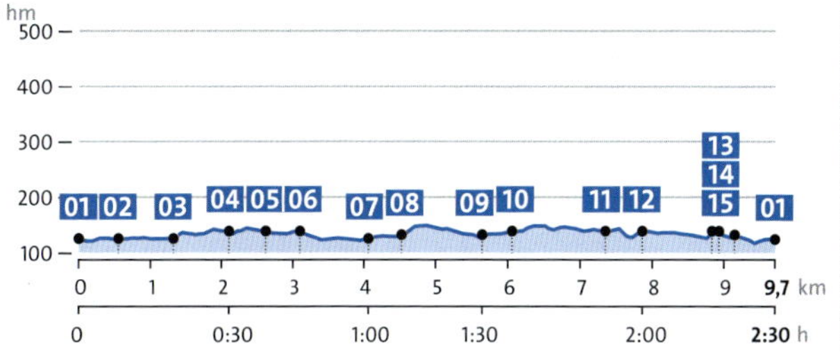

01 Waldmuseum Lütt-Holthus, 125 m; 02 Dorfkirche Lüttenhagen, 125 m; 03 Uhu-Stein, 130 m; 04 T-Kreuzung im Wald, 138 m; 05 Kreuzung bei den Schäferteichen, 135 m; 06 eine weitere Kreuzung, 136 m; 07 Y-Kreuzung, 126 m; 08 Gruppe von Findlingen, 134 m; 09 Hauptkreuzung, 127 m; 10 beschilderte Kreuzung, 136 m; 11 X-Kreuzung, 135 m; 12 eiszeitlicher Geschiebeblock, 138 m; 13 Köhlereiche, 129 m; 14 ehemalige Köhlerei, 134 m; 15 Paradiesgarten, 130 m

Altehrwürdig: Die Stieleiche auf dem Friedhof vor der hübschen Dorfkirche Lüttenhagen ist ungefähr 350 Jahre alt

dem Außengelände kann man eine „Harzerhütte“, einen alten Waldarbeiterwagen und eine Baumschule besichtigen. Das Waldmuseum ist dienstags bis sonntags von 10 bis 16 Uhr geöffnet und eine gute Einstimmung auf die Tour.

Vom Museum gehen wir entlang der Straße Richtung Ortsmitte. Nach etwa 100 m biegen wir links ab in die Weitendorfer Straße. Wir laufen an einem kleinen Teich und einem Spielplatz vorbei, dann rechts und gleich links zur **Dorfkirche Lüttenhagen** 02. Die charmante kleine Fachwerkkirche wurde in der zweiten Hälfte des 17. Jh. erbaut. Vermutlich wurde zu diesem Anlass die heute etwa 350 Jahre alte Stieleiche (*Quercus robur*) gepflanzt. Der mächtige Baum lässt uns staunen! Leicht übersieht man deshalb den gewaltigen Spitzahorn und das Soldatengrab mit einem Stahlhelm auf einem Holzkreuz. Schenken Sie bitte auch diesen Sehenswürdigkeiten Aufmerksamkeit!

Von der Kirche spazieren wir zurück zur letzten Kreuzung und halten uns geradeaus in die Straße Am alten Gutshof. Wir gehen über den Gutshof: einmal nach links, dann nach rechts, und kommen zur Hauptstraße (Feldberger Chaussee). Ihr folgen wir kurz nach links und biegen nach rund 40 m rechts in einen nichtgeteerten Fahrweg ab. Er führt uns südwärts aus Lüttenhagen hinaus. Von Feldgehölzen begleitet, wandern wir auf den Wald zu, und treffen am Waldrand auf den **Uhu-Stein** 03 mit Informationstafeln des NABU.

Ungefähr 300 m weiter biegen wir links ab. Nahe einer sumpfigen Lichtung queren wir einen Bachlauf und wandern bis zu einer **T-Kreuzung im Wald** 04. Dort zweigen wir links ab und streben ostwärts, wobei wir sogleich einen Bachlauf queren. Den kurz darauf links abgehenden Weg ignorieren wir. Nahe am Waldrand befindet sich die **Kreuzung bei den Schäferteichen** 05, an der wir links abbiegen. Wir folgen der Waldkante in nordöstliche Richtung und stoßen nach etwa 500 m in etwas Abstand zum Waldrand

„Möcht den Himmel wiedersehen, Wie er durch die dunklen Äste, Zwiefach schön und hehr erscheint." (Großherzog Georg von Mecklenburg)

auf **eine weitere Kreuzung** 06. Hier marschieren wir nach rechts. Durch Felder und Wiesen kommen wir zum einsamen Anwesen „Zu den Schäferteichen". Weiter südlich ignorieren wir einen links abzweigenden Weg und laufen bis zu einer **Y-Kreuzung** 07 nahe des kleinen Friedhofs von Neuhof. Dort geht es nach rechts.

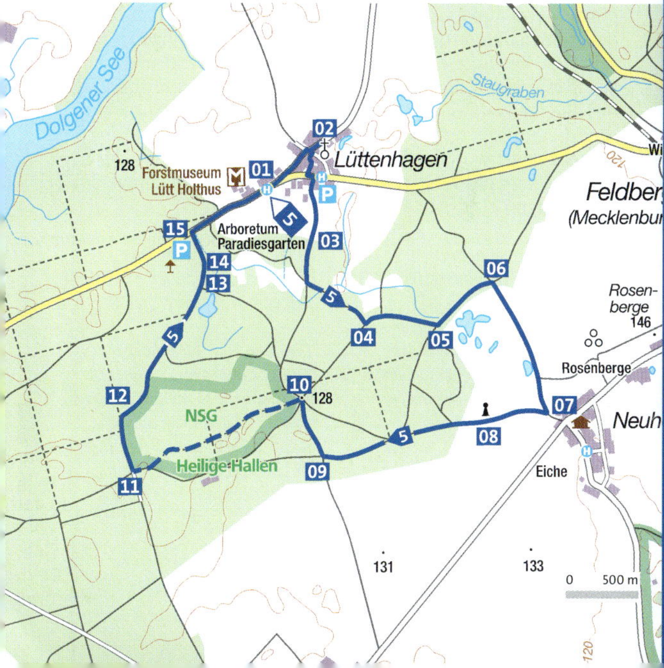

Es wird spannend: An der beschilderten Kreuzung (Wegpunkt 10) betreten wir die Heiligen Hallen, das Reich der uralten Buchen

Bei der Erinnerung des Buchenwaldes bei Lüttenhagen

Großherzog Georg von Mecklenburg (1779-1860) war ein fortschrittlicher Landesherr. Er reformierte das Volksschulwesen, ließ zahlreiche Baudenkmäler renovieren und errichtete repräsentative Bauten. Als Schöngeist verkehrte er mit berühmten Schriftstellern und Künstlern, zum Beispiel mit Goethe. Der Großherzog liebte auch die Natur. Nach seinem Besuch der Heiligen Hallen im Jahr 1850 verfügte er, dass dieses Waldgebiet nicht mehr bewirtschaftet werden darf. So legte er den Grundstein für den Schutz des Buchenwaldes, der 1908 auf die Liste der Naturdenkmäler Mecklenburgs gesetzt und 30 Jahre später zu einem Naturschutzgebiet erklärt wurde. Über die Heiligen Hallen schrieb der Großherzog Georg die Verse „Bei der Erinnerung des Buchenwaldes bei Lüttenhagen“:

Unter meinen alten Buchen,
Die wie Himmelssäulen stehn,
Möcht ich dich, o Ruhe, suchen,
Möcht den Himmel wiedersehen,
Wie er durch die dunklen Äste
Zwiefach schön und hehr erscheint.
Dann seh ich gewiss das Beste,
Erd und Himmel eng vereint.

Wenn des Mittags glüh'nde Schwüle
Alles lähmt und schier verdorrt,
Fächelt balsamreiche Kühle
Hier noch unverändert fort.
Nur die Wipfel säumt die Sonne,
Bildet gold'ne Sterne dort.
Schönes Spiel, was ich mit Wonne
Seh vom schattenreichen Ort.

Dies Gewölbe mir ersetzen
Kann nicht Mailands hoher Dom.
Ja, so spricht zu meinem Herzen
Selbst St. Peter nicht zu Rom.
Nichts Vollkommnes kann entspringen
Aus der Sterblichen Verstand,
Dir, Natur, nur kann's gelingen,
Denn in dir schafft Gottes Hand.

Der liebliche, von Gehölzen bestandene Feldweg, es ist der sogenannte Herrenweg, führt uns zu einer **Gruppe von Findlingen** 08. Laut Infotafel arrangierte der Naturfreund Franz Baar die unterschiedlichen Gesteine, um an die schwere Arbeit der Steinschläger zu erinnern, die früher im Schotterwerk Feldberg arbeiteten.

Bald leitet uns der Herrenweg in den Wald hinein. Nach etwa 700 m passieren wir einen Gedenkstein für den Forstwirt Eitel Krause und nach weiteren 500 m kommen wir an eine **Hauptkreuzung** 09. Wir biegen rechts ab und marschieren nordwärts Richtung Lüttenhagen (Markierung: gelbes Kreuz). Nach zirka 400 m stehen wir an einer **beschilderten Kreuzung** 10 mit einer Infotafel über die Heiligen Hallen. An dieser Stelle folgen wir dem Wegweiser „zu den Heiligen Hallen": Der Weg zwischen Infotafel und Naturschutzschild ist der richtige.

Nun staunen wir über das Baumreich, durch das sich der Pfad windet. So sieht natürlicher Wald aus, der ohne menschliche Eingriffe wächst und vergeht, mithin sich selbst regeneriert. Folglich müssen wir ab und an über einen gefallenen Baum steigen oder ihn umrunden. Wir tun es vorsichtig und verhalten uns respektvoll vor der Natur.

Nach etwa 1,2 km treffen wir noch einmal auf den Herrenweg und kurz darauf auf eine **X-Kreuzung** 11. Hier zweigen wir rechts ab. Bald entdecken wir einen sechs Tonnen schweren **eiszeitlichen Geschiebeblock** 12. Auf breitem Forstweg wandern wir weiterhin nordwärts Richtung Lüttenhagen.

Wer ist größer? Da muss die junge Wandersfrau aber noch mächtig wachsen!

Nächste Sehenswürdigkeit ist die **Köhlereiche** 13: Die ungefähr 350 Jahre alte Stieleiche steht an einem Rastplatz der Köhler. Die **ehemalige Köhlerei** 14 mit einer nachgebauten Köhlerhütte ist nur ein paar Schritte entfernt.

Noch wenige Meter und wir befinden uns am Waldparkplatz. Dort befindet sich ein Eingang zum **Paradiesgarten** 15. Der erste forstbotanische Versuchsgarten Mecklenburgs wurde im Jahr 1880 angelegt. Er ist frei zugänglich. Während des Rundgangs können wir einheimische und fremdländische Baumarten entdecken, zudem gibt es Holzskulpturen zu bestaunen. Der Paradiesgarten hat einen zweiten Ausgang, über den wir ihn zur Straße hin verlassen. Wir folgen dem Fußweg neben der Straße für gut 300 m und sind zurück am **Waldmuseum Lütt-Holthus** 01.

LYCHEN – KLOSTER HIMMELPFORT

Lange Tageswanderung in Brandenburg: rund um die Woblitz und ihre Seen

20,9 km | 5:15 h | 81 hm | 81 hm | 865

START | Parkplatz beim Stadtsee-Steg
[GPS: UTM Zone 33U x: 387.023 m y: 5.897.021 m]
CHARAKTER | Die Woblitz verbindet den Lychener Stadtsee mit der Havel, die südlich von Himmelpfort den Stolpsee durchfließt. Die Gegend ist ein Freizeit- und Urlaubsparadies für Bootsbesitzer, Kanuten und andere Wassersportler. Und sie eignet sich gut zum Wandern. Ein erstklassiges Ziel ist das ehemalige Zisterzienserkloster Himmelpfort. Gut, dass es dort etwas zu essen gibt, denn die Tageswanderung ist lang. Badesachen nicht vergessen!

Wir starten am **Parkplatz beim Stadtsee-Steg** 01 in Lychen und gehen nach links in die Hohestegstraße. Wo sie nach rechts knickt, nehmen wir den Fußweg zum Ufer des Stadtsees, der als einer von sieben Seen rund um Lychen den Mittelpunkt des Lychener Seekreu-

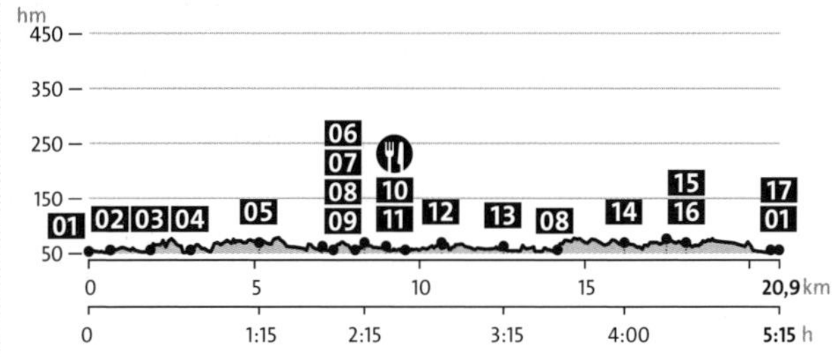

01 Parkplatz beim Stadtsee-Steg, 55 m; 02 Strandbad Lychen, 52 m; 03 Halbinsel Kuckuckswerder, 61 m; 04 Kreuzung Brennickenswerder, 56 m; 05 Naturschutzstation Woblitz, 68 m; 06 Woblitzbrücke, 58 m; 07 erste Badestelle am Haussee, 55 m; 08 Schmalung, 54 m; 09 zweite Badestelle am Haussee, 58 m; 10 Kloster Himmelpfort, 56 m; 11 Badestelle am Stolpsee, 53 m; 12 Wegweiser an einem Holzpfosten, 69 m; 13 Mönchsstatue an der Strohbrücke, 59 m; 14 Woblitzabfluss, 60 m; 15 Rastplatz, 63 m; 16 Ferienpark Seeland, 59 m; 17 Grünanlage mit Ausblick auf den Nesselpfuhl, 50 m

Lychen: Blick über den Großen Lychensee auf die Stadtkirche St. Johannes, die in der zweiten Hälfte des 13. Jh. errichtet wurde

zes bildet. Schnell kommen wir zum Anleger des Fahrgastschiffs Möwe, mit dem man im Sommer verschiedene Ausflugsfahrten auf den Lychener Seen unternehmen kann (*www.ms-moewe.de*). Eine Brücke bringt uns ans andere Ufer der Woblitz, die hier die Verbindung zwischen dem Stadtsee und dem Großen Lychensee bildet. Wir gehen am Wasser entlang und unter der ehemaligen Eisenbahnbrücke hindurch. Auf der früheren Bahnstrecke von Templin nach Fürstenberg (Havel) fanden jahrelang Draisinenfahrten statt. Inzwischen wurde sie von einem Schrotthändler gekauft, der die Gleise abbauen lässt.

Wir bleiben in Wassernähe und folgen der Promenade zum **Strandbad Lychen 02** mit einem Biwakplatz, der vor allem von Wasserwanderern genutzt wird. Vom Strandbad laufen wir auf dem „Märkischen Landweg" bis zur **Halbinsel Kuckuckswerder 03** (Markierung: „blaues Kreuz"). Der breite Pfad führt immer am Seeufer dahin.

Bei der Halbinsel Kuckuckswerder halten wir uns kurz links und dann zweimal rechts. Wir passieren das „Tonkünstlerheim" und folgen dann nach rechts dem „Märkischen Landweg", der bald wieder am Wasser entlangführt. Später entfernt er sich vom Ufer des Großen Lychensees und wir kommen an einem Rastplatz vorbei. Danach treffen wir auf einen breiten Fahrweg, wir folgen ihm nach rechts bis zur **Kreuzung Brennickenswerder 04**.

Geradeaus befindet sich der Ferienhaus-Park Brennickenswerder: Dort gibt es einen „24h-Kiosk", an dem man sich selbst mit Getränken, Eis und mehr versorgen kann. Wir biegen jedoch links ab und folgen dem „Märkischen Landweg" südwestwärts Richtung Himmelpfort. Etwa 700 m nach der Kreuzung Brennickenswerder kürzen wir ein wenig ab, indem wir nach rechts abzweigen. Der „Märkische Landweg" führt geradeaus, wir treffen ihn nach ungefähr 500 m wieder. Es folgt eine ermüdende Strecke – ein breiter Sandweg, der von Strommasten begleitet wird. Wir orientieren uns weiter an den Markierungszeichen „blaues Kreuz“ und erreichen die **Naturschutzstation Woblitz 05** des Greifvogel- und Eulen-Schutzvereins Aquila e.V. (aquila-ev.de). Nun wandern wir kerzengerade südwestwärts bis zur Schneise der Hochspannungsleitung. Hier führt uns der „Märkische Landweg“ nach rechts. Wir ignorieren alle untergeordneten Wege und marschieren etwa 1,6 km auf breitem Waldweg. Unser nächstes Zwischenziel ist die **Woblitzbrücke 06**.

Nach dem Gang über die Fußgängerbrücke eilen wir zur **ersten Badestelle am Haussee 07**. Anschließend folgen wir dem „Haussee-Rundweg“ am Nordufer des Gewässers bis zur **Schmalung 08**. Eine Brücke hilft uns über die enge Verbindung zwischen Haussee und Moderfitzsee. Wenige Meter weiter entscheiden wir uns für den Pfad nach links und bleiben somit am Ufer des Haussees, wo wir auf die **zweite Badestelle am Haussee 09** an einem schattigen Rastplatz treffen. Dem Ufer nach ist es nun gar nicht mehr weit bis zum ehemaligen **Kloster Himmelpfort 10**. Wenn Sie sich stärken wollen: Am Weihnachtshaus wird bei schönem Wetter gegrillt – gegenüber lädt das Restaurant Kleeschen zur Einkehr ein. Beachten Sie auch den kleinen Klosterkräutergarten linkerhand vom Restaurant sowie die Schleuse zwischen Stolpsee und Haussee, nachdem Sie sich auf dem ehemaligen Klostergelände umgesehen haben.

Nun beginnt der lange Rückweg. Zuerst gehen wir ein Stück entlang der Klosterstraße. Bei den Überresten der Klostermauer am früheren Toreingang (Infotafel) biegen wir links ab in die Fürstenberger Straße und gehen gleich wieder links in einen unbefestigten Fahrweg. Wir laufen an einem Parkplatz vorbei und danach entlang einer Reihe halbhoch abgesägter Bäume zur **Badestelle am Stolpsee 11**. Auch wer nicht baden möchte, sollte den Abstecher machen, um einmal auf den Stolpsee zu blicken.

Zurück am Hauptweg: Wir marschieren nach links und an der Wendeschleife geradeaus. Rechts sind Grundstücke, linkerhand Bewuchs. Nun führt der Weg in ein Waldstück. Etwa 200 m nach dem letzten Grundstück biegen wir rechts ab und steigen leicht auf-

Kloster Himmelpfort

Das Kloster Himmelpfort war ein Kloster für Mönche des Zisterzienserordens. Es wurde 1299 durch Markgraf Albrecht III. von Brandenburg gestiftet und durch das Kloster Lehnin aufgebaut. Aufgrund seiner abgeschiedenen Lage in der landwirtschaftlich kaum nutzbaren Heidelandschaft erlangte Kloster Himmelpfort nie die Bedeutung wie andere Klöster der Region, zum Beispiel Zinna, obwohl es umfangreich ausgestattet war. Zum Kloster gehörte sogar ein Brauhaus, dessen Ruinen erhalten sind. Das gesamte Gelände des ehemaligen Klosters kann kostenlos besichtigt werden, die Kirche ist normalerweise zwischen 10 und 18 Uhr geöffnet. Mehr Informationen bietet die Website des Heimatvereins Kloster Himmelpfort e.V.: *www.kloster-himmelpfort.de*

wärts zur geteerten Fürstenberger Straße, der wir beim Ortsschild Himmelpfort begegnen. Wir gehen nur ein paar Schritte Richtung Ort. Ein **Wegweiser an einem Holzpfosten** **12** auf der linken Seite zeigt uns, wo wir sogleich abbiegen: Wir folgen der Beschilderung „Rundweg Sidowsee 2,0 km“ (Markierung: „gelber Balken“).

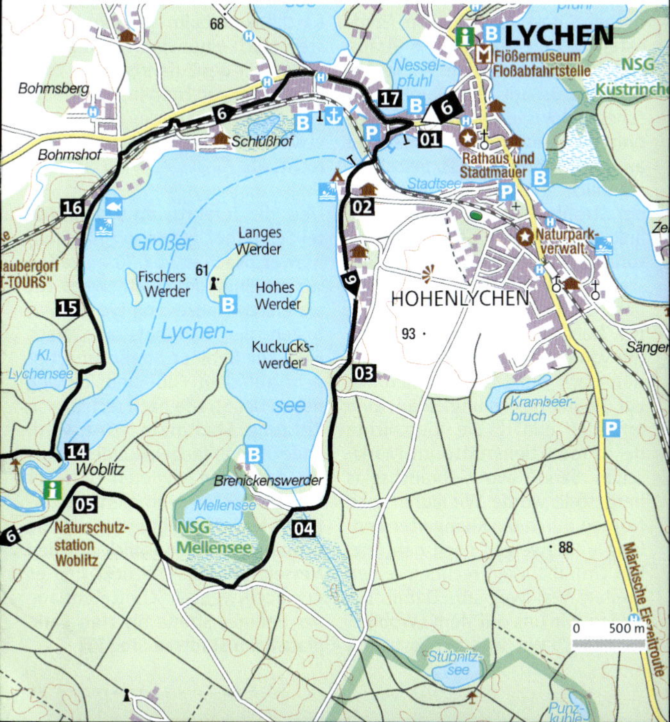

Gut getarnt: Hinter viel Grün versteckt sich die ehemalige Klosterkirche Himmelpfort

Am Geländer geht's hinab zum „Rundweg am Sidowsee". Wir umrunden etwa drei Viertel des malerischen Sidowsees, bis wir im Nordosten auf die asphaltierte Straße Zur Hasenheide treffen. Wir laufen nach rechts auf den Damm zwischen Sidowsee und Moderfitzsee und kommen zur **Mönchsstatue an der Strohbrücke 13**. Selbstverständlich lesen wir die Sage von der Strohbrücke und biegen dann links ab auf den „Moderfitzseerundweg". Von der schönen Badestelle am Moderfitzsee folgen wir dem Südufer bis zur **Schmalung 08**. Nach der Brücke, wo wir vorhin von rechts kamen, streben wir nun nach links. So kommen wir zur „Industriesiedlung" Pian: Eine Infotafel erklärt die Geschichte der „Produktionsstätte im Märkischen Sand", wo Gebrauchsglas hergestellt wurde. Wir laufen nach Norden durch die Kleingartensiedlung und zweigen nach den letzten Grundstücken rechts in einen breiten Waldweg ab. Damit befinden wir uns auf dem „Woblitzrundweg". Wir wandern ostwärts und ignorieren alle kreuzenden Hauptwege sowie untergeordnete Wege, die vom eindeutig erkennbaren Hauptweg abzweigen. Nach etwa 1,3 km kreuzt unser Weg die Schneise der Hochspannungsleitung. Ab da gehen wir noch ungefähr 700 m ostwärts, immer auf dem breitesten Weg. Wo er nach Norden knickt, machen wir einen Abstecher nach rechts: Am Ende des Stichwegs blicken wir auf den **Woblitzabfluss 14** aus dem Großen Lychensee. Gegenüber ist das eingezäunte Grundstück der Naturschutzstation Woblitz.

Wieder am Hauptweg, folgen wir ihm nordwärts, zunächst bis zu einem kleinen **Rastplatz 15** mit Blick auf die Insel Fischers Werder. Weiter geht's nordwärts zum **Ferienpark Seeland 16** mit etlichen Rastbänken beim großen Bootssteg. Nach einer verdienten Pause folgen wir der Zufahrtsstraße zum Ferienpark gen Norden, queren die alte Eisenbahnstrecke und biegen etwa 120 m vor der Hauptstraße rechts ab.

Über die Zufahrt zum Seminarhotel Schlüßhof gehen wir halblinks hinweg. Nach etwa 600 m treffen wir am Ende des Goethewegs auf die ersten Häuser von Lychen. Wir folgen der Bahnhofstraße nach links zur Berliner Straße und tippeln auf dem Fuß- und Radweg neben der Straße nach rechts, also Richtung Stadtmitte. Kurz vorm Ende unserer langen Runde blicken wir auf einen weiteren Lychener See: Hinter dem empfehlenswerten Café GaTho gibt es eine kleine **Grünanlage mit Ausblick auf den Nesselpfuhl 17**. Von dort sind es nur noch wenige Schritte entlang der Berliner Straße bis zum **Parkplatz beim Stadtsee-Steg 01**.

GOLDENBAUMER MÜHLENTEICH UND GRÜNOWER SEE

Verborgene Schätze und historische Plätze im ruhigen Teil des Nationalparks Müritz

14,8 km | 4:00 h | 119 hm | 119 hm | 865

START | Goldenbaum, 92 m, Parkplatz/Bushaltestelle [GPS: UTM Zone 33U x: 382.869 m y: 5.909.880 m]
CHARAKTER | Abseits der stark begangenen Nationalpark-Routen wandern wir durch beschauliche Feld-, Wiesen- und Waldlandschaften. Die Pfade am Goldenbaumer Mühlteich und am Grünower See führen uns nah an die langgestreckten Gewässer, die sich nicht zum Baden eignen. Wasservögel und andere Tiere lassen sich hier gut beobachten. In Bergfeld entdecken wir historische Gebäude. Beim Gutshaus gibt es einen Hofladen, Einkehrmöglichkeiten fehlen jedoch während dieser mittellangen Tour.

Unsere Exkursion beginnt am **Parkplatz bei der Bushaltestelle 01** in Goldenbaum. Mit Blick auf die Infotafeln halten wir uns rechts, laufen etwa 100 m entlang der Dorfstraße und biegen beim Café Kudu links ab. Sodann folgen wir der Markierung „Rotes Eich-

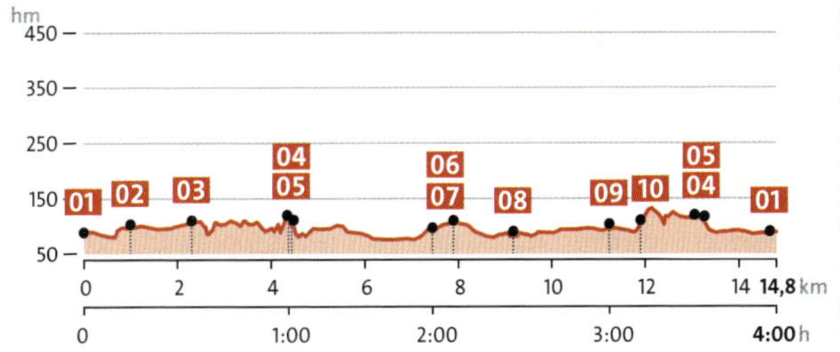

01 Parkplatz bei der Bushaltestelle, 90 m; 02 Kreuzung mit dem Nationalparkweg „M“, 95 m; 03 Stromtrasse, 100 m; 04 Kreuzung Hin-/Rückweg, 104 m; 05 Jugendwaldheim Steinmühle, 86 m; 06 T-Kreuzung, 90 m; 07 Y-Kreuzung, 105 m; 08 Gutshaus Bergfeld, 88 m; 09 Heckenhaus, 95 m; 10 Schutzhütte „An den Hasseln“, 88 m

Lauschiger Rastplatz: Beim Jugenwaldheim Steinmühle gibt es mehrere Tische und Bänke am Seeufer

hörnchen" geradeaus (nach rechts führt ein Betonplattenweg ohne Markierungszeichen). Wir wandern südwärts durch Felder und Wiesen und anschließend in den Wald hinein. Am Hünberg (89 m ü. NN) treffen wir auf die **Kreuzung mit dem Nationalparkweg „M"** **02**.

Wir biegen links ab und schlendern durch den Wald westwärts bis zu einer Straße. Wir überqueren sie leicht versetzt und vertrauen dem markierten Weg nach Nordwesten, bis wir auf eine **Stromtrasse** **03** treffen. Dort streben der Nationalparkweg „M" und der Weg „Rotes Eichhörnchen" geradeaus, doch wir biegen rechts ab und wandern auf einem grasigen Weg Richtung Goldenbaumer Mühle. Noch vor den Gebäuden halten wir uns links, sodass wir zum Uferweg am Mühlenteich kommen.

Die Goldenbaumer Mühle gehörte dem Bruder der berühmten Schauspielerin Marlene Dietrich. Die Familie nutzte das einsame Anwesen als Wochenendquartier. Ob die Dietrich selbst jemals dort war, ist allerdings nicht überliefert. Ältere Leute berichten von einem herrlichen Park mit seltenen Bäumen, der sich rund um die Goldenbaumer Mühle erstreckt haben soll.

Nach dem Zweiten Weltkrieg endete die vermeintliche Idylle: Bis 1958 wurde die Mühle als Durchgangslager für Flüchtlinge genutzt. Danach wurde ein „Geflügel-Produktionsbetrieb" etabliert. Die Maststallanlagen boten „Platz" für rund 22 500 Puten, außerdem gab es mehr als 50 000 „Aufzuchtplätze". Von Tierwohl und artgerechter Haltung konnte damals keine Rede sein.

Wir folgen dem Westufer des Mühlteichs nordwärts. Der Pfad kann rutschig sein, ab und an müssen wir über gefallene Bäume steigen. Belohnt werden wir mit einem schönen Stück Natur. Im Norden des Mühlenteichs stoßen wir wieder auf den Nationalparkweg „M". Wir passieren die Verlandungszone des Mühlteichs, der Pfad steigt leicht an und trifft auf die **Kreuzung Hin-/Rückweg** **04**.

Schönes Ensemble: Im sanierten Gutshof Bergfeld ist vor einiger Zeit ein Hofladen eingezogen

Jetzt marschieren wir nach rechts und kommen schnell zum **Jugendwaldheim Steinmühle** 05. Die ehemalige Mahlmühle wurde im späten 18. Jh. erstmals urkundlich erwähnt, doch vermutlich ist sie deutlich älter. Heute dient sie als Bildungseinrichtung des Nati-

Beobachtungsstand und Schutzhütte: „An den Hasseln" legen wir eine kurze Rast ein

onalparks Müritz – vor allem für Schulklassen. Von der Steinmühle gehen wir über den Mühlenbach und orientieren uns am „Grünen Eichenblatt" nordostwärts, wobei wir auch das „M" als Markierung vorfinden. Nach kurzer Strecke mündet von rechts der Weg „Gelber Falke" ein, wir gehen geradeaus weiter. Etwa 700 m weiter verabschieden wir uns von den Zeichen „M" und „Gelber Falke": Wir biegen links ab und folgen dem Symbol „Grünes Eichenblatt" zum Westufer des Grünower Sees, welchem wir auf seiner gesamten Länge nachwandern. Im Norden des Sees stoßen wir an einer **T-Kreuzung** 06 auf einen breiteren Weg und biegen rechts ab.

An einer **Y-Kreuzung** 07 mündet von rechts der Nationalparkweg „M" ein. Wir biegen scharflinks ab und wandern zum Ort Bergfeld. Dort biegen wir rechts ab. Die Straße Zur Schmiede führt uns an der Alten Schmiede vorüber, die von 1780 bis 1820 erbaut und bis Ende der 1960er Jahre genutzt wurde. Zweite Sehenswürdigkeit im Ort ist das **Gutshaus Bergfeld** 08, erbaut um 1850. Beachten Sie die markante Turmuhr und die in liebevoller Weise restaurierten Mansarden. Der Gutshofladen ist samstags von 9 bis 12 Uhr geöffnet. Man kann zum Beispiel Fleisch, Wurst, Eingewecktes und Honig kaufen.

Von Bergfeld streben wir durch Felder und Wiesen südwärts zur Einöde **Heckenhaus** 09. Dabei orientieren wir uns an der Markierung „Grünes Eichenblatt". Bei Heckenhaus biegen wir links ab auf das Teersträßchen. Nach zirka 600 m erreichen wir die **Schutzhütte „An den Hasseln"** 10. Vom Unterstand aus lassen sich manchmal Wasservögel beobachten, die auf den Wiesen ringsum rasten.

Nach einer Pause marschieren wir auf dem Teersträßchen weiter bis zum **Jugendwaldheim Steinmühle** 05 und zur **Kreuzung Hin-/Rückweg** 04. Wir bleiben auf dem breiten Forstweg mit der Markierung „Rotes Eichhörnchen" und wandern westwärts. Nach Austritt aus dem Wald spazieren wir durch Wiesen und Felder, Findlinge säumen den Weg. In Goldenbaum treffen wir auf die Dorfstraße und folgen ihr nach rechts, vorbei an der Dorfkirche, bis zum **Parkplatz bei der Bushaltestelle** 01.

DER BUCHENWALD VON SERRAHN

Zum UNESCO-Weltnaturerbe im Müritz-Nationalpark

7,4 km | 2:00 h | 84 hm (Aufstieg) | 84 hm (Abstieg) | 865

START | Zinow, 90 m, Weltnaturerbe-Pavillon (Parkplatz) [GPS: UTM Zone 33U x: 378.588 m y: 5.914.060 m]
CHARAKTER | Fünf Gebiete in Deutschland zählen zum UNESCO-Weltnaturerbe „Alte Buchenwälder und Buchenurwälder", das einzigartige Biotope in ganz Europa honoriert und unter Schutz stellt. Ein Gebiet befindet sich in der Kernzone des Nationalparks Müritz: der Serrahner Buchenwald. Leider können Wanderer nur einen kleinen Teil des erstklassigen Biotops erkunden, für den Großteil gilt ein strenges Betretungsverbot. Die unkomplizierte Wanderung im Gebiet Serrahn gehört dennoch zu den Highlights im Nationalpark. Beste Jahreszeiten: Frühling und Herbst.

Während die Vögel des Waldes ihr Konzert beginnen, das zarte Grün der sprießenden Blätter im ersten Tageslicht erstrahlt und die Sonne langsam den Morgennebel verdrängt, können wir den Serrahner Buchenwald am intensivsten spüren: frühmorgens an einem Frühlingstag. Im Sommer spenden uns die uralten Bäume Schatten. Faszinierend ist der Herbst, wenn sich die Blätter der Baumriesen goldgelb färben und Pilze aller Couleur aus dem Boden schießen.

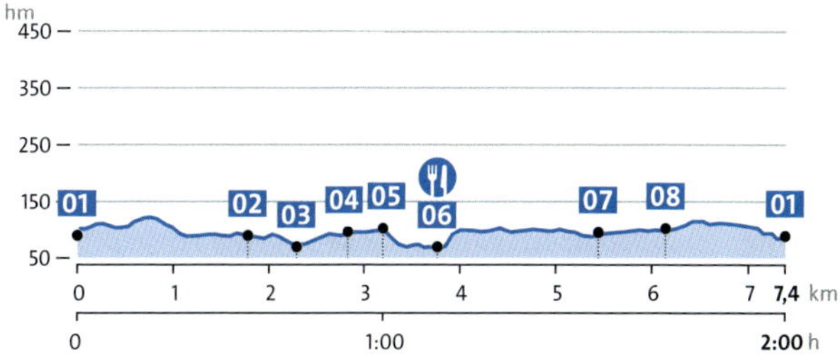

01 Weltnaturerbe-Pavillon, 88 m; 02 Rastplatz mit Hängematten, 82 m; 03 Beobachtungsturm, 67 m; 04 Dorfstelle Saran, 86 m; 05 Findling, 88 m; 06 Forsthaus Serrahn, 75 m; 07 markante Kreuzung, 89 m; 08 Platz mit einem Picknick-Tisch, 98 m

Majestätisches Wesen: Direkt am Weg steht diese riesige Rotbuche. Wie lange noch?

In ein paar Wochen erleben wir eine andere Stimmung: Die braunen Buchenblätter rieseln leise zu Boden, die Natur bereitet sich auf den Winter vor. Und schon bald beginnt alles von Neuem. Im Serrahner Buchenwald erscheint Vergängliches unvergänglich.

Mit Andacht beginnen wir unsere Wanderung am **Weltnaturerbe-Pavillon** **01**. Der Parkplatz dazu befindet sich etwas abseits der Bundesstraße B189 bei Zinow. Am Pavillon halten wir uns links, also ostwärts, und folgen den Markierungen „Braunes Wildschwein" sowie „Grünes Buchenblatt" (dieses Zeichen steht für den Wald-Erlebnispfad Serrahn). Nach wenigen Metern überqueren wir den Forstweg, etwa 120 m danach biegen wir rechts ab.

Wir wandern sanft ansteigend über einen Endmoränenzug, der mit jüngerem Mischwald bewachsen ist. Am Boden wachsen auffallend viele Heidelbeeren. Da wir uns noch

UNESCO-Weltnaturerbe „Alte Buchenwälder und Buchenurwälder"

Ohne Einfluss des Menschen wäre Deutschland heute zu zwei Dritteln mit Buchenwäldern bedeckt, heißt es auf der Website der deutschen UNESCO-Kommission. Tatsächlich ist die Rotbuche (*Fagus sylvatica*) sehr anpassungsfähig. Nach den letzten „Eiszeiten" bedeckten Buchenwälder etwa 40 Prozent des europäischen Kontinents. Doch durch menschliche Eingriffe verschwanden die meisten alten Baumbestände. Erhaltene zu bewahren und in ihrer Entwicklung zu begünstigen, ist das Ziel des Schutzes durch die UNESCO. Inzwischen sind mehr als 100 Waldgebiete in Europa als Weltnaturerbe „Alte Buchenwälder und Buchenurwälder" ausgewiesen. Neben dem Serrahner Buchenwald im Nationalpark Müritz gehören Teile der Nationalparke Kellerwald-Edersee (Hessen), Hainich (Thüringen) und Jasmund (Insel Rügen, Mecklenburg-Vorpommern) zum Weltnaturerbe, außerdem der Grumsiner Forst in Brandenburg.

außerhalb der Kernzone des Nationalparks befinden, ist Naschen der leckeren und gesunden Früchte durchaus erlaubt. Die Heidelbeere ist ein Säurezeiger: Wo die Pflanze gedeiht, ist der Boden sauer.

Bald laufen wir durch einen eindrucksvollen Kiefernwald, in dem manche Bäume über 200 Jahre alt sein sollen. Wir vertrauen den Markierungen „Braunes Wildschwein“ und „Grünes Buchenblatt“ und kommen nach rund 2 km ab Parkplatz zu einem **Rastplatz mit Hängematten** **02**. Schaukelnd blicken wir in die Baumkronen, dann geht's weiter auf dem Wald-Erlebnispad.

Wir betreten die Kernzone des Nationalparks Müritz – bitte beachten Sie die Betretungs- und Verhaltensregeln! Wo der „Wildschwein-Weg“ nach rechts abzweigt, folgen wir dem „Grünen Buchenblatt“ nach links. Nach etwa 300 m erreichen wir einen **Beobachtungsturm** **03**. Von oben schauen wir auf den ringsum versumpften Großen Serrahnsee. Vom Turm schlendern wir südwärts und staunen über einige große, alte Rotbuchen und das Totholz am Boden: So sieht ein naturnaher Wald aus, der sich langsam wieder zu einem Naturwald entwickelt – ohne Eingriffe des Menschen.

Bald kommen wir zur **Dorfstelle Saran** **04**: Hier soll sich das mittelalterliche Dorf Saran befunden haben, eine Art Pioniersiedlung der Slawen. Bereits vor über 500 Jahren wurde dieser Ort aufgegeben. Etwa 600 m nach der Dorfstelle Saran orientieren wir uns an einem **Findling** **05**, in den der Schriftzug „Wiederkehr des Wanderfalken“ eingemeißelt wurde. Mit Blick auf das Forsthaus Serrahn und die als Stahlschablonen nachgebildeten Silhouetten einheimischer Tiere können wir auf der Bank ausruhen, bevor wir nach links weitergehen.

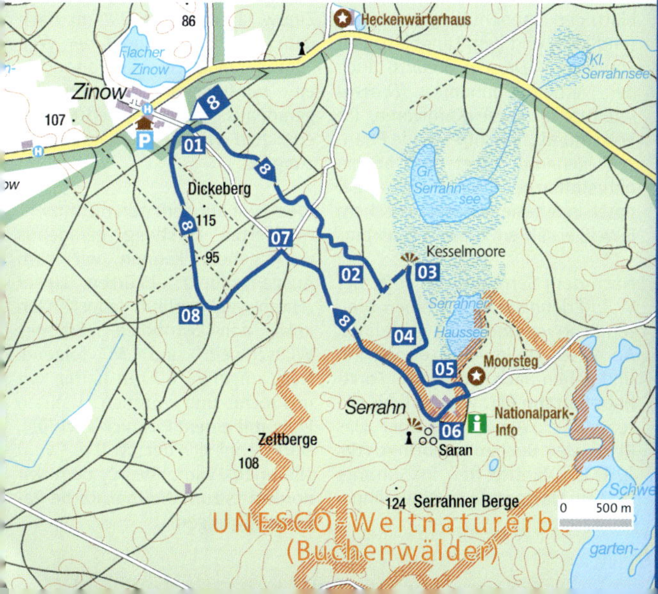

Totholz lebt: Pilze wie diese Schwefelköpfe sorgen für die Zersetzung der gefallenen Bäume

Wir durchqueren das Serrahnbruch auf einem Pfad und über einen Steg. In dem kleinen Moor sollen alle drei in Deutschland heimischen Sonnentau-Arten vorkommen: neben dem Rundblättrigen Sonnentau (*Drosera rotundifolia*) und dem Langblättrigen Sonnentau (*Drosera anglica*) auch der Mittlere Sonnentau (*Drosera intermedia*). Diese Karnivoren, im Volksmund „fleischfressende Pflanzen" genannt, haben sich an die nährstoffarme Umgebung angepasst, indem sie sich von tierischem Eiweiß ernähren, zumeist Insekten.

Nach dem Serrahnbruch trifft der Wald-Erlebnispfad auf einen breiten Fahrweg und führt nach links. An dieser Stelle verlassen wir ihn und gehen nach rechts zum **Forsthaus Serrahn** 06. Von April bis Oktober ist die Ausstellung über „Das Reich der Buchen" geöffnet (tgl. 10-17 Uhr, Eintritt frei). Im Sommer lädt ein Gartencafé zu einer längeren Pause ein.

Wir wandern auf dem breiten Forstweg weiter, der wenige Meter nach dem Forsthaus in nordwestliche Richtung schwenkt. Wir orientieren uns am „M" des Nationalparkwegs, während wir Richtung Zinow laufen. Etwa 900 m nach dem Forsthaus mündet der Weg „Braunes Wildschwein" von rechts ein – wir folgen ihm und dem „M" geradeaus. Nach weiteren 800 m erreichen wir eine **markante Kreuzung** 07.

Wenn wir auf dem nun nicht mehr markierten Forstweg geradeaus weitergehen, können wir zum Ausgangspunkt abkürzen. Unser „Hauptweg" verläuft jedoch nach links, den Symbolen „Braunes Wildschwein" und „M" folgend. Nach ungefähr 600 m halten wir uns rechts und kommen an einen **Platz mit einem Picknick-Tisch** 08. Dort trennt sich der „M-Weg" vom „Braunen Wildschwein", dem wir nordwärts zum **Weltnaturerbe-Pavillon** 01 folgen.

NEUBRANDENBURGS GRÜNE RUNDE

Vor den Stadttoren: Malliner Bachtal und Tollensesee

17,4 km 4:45 h 147 hm 149 hm 865

START | Neubrandenburg, 15 m, Haltestelle Reitbahnweg (Bus 9)
[GPS: UTM Zone 33U x: 384.842 m y: 5.937.264 m]
CHARAKTER | Die Vier-Tore-Stadt Neubrandenburg ist kein klassisches Ziel für Wanderer. Abseits der Altstadt dominieren sie Plattenbauten aus „DDR-Zeiten“. Zu Beginn unserer Streckenwanderung wollen wir deshalb gar nicht glauben, dass uns ein abwechslungsreicher Tag im Grünen erwartet. Doch im Malliner Bachtal sind wir der Natur nah, und auch der Tollensesee verspricht Erholung vor den Toren der Stadt. Aufgrund ihrer Länge eignet sich die Wanderung nur für erfahrene Wanderer mit guter Kondition.

Ausgangspunkt der Tour ist die **Bushaltestelle Reitbahnweg 01**. Dorthin fährt die Linie 9 ab Busbahnhof (ZOB). Von der Bushaltestelle gehen wir nordwärts über den Reitbahnweg hinweg zum Südufer des Reitbahnsees und spazieren am See entlang nordwestwärts zu den Gebäuden der Wasserskianlage. Dann laufen wir

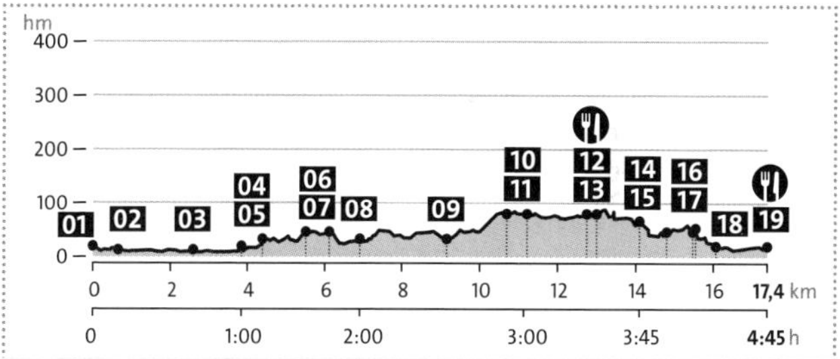

01 Bushaltestelle Reitbahnweg, 15 m; **02** Bahnübergang, 16 m; **03** Rastplatz mit Schutzhütte, 11 m; **04** Mörderberg, 22 m; **05** Parkplatz Malliner Bachtal, 20 m; **06** Priesterbruch, 24 m; **07** Aussichtspunkt, 35 m; **08** Zirzower Mühle, 27 m; **09** Damwildgatter, 34 m; **10** Wulkenziner Straße, 72 m; **11** Reste einer Brücke, 76 m; **12** Dorfkrug Waldeslust, 76 m; **13** Hinterm Friedhof, 84 m; **14** Jahnstein, 59 m; **15** Fundamentreste des Waldrestaurants Jacobi, 28 m; **16** Aussichtsplatform, 33 m; **17** Belvedere, 38 m; **18** Strandbad Broda, 25 m; **19** Treptower Tor, 16 m

Aussichtspunkt: Wir sitzen auf der Rastbank auf dem Mörderberg und blicken zurück nach Neubrandenburg

zum Parkplatz der Wasserskianlage am Reitbahnweg und weiter zum **Bahnübergang** **02** (Eisenbahnstrecke Berlin-Neubrandenburg-Stralsund).

Auf dem asphaltierten Klöterpottsweg marschieren wir etwa 800 m nordwestwärts, vorbei an Hunderten von Gartengrundstücken. Dann schwenkt der Weg

Das neue Brandenburg

Die Kreisstadt des Landkreises Mecklenburgische Seenplatte ist nach Rostock und Schwerin die drittgrößte Stadt des Bundeslandes Mecklenburg-Vorpommern. Neubrandenburg hat mehr als 60 000 Einwohner. Die neue Siedlung entstand Mitte des 13. Jh. und wurde nach Brandenburg an der Havel benannt. Die Stadtbefestigung im Stil der Backsteingotik ist gut erhalten. Die Stadtmauer ist etwa 2 300 Meter lang und bis zu sieben Meter hoch. Die vier Stadttore aus dem 13. bis 15. Jh. brachten die Bezeichnung Vier-Tore-Stadt ein, vor dem Zweiten Weltkrieg nannte man die Stadt auch „Rothenburg des Nordens" (in Anlehnung an die mittelalterliche Altstadt von Rothenburg ob der Tauber in Bayern). Weitere sehenswerte Bauwerke in Neubrandenburg sind die Hauptpfarrkirche St. Marien (geweiht Ende des 13. Jh.) mit ihrem 90 Meter hohen Turm, der eine Ausstellung zur europäischen Backsteingotik beherbergt, sowie das Franziskanerkloster mit der Klosterkirche St. Johannis. Der Klosterbau ist seit 2013 der größte Standort des Regionalmuseums Neubrandenburg. Das 1794 erbaute Neubrandenburger Schauspielhaus ist das älteste erhaltene Theatergebäude Mecklenburg-Vorpommerns. Bekannt ist außerdem die Vierrade-Mühle, die seit ihrer Stilllegung in den 1990er Jahren mehrere gastronomische Einrichtungen besitzt.

Am Malliner Wasser: der Wanderpfad unterhalb des Mörderbergs

mehr gen Norden, die Bebauung endet und wir wandern durch Felder und Wiesen. Auch der Untergrund wechselt: Auf dem sandigen Schotterweg läuft es sich deutlich besser als auf Asphalt. Nachdem wir das Flüsschen Datze kurz vor dessen Mündung in die Tollense überschritten haben, treffen wir auf einen **Rastplatz mit Schutzhütte 03**. Wir biegen links ab und gehen auf einer schmalen Brücke über die Tollense. Der Fluss hat seinen Namen vom slawischen Wort für Talniederung: dolenzia.

Nun folgen wir dem uns entgegenfließenden Malliner Wasser nach Westen. Der Holzsteg, der vor nassen Füßen schützen sollte, ist leider reparaturbedürftig. So trampelten Wanderer einen Pfad daneben. Kurz vor der Straße „erklimmen" wir den 22 m hohen **Mörderberg 04** und erfreuen uns an der Aussicht von diesem auffälligen Turmhügel. Auf ihm stand einst eine kleine Burganlage mit steinernem Turm und umliegenden Wirtschaftsgebäuden. Im Jahre 1348 wurde die Burg als „Castrum Walwensmoelen" urkundlich erwähnt. Vermutlich sicherte sie die nahe Krappmühle und den vorbeiführenden Handelsweg nach Altentreptow. Letzte Ruinenreste wurden in der ersten Hälfte des 19. Jh. abgetragen und zum Straßenbau verwendet.

Nach dem Abstecher auf den Mörderberg biegen wir an der Straße rechts ab und sogleich links in die Straße nach Zirzow. Am **Parkplatz Malliner Bachtal 05** studieren wir die Infotafel und gehen durchs

Hier geht's lang: „Eingang" zum Malliner Bachtal

Holztor. Nun folgen wir dem schönen Pfad durch das liebliche Tal und beachten die Markierungszeichen „Grüne Runde“.

Am **Priesterbruch 06** kommen wir dem Malliner Bach am nächsten. Wenig später erreichen wir einen **Aussichtspunkt 07** mit einer überdachten Sitzgelegenheit, die nicht sonderlich gepflegt ist. Wir passieren ein Tor, steigen die „Himmelsleiter“ hinab zum Malliner Bach, überqueren ihn und schlendern entlang der Bahnstrecke Neubrandenburg-Parchim bis zu einer Pflasterstraße. Wer an Historie interessiert ist und genügend Ausdauer hat, macht einen kurzen Abstecher nach rechts zur **Zirzower Mühle 08**. Sie ist die letzte erhaltene Getreide- und Ölmühle im Malliner Bachtal, einst gab es im Tal vier Mühlen.

Von der Zirzower Mühle gehen wir zurück, überschreiten die Gleise, biegen nach gut 200 m rechts ab und setzen die „Grüne Runde“ fort. Unser Weg macht einen Rechts- und einen Linksknick und erreicht über Treppen die Bundesstraße B104. Wir überqueren sie vorsichtig, kreuzen den geteerten Radweg und laufen auf einem Pfad südwestwärts. Er führt an einem Waldrand entlang. Bevor es in den Wald hineingeht, machen wir einen Abstecher nach rechts zum **Damwildgatter** **09** (beschildert).

Wir marschieren zurück zum Abzweig des Stichwegs und nach rechts. Die „Grüne Runde“ führt uns nun durch den Wald, wobei wir uns an der einzigen markanten Kreuzung im Wald links halten. 150 m nach einem Schlagbaum erreichen wir die **Wulkenziner Straße** **10**. Hier verlassen wir die „Grüne Runde“.

Wir überqueren die Straße und wandern nach rechts bis zur Betonstraße beim Funkturm (Schild: „Feuerwehrtechnische Zentrale“). Wo diese nach links schwenkt, gehen wir geradeaus Richtung Neuendorf und Wulkenzin (Markierung: „gelber Punkt“). So erreichen wir schnell die **Reste einer Brücke** **11** am alten Bahndamm. Über Stufen steigen wir auf der anderen Seite des Einschnitts wieder auf. Der von dichten Hecken gesäumte Weg führt uns südwärts bis zur Bundesstraße B192. Wir gehen aufmerksam über die Straße und folgen dem geteerten Rad- und Fußweg nach links. Er mündet in die Dorfstraße ein, auf der wir nach rechts in den Ort Neuendorf hineingehen.

Vorbei am Landgasthof Alte Schäferei, an der Gabelung nach der Rotdornstraße links und an der Kirche vorüber: So kommen wir zum **Dorfkrug Waldeslust** **12** mit Gastgarten. Nach der Stärkung mit Speis und Trank bleiben wir auf der Dorfstraße und halten uns links Richtung Jahnstein. **Hinterm Friedhof** **13** biegen wir rechts ab – damit befinden wir uns erneut auf der „Grünen Runde“. Wir igno-

Griechische Säulenhalle: Das Belvedere ist ein beliebter Treffpunkt der Neubrandenburger

rieren einen ersten Weg, der links abzweigt, und folgen kurz darauf dem zweiten nach links. Durch schattigen Buchenwald kommen wir zum **Jahnstein 14**, der dem Turnvater Jahn gedenkt. Nach einer kurzen Rast steigen wir mehr als 140 Stufen hinab und wandern nach links Richtung Neubrandenburg (Markierung: blauer Balken). Nächste Stationen sind das „Fledermausquartier“ und die **Fundamentreste des Waldrestaurants Jacobi 15**.

Etwa 800 m weiter kommen wir zu einer **Aussichtsplattform 16** über dem Steilufer des Tollensesees – bei der letzten Wanderung des Autors war sie leider gesperrt. Einen vergleichbar schönen Ausblick genießen wir anschließend beim **Belvedere 17**. Die griechische Säulenhalle wurde in der ersten Hälfte des 19. Jh. anstelle eines Sommerhauses des Mecklenburgischen Herzogs Adolf Friedrich IV. errichtet. Auftraggeberin war die Großherzogin Marie von Hessen-Kassel, die sich das Gebäude als neues Ausflugsziel für ihre Töchter Luise und Caroline wünschte. 1934/35 wurde das Belvedere als Gedenkstätte für die Gefallenen des Ersten Weltkriegs umgebaut, wovon heute nichts mehr erkennbar ist.

Zurück am Uferweg, erreichen wir weiter nördlich die Steganlage und das **Strandbad Broda 18**. Am Seeufer entlang gelangen wir zur Mündung des Oberbachs. Wer sich ein Eis als Belohnung für die Tour gönnen möchte, geht über die größere der beiden Brücken – der Pavillon des Eiscafés Venezia ist unübersehbar. Mit oder ohne Eis geht es weiter über die kleinere Brücke und am Oberbach nordwärts bis zum Wehr bei der alten Vierrade-Mühle unweit vom **Treptower Tor 19**. Am Treptower Tor halten Busse und Straßenbahnen, die uns in jede gewünschte Richtung befördern.

DER TOLLENSESEE IN VOLLER LÄNGE

Wanderung von Neubrandenburg nach Nonnenhof und Rückfahrt mit dem Linienschiff

12,1 km | 3:30 h | 140 hm | 139 hm | 865

START | Neubrandenburg, 15 m, Schiffsanleger
[GPS: UTM Zone 33U x: 384.144 m y: 5.934.415 m]
CHARAKTER | Diese Wanderung ist empfehlenswert, wenn das Linienschiff Rethra verkehrt – normalerweise vom späten Frühjahr bis zum Herbst. Die Fahrzeiten können Sie im Internet unter der Adresse *www.neu-sw.de/linienschiff* nachsehen. In der übrigen Zeit müssen Sie einen Transfer organisieren oder die Strecke doppelt wandern, wodurch die Tour schwer wird. Mit dem Schiffstransfer ist sie auch für wanderfreudige Kinder geeignet. Es gibt Einkehrmöglichkeiten, Bade- und Spielplätze.

Unser Wandertag beginnt am **Schiffsanleger Neubrandenburg** 01 in der Nähe des Hotels und Restaurants Badehaus. Wenn Sie mit dem Auto anreisen, parken Sie am besten bei der Stadthalle (Parkplatz Jahnsportforum) und laufen am Spielplatz „Am Messeplatz" sowie am Fitness-Parcours vorbei zum Tollensesee. Im Zweifelsfall prüfen Sie am Schiffsanleger noch einmal die Abfahrtszeiten des Linienschiffs Rethra. Dann folgen Sie dem breiten Rad- und Fußweg süd-

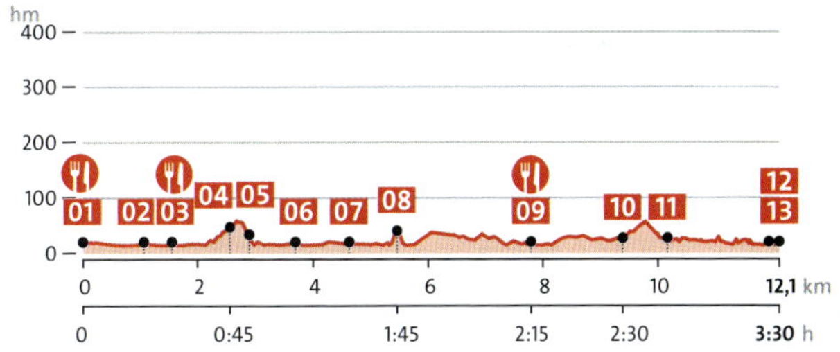

01 Schiffsanleger Neubrandenburg, 15 m; 02 Torpedo, 17 m; 03 Badesteg beim Augustabad, 15 m; 04 Aussichtsturm auf der Behmshöhe, 61 m; 05 Arionstein, 45 m; 06 Großsteingrab, 23 m; 07 Rastplatz, 22 m; 08 „Chimborazo", 50 m; 09 Badestelle Klein Nemerow, 15 m; 10 Rasthütte, 30 m; 11 Bornmühle, 28 m; 12 Badestrand Nonnenhof, 16 m; 13 Schiffsanleger Nonnenhof, 15 m

Still ruht der See: Immer wieder bieten sich solche schönen Ausblicke auf den langgestreckten Tollensesee

wärts. Die Orientierung ist einfach: Wir bleiben beinah den ganzen Tag am Seeufer.

Linkerhand erstreckt sich das Stargarder Bruch, ein ehemaliges Niedermoor. Während des Dreißigjährigen Kriegs schützte das Bruch die Stadt Neubrandenburg vor den katholischen Truppen des Feldherrn Tilly, die in dem sumpfigen Gebiet nicht lagern konnten. Ab dem 19. Jh. wurde das Niedermoor entwässert. Es entstanden Wiesen- und Obstanbauflächen. Nach Aufgabe der Trinkwassergewinnung in den 1990er Jahren stieg der Grundwasserspiegel an und es bildete sich ein vielfältiger Biotop-Komplex aus Feuchtwiesen, Schilfzonen, kleinen Seen und Bruchwäldern, aber auch Trockenflächen.

Das Stargarder Bruch besitzt eine artenreiche Flora und Fauna. Aus ornithologischer Sicht ist es besonders interessant. Neben zahlreichen Entenarten gibt es hier seltene Vögel wie die Rohrdommel (*Botaurus stellaris*), den Teichrohrsänger (*Acrocephalus scirpaceus*) und den Sumpfrohrsänger (*Acrocephalus palustris*).

Nach mehr als einem Kilometer erreichen wir das Wassersportzentrum am Yachthafen, wo etwas abseits vom Uferweg ein **Torpedo** 02 an die ehemalige Torpedoversuchsanstalt erinnert. Die Deutsche Kriegsmarine errichtete sie während des Zweiten Weltkrieges.

Am anderen Ufer des Tollensesees entdecken wir das Belvedere, eine Wandelhalle im Stil der griechischen Antike. Wir besuchen Sie während der Wanderung 9. Jetzt gehen wir jedoch weiter auf dem Uferweg zum **Badesteg beim Augustabad** 03, der uns einen guten Ausblick auf den See gewährt. Wir passieren den Sandstrand des Augustabads, das „Augustas Seerestaurant & Café“ sowie einen Spielplatz. Dort befindet sich am Weg ein Schachbrett, auf der anderen Seite ist ein Grillplatz. Wenige Meter weiter gehen wir zwischen dem diskret abgeschirmten FKK-Bereich

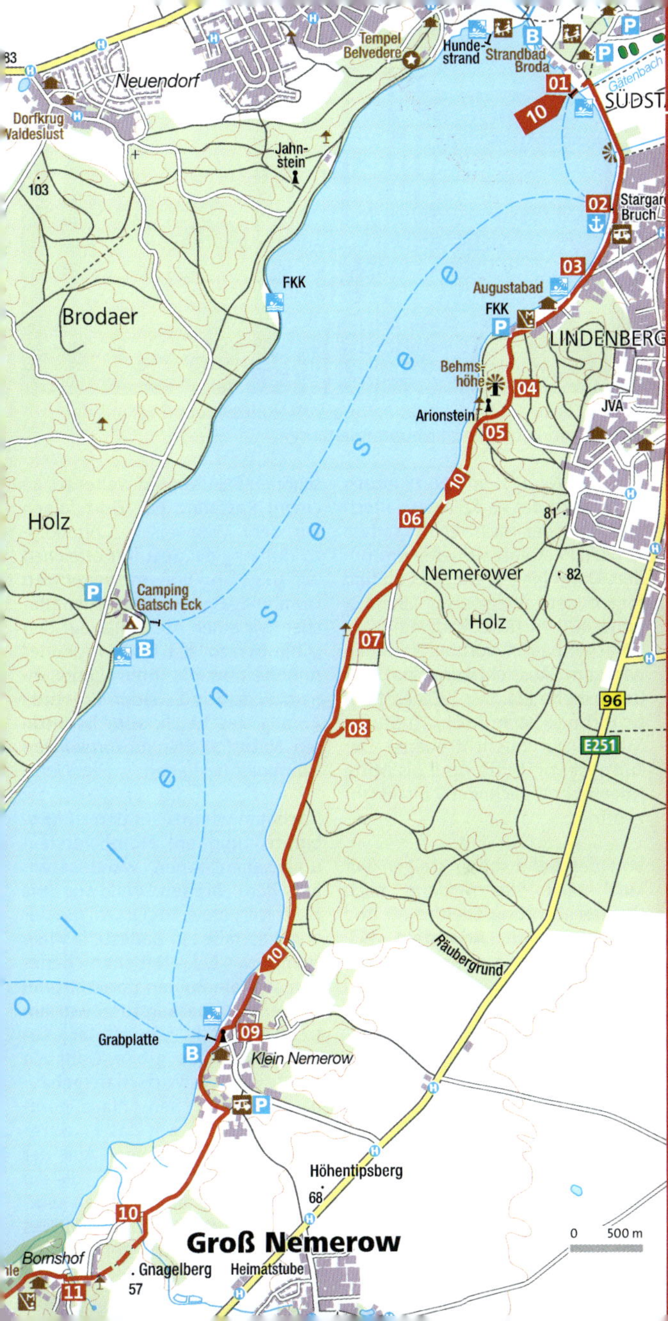
Neuendorf
Dorfkrug Waldeslust
Tempel Belvedere
Hundestrand
Strandbad Broda
Gätenbach
SÜDST
Jahnstein
103
Stargard Bruch
FKK
Augustabad
FKK
LINDENBERG
Brodaer
Holz
Behmshöhe
Arionstein
JVA
81
Nemerower
Holz
82
Camping Gatsch Eck
Räubergrund
96
E251
Grabplatte
Klein Nemerow
Höhentipsberg
68
Groß Nemerow
Bomshof
Gnagelberg
57
Heimatstube
0 500 m
01
02
03
04
05
06
07
08
09
10
11

Am Ziel unserer Streckenwanderung: Von Nonnenhof bringt uns das Linienschiff zurück nach Neubrandenburg

und der Minigolfanlage hindurch in Richtung des Parkplatzes, jedoch gleich wieder nach rechts, sodass wir den Parkplatz seeseitig umrunden. Dann biegen wir links ab und folgen dem Wegweiser „Behmshöhe 400 m (Kein Radweg)". Am „Drachenbaum" vorüber kommen wir zum **Aussichtsturm auf der Behmshöhe** 04. Der 1905 eröffnete Turm ist 34 m hoch, 111 Stufen führen zur Aussichtsebene. Der Turm ist von Mitte April bis Mitte November täglich von 9 bis 18 Uhr geöffnet.

Von der Behmshöhe steigen wir kurz nach Süden, dann nach Westen Richtung Seeufer ab und gelangen zum **Arionstein** 05. Der Gedenkstein erinnert an das 100-jährige Jubiläum des ersten Männer-Gesangsvereins im Großherzogtum Mecklenburg-Strelitz. Vom kleinen Platz beim Gedenkstein sind wir schnell am Uferweg – wir folgen ihm erneut südwärts. Nach einer Weile kommen wir an eine Stelle, an der sich ein **Großsteingrab** 06 aus der mittleren Jungsteinzeit befand. Nachdem wir die Infotafel gelesen haben, wandern wir auf dem schönen Seeuferpfad weiter bis zu einem **Rastplatz** 07. Dort folgen wir dem Wegweiser „Chimborazo". Entlang des Seeufers erreichen wir ungefähr 600 m weiter den Humboldt-Gedenkstein. Hier machen wir einen Abstecher auf den **„Chimborazo"** 08: Die 55 m „hohe" Anhöhe verdankt ihren Namen einem Vulkan in Ecuador. Er wurde Anfang des 19. Jh. vom berühmten Naturforscher Alexander von Humboldt bestiegen.

Nachdem wir uns auf dem „Chimborazo" und am Humboldtstein umgesehen haben, wandern wir auf dem breiten Waldweg bis Klein Nemerow. Im Ort folgen wir der Seestraße zur **Badestelle Klein Nemerow** 09. Nebenan befinden sich die Ruinen der Komturei Nemerow. Eine Komturei war ein treuhänderisch verwalteter Kirchenbesitz. Das große Gebäude diente wohl als Wirtschaftsgebäude der klösterlichen Anlage, nördlich davon soll sich das Konventhaus befunden haben. Aus der ehemaligen Klosterkirche, die im frühen 18. Jh. abgebrochen wurde, blieb nur der Leichenstein des Komturs Ludwig von der Groeben erhalten. Er steht heute auf dem Gelände des nahen Seehotels Heidehof (*www.seehotel-heidehof.de*).

Vom Schiffsanleger am Seehotel Heidehof folgen wir dem nicht sonderlich gepflegten Naturlehrpfad Richtung Nonnenhof. Doch wer braucht schon einen Lehrpfad, wenn die Ausblicke so schön sind? Wir gehen ein Stück überm Seeufer dahin, überqueren auf einem Steg die Düker und halten uns hinter der Musikschule bei einer Gartenanlage links, sodass wir uns kurze Zeit vom See entfernen. Unser Weg Am Hasenberg trifft auf die Straße Am Charlottenberg, welcher wir nach rechts folgen. Bald weicht der Beton einem körperfreundlicheren Schottergrund und wir spazieren durch Felder und Wiesen süd- bis südwestwärts bis zu einer **Rasthütte** **10**.

An der Hütte verlassen wir den breiten Weg: Wir biegen halblinks ab in einen Feldweg. Etwa 200 m weiter nehmen wir den grasigen Pfad halbrechts. Wir schreiten über eine kleine Brücke mit reparaturbedürftigem Geländer und steigen an der „Schubberstelle für Wildschweine" vorbei auf den Gnagelberg, auf dem eine weitere Rasthütte steht. Der linke von zwei Pfaden führt uns abwärts zu einer Ferienhauskolonie. Auf teilweise gepflastertem Weg wandern wir weiter bergab. An einer T-Kreuzung biegen wir links ab. Nach gut 100 m überschreiten wir den Bach bei der ehemaligen **Bornmühle** **11**.

Am Hotel Bornmühle (*www.bornmuehle.de*) gehen wir rechts vorüber, danach halten wir uns bei einem Schlagbaum rechts zum Seeufer. Auf dem idyllischen Uferweg passieren wir eine verfallene Bootshütte und eine Rasthütte. Schließlich kommen wir zum Parkplatz Nonnenhof, von wo wir dem Plattenweg zum **Badestrand Nonnenhof** **12** nachgehen.

Wenn genügend Zeit bis zur Abfahrt des Linienschiffs Rethra bleibt, können Sie sich nun erfrischen. Vom Badestrand sind es nur wenige Meter zum **Schiffsanleger Nonnenhof** **13**. Genießen Sie die Rückfahrt über den Tollensesee nach Neubrandenburg!

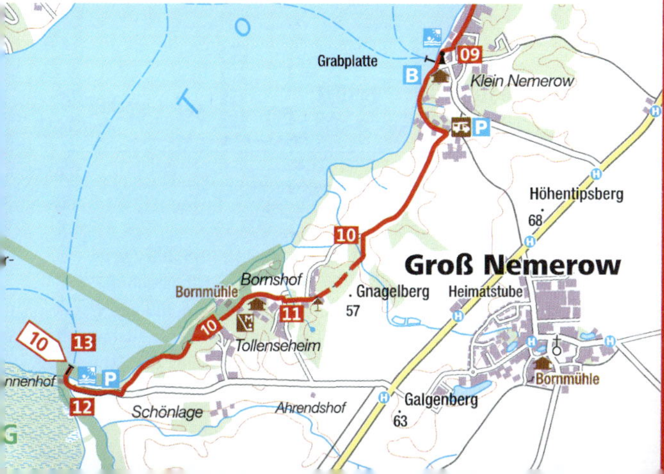

AUF DEN SPUREN VON KÖNIGIN LUISE

Vom Schloss Hohenzieritz zum Jagdschloss Prillwitz

12,6 km 3:15 h 125 hm 125 hm 865

START | Hohenzieritz, 74 m, Parkplatz am Schloss
[GPS: UTM Zone 33U x: 373.960 m y: 5.923.408 m]
CHARAKTER | Eine landschaftlich reizvolle Rundwanderung, die Kultur und Natur vereint. Wir starten am Schloss Hohenzieritz und schlendern durch den herrlichen Schlosspark zum Naturschutzgebiet Rosenholz und Zippelower Bachtal. Danach wandern wir zum Gutshaus und zum Jagdschloss Prillwitz im Naturschutzgebiet Nonnenhof. Schließlich tangieren wir auch das Naturschutzgebiet Ziemenbachtal. Die Orientierung ist nicht schwierig, wenn Sie der Beschreibung genau folgen. Die Tour lohnt sich ganzjährig, doch sie ist keine Radtour. Baden kann man beim Jagdschloss Prillwitz.

Im Jahre 1806 waren Preußens Truppen in der Schlacht bei Jena und Auerstädt verheerend geschlagen worden, und das verbündete Russland hatte sich dem siegreichen Frankreich unter Napoleon angeschlossen. Dass Preußen nicht gänzlich von der Landkarte verschwand, verdankte es seiner Königin: Luise von Preußen traf sich

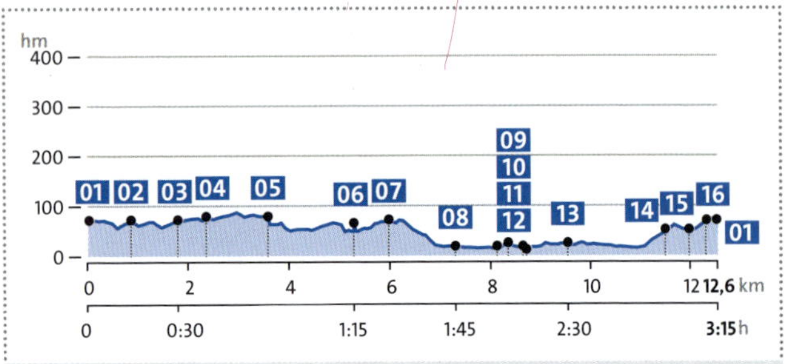

01 Schloss Hohenzieritz, 72 m; 02 erster Rastplatz, 70 m; 03 zweiter Rastplatz, 64 m; 04 Stelzenbuche, 77 m; 05 Wüstung Christenhof, 75 m; 06 Förstergrab, 62 m; 07 Kreuzung bei den Thujen, 67 m; 08 alte Wassermühle, 16 m; 09 alte Schule, 18 m; 10 Dorfkirche, 24 m; 11 Gutshaus, 19 m; 12 Schiffsanleger, 13 m; 13 Y-Kreuzung, 18 m; 14 Eingang zum Schlosspark, 43 m; 15 Denkmal der Hoffnung, 46 m; 16 Luisentempel, 73 m

Wandern wie Königin Luise: Unsere Runde beginnt am Schloss und endet im Schlosspark Hohenzieritz

mit Frankreichs Kaiser Napoleon. Zwar waren ihre Bemühungen um mildere Friedensbedingungen vergeblich, doch Napoleon war von Luises Willensstärke und Verhandlungsgeschick schwer beeindruckt. Und Luises Vorstoß brannte sich tief in das Bewusstsein Preußens ein. Aus einem Luisenkult entstand ein Staatsmythos.

Die schöne Luise, bei ihrem Treffen mit Napoleon war sie gerade 30 Jahre alt, war eine gebürtige Herzogin zu Mecklenburg-Strelitz. Hohenzieritz war eine Sommerresidenz ihres Vaters, Herzog Karl von Mecklenburg. So kam Luise mehrmals in ihrem Leben auf das prunkvolle Schloss, wo sie 1810 mit nur 34 Jahren verstarb. Ihrem Andenken widmet sich die Luisen-Gedenkstätte im **Schloss Hohenzieritz** **01**, vor welchem unsere Wanderung beginnt. Infos zum Schloss finden Sie im Web unter: *www.mv-schloesser.de/de/location/schloss-hohenzieritz/*

▶ Vom Parkplatz aus betreten wir den Schlosspark, nehmen den linken Weg und gehen kurz darauf nochmals nach links. Wir schlendern unter den alten Parkbäumen hindurch nach Nordwesten und ignorieren einen Weg, der linkerhand aus dem Park hinausführt. Am Teich im Schlosspark gehen wir geradeaus. Wir verlassen den Park und folgen der Asphaltstraße nach links, bis diese in eine andere Straße einmündet. An dieser Stelle befindet sich der **erste Rastplatz** **02**, von dem sich eine tolle Aussicht eröffnet. Am ersten Rastplatz nehmen wir den breiteren Weg, der von der Straße abzweigt. Er wird von Bäumen und Sträuchern begleitet und führt uns in nordwestliche Richtung. Ein **zweiter Rastplatz** **03** ist knapp 1 km vom ersten entfernt und hat ebenfalls ein feines Panorama.

Am zweiten Rastplatz biegen wir links ab und beginnen damit eine etwa 4 km lange Runde durch das Naturschutzgebiet Rosenholz und Zippelower Bachtal. (Geradeaus könnten wir unsere Tour um fast 4 km abkürzen, würden aber viel verpassen.)

Glitzernd und glänzend: der Schiffsanleger beim Jagdschloss Prillwitz – in der Nähe befindet sich der Zugang zum Schlosspark

Das Rosenholz war ein beliebter Aufenthaltsort von Königin Luise. Als Naturschutzgebiet wurde es 1960 etabliert, um die weitgehend intakten Quellmoore des Zippelower Bachs mit den angrenzenden Laubwäldern zu schützen. Durch diese Laubwälder wandern wir anfangs auf recht breitem Weg. Nach etwas mehr als einem halben Kilometer fällt links am Weg die **Stelzenbuche** 04 auf, deren zwei Stämme sich zu einem vereinen. Im weiteren Verlauf des Weges, etwas abseits, gibt es zwei sehenswerte Findlinge: Der Rosenholzstein und der andere große Findling zeigen auffällige Werkzeugspuren. Sie deuten darauf hin, dass Menschen versucht haben, diese Steine zu spalten, wahrscheinlich, um sie besser transportieren und als Baumaterial verwenden zu können. Da sich die Findlinge im Naturschutzgebiet abseits der Wege befinden, die nicht verlassen werden dürfen, machen wir keine genauen Angaben zu ihrer Lage. Naturschützer, die Forschung betreiben, können die Koordinaten der Findlinge beim Autor per E-Mail anfragen: *info@sven-haehle.de*

Nach einer deutlichen Linkskurve kommen wir an einem Tümpel vorbei, danach schwenkt unser Weg wieder Richtung Nordwest und mündet in einen anderen, breiten Weg ein. Schräglinks gegenüber erkennen wir in der Wiese die Mauerreste des ehemaligen Gehöfts Christenhof, ringsum stehen noch einige alte Obstbäume. Auf einer Karte aus dem Jahre 1888 sind fünf Gebäude verzeichnet. In der ersten Hälfte des 19. Jh. sollen sechs Menschen auf dem Christenhof gelebt, und zeitweilig soll es einen Ausschank für Reisende gegeben haben, berichtet der Heimat- und Landschaftspflegeverein Klein Vielen e.V. auf seiner interessanten Website *www.kleinvielen-ev.de*. Dort lesen wir auch, dass am Schwedenberg, wo sich die **Wüstung Christenhof** 05 befindet, die Grenze zwischen den Großherzogtümern Mecklenburg-Schwerin und Mecklenburg-Strelitz verlief.

Bei der Wüstung Christenhof gehen wir nordwärts und erkennen an der Hohlform des Weges, dass es sich tatsächlich um einen alten

Handels- und Reiseweg handelt. Heimische bezeichnen ihn als Grabenweg. Nach ungefähr 200 m verlassen wir ihn nach rechts in das Zippelower Bachtal. Aufmerksame Wanderer können im Wald alte Grenzsteine erspähen. Bald gehen wir mehr und mehr nach Südosten. Erstaunlich ist der Sumpfwald rund um den Eichsee, allerdings ist manchmal auch der Weg matschig.

Ein Wegweiser hilft uns zum **Förstergrab** 06. Der Großherzogliche Hegemeister Hermann Klöckner kümmerte sich von Hohenzieritz aus um den „Cabinetsforst", wie der persönliche Besitz des Großherzogs von Mecklenburg-Strelitz genannt wurde. Es war sein letzter Wille, im Rosenholz bestattet zu werden, und zu seiner Beisetzung kamen Förster und Jäger aus ganz Mecklenburg-Strelitz. Großherzog Adolf Friedrich V. erwies seinem Hegemeister die letzte Ehre, indem er „hoch zu Roß in Jagduniform" an der Beisetzung teilnahm, berichtet der Förster Franz Sonnenberg über die Begräbnisfeier.

Zurück am Hauptweg: Wir laufen einen Rechtsbogen und kommen nach kurzer Zeit zur **Kreuzung bei den Thujen** 07. Gehen Sie wenige Schritte nach rechts, um die teilweise über 100 Jahre alten Bäume zu bestaunen. Die Thujen werden auch als Riesen-Lebensbäume bezeichnet (lat. Thuja gigantea). Sie wurden hier gepflanzt, um die Wuchseigenschaften zu erforschen.

Nach dem Abstecher zu den Thujen geht's in die entgegengesetzte Richtung. Nach wenigen Metern fällt ein Findling mit einer Inschrift auf. Worum es sich dabei handelt, konnte der Autor leider nicht in Erfahrung bringen. Nun halten wir uns im Großen und Ganzen ostwärts und erreichen den Ortsrand von Zippelow. Wer möchte, folgt der Straße wenige Meter nach links, um die **alte Wassermühle** 08 anzusehen, heute ein Wohnhaus.

Anschließend wandern wir entlang der Fahrstraße in die andere Richtung, also süd- bis südwestwärts. Nach einer Weile kommen wir nach Prillwitz. Zuerst entdecken wir die **alte Schule** 09: In dem mustergültig sanierten Gebäude befinden sich Ferienwohnungen. An der nächsten Kreuzung mit In-

Im Gedenken an Luise, Königin von Preußen: der Luisentempel im Schlosspark Hohenzieritz

Abwechslungsreich: Auf dieser Wanderung erleben wir eine faszinierende Mischung aus Kultur- und Naturlandschaften

formationstafeln und Radwegweisern gehen wir nach links zur farbenfrohen **Dorfkirche** 10. Von da stolzieren wir gerade auf das ehemalige **Gutshaus** 11 zu. Rechterhand liegt das Jagdschloss Prillwitz (siehe Kasten). Der wunderschöne Schlosspark ist öffentlich zugängig. Wir gehen vor dem Gutshaus nach rechts zum **Schiffsanleger** 12 – dort befindet sich ein kleines Tor zum Park.

In der Nähe des Schiffsanlegers steht eine Infotafel über das Naturschutzgebiet Nonnenhof, in dem wir uns befinden, und vom Anleger selbst bietet sich ein wunderbarer Ausblick auf die Lieps mit der „Kormoraninsel", die ihrem Namen alle Ehre macht. Der See ist maximal 2,30 m tief und über Kanäle mit dem Tollensee verbunden (siehe Tour 10). Bis zum 13. Jh. war der Wasserspiegel noch niedriger, doch für den Betrieb der Vierrademühle in Neubrandenburg wurde die Lieps angestaut. Seitdem befinden sich zahlreiche slawische Siedlungsspuren unter Wasser. Im Gebiet der Lieps vermuten Forscher das slawische Zentralheiligtum Rethra, wissenschaftlichen Beweise dafür gibt es nicht.

Nach einer Pause gehen wir auf bekannter Strecke zurück zur Kreuzung mit den Infotafeln und Radwegweisern und folgen dort der Radwegbeschilderung „Hohenzieritz 3,0 km". Nach dem Ortsende treffen wir auf eine **Y-Kreuzung** 13. Links führt der asphaltierte Radweg Richtung Neubrandenburg, wir bleiben auf der Straße und zweigen an der nächsten Kreuzung nach rechts ab. Damit befinden wir uns im Naturschutzgebiet Ziemenbachtal.

Wir queren den Ziemenbach und spazieren entlang der Baumallee über eine langgestreckte Wiesenfläche. Nach der gedehnten Rechtskurve des Teersträßchens beginnt der Anstieg nach Hohenzieritz. Endlich erreichen wir den nordöstlichen **Eingang zum Schlosspark** 14.

Wir gehen durch das Tor in der Mauer und spazieren im Schlosspark geradeaus bis zum **Denkmal der Hoffnung** 15. Seine volle Bezeichnung ist: „Die Hoffnung tröstet die Trauer". Herzog Karl II. ließ das Monument im Gedenken an seine früh verstorbenen Frauen und Kinder von seinem Hofbaumeister und Bildhauer Christian Philipp Wolff errichten.

Zum Abschluss flanieren wir in einem weiten Rechtsbogen zum **Luisentempel** 16 und beenden unsere Wanderung am **Schloss Hohenzieritz** 01.

Das Gutshaus und das Jagdschloss Prillwitz

Ein gewisser Carl Gustav Gamm erbaute das Herrenhaus Prillwitz zwischen Ende des 17. und Anfang des 18. Jh., nutzte es aber nicht lang. Das Gut kam in Besitz der Familie von Bredow. Diese verkaufte es 1795 an Herzog Karl II. von Mecklenburg-Strelitz.
Das Jagdschloss Prillwitz entstand später, nämlich zwischen 1888 und 1890. Eine Krone über einem der Dreierfenster rechts neben dem Eingang weist auf den Erbauer des Jugendstil-Gebäudes hin: Erbgroßherzog Adolf Friedrich V., der das Gut Prillwitz seit 1882 in eigener Verwaltung hatte.
Nach den Wirren des Zweiten Weltkriegs wurde das Schloss geplündert, Flüchtlinge und Neusiedler zogen ein. Vor der deutschen Wiedervereinigung war das Schloss ein Ferienobjekt. Seit 1995 beherbergt es ein Hotel. Inzwischen kann nur das gesamte Anwesen gemietet werden, etwa für Firmenfeiern oder Filmaufnahmen. Eine Nacht kostet rund 3000 Euro.
Infos im Web: *www.jagdschloss-prillwitz.de*

UM DEN KASTORFER SEE

Leichte Runde in einsamer Gegend – mit Badepausen

10,5 km | 2:45 h | 51 hm | 51 hm | 865

START | Kastorf, 57 m, Parkplatz an der Dorfkirche
[GPS: UTM Zone 33U x: 371.980 m y: 5.947.055 m]
CHARAKTER | Abseits der üblichen Touristenrouten liegt der Kastorfer See, der während der Weichsel-Kaltzeit in einer Schmelzwasserrinne des Gletschereises entstand. Eine Insel teilt ihn in ein breiteres Nord- und ein schmäleres Südbecken. Wir wandern am bewaldeten Ost- und am landwirtschaftlich geprägten Westufer – an beiden Seeseiten gibt es schöne Badestellen. Die leichte Tour eignet sich gut für Familien mit wanderfreudigen Kindern. Wer Interesse an der Historie der Slawen hat, wird über die Reste einer slawischen Burgwallanlage staunen.

Der Rundweg zum und um den Kastorfer See beginnt an der **Dorfkirche Kastorf** 01, davor befindet sich ein kleiner Parkplatz. Bevor wir loslaufen, schauen wir uns das Gotteshaus etwas genauer an. Der Ziegelbau mit eingefasstem Turm wurde 1788 errichtet und zeitgenössisch ausgestattet. Es gibt einen Kanzelaltar und ein schönes Buntglasfenster auf der Nordseite, das den Heiligen Georg zeigt. An der

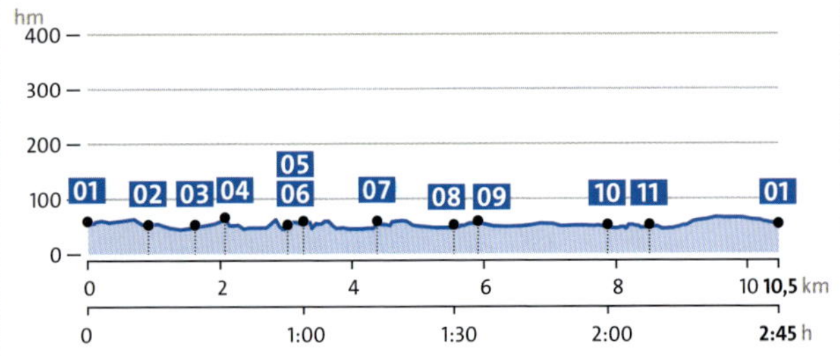

01 Dorfkirche Kastorf, 57 m; 02 breiter Feldweg, 52 m
03 erste T-Kreuzung, 49 m; 04 zweite T-Kreuzung, 54 m; 05 Rastplatz, 56 m
06 Badestrand am Ostufer, 55 m; 07 dritter „Rillenstein“, 57 m
08 Kreuzung, 48 m; 09 dritte T-Kreuzung, 53 m; 10 Fischerweg, 48 m;
11 Badestrand am Westufer, 51 m

Südwand hängt eine Erinnerungstafel für die große Glocke, die 1917 eingeschmolzen wurde. Vor der Empore steht eine Orgel, die 1889 in einer Stettiner Werkstatt gebaut wurde. Sie ist nicht mehr bespielbar, ein Teil der Pfeifen ist im Mecklenburgischen Orgelmuseum Malchow ausgestellt (siehe Tour 39).

Vom Parkplatz vor der Kirche gehen wir gen Süden und biegen bei erster Gelegenheit links ab. Nach kurzer Strecke endet der Asphalt. Wir laufen auf dem breiten, nichtbefestigten Fahrweg aus dem Dorf hinaus. Bald ist linkerhand Wald, rechts blicken wir über ein großes Feld, in dem einer kleiner eiszeitlicher See liegt. Etwa 800 m ab Beginn der Wanderung treffen wir auf einen anderen **breiten Feldweg** 02, dem wir nach rechts folgen. Nach wenigen Schritten fällt uns ein Findling auf, der in der Mitte eine deutliche Rille hat. Vermutlich haben Menschen versucht, diesen „Rillenstein“ zu spalten. Ob es die Slawen waren oder Siedler späterer Zeit, ist nicht geklärt. Weiter ostwärts nähert sich unser Weg dem Bach und folgt ihm bis zu einer **ersten T-Kreuzung** 03. Hier biegen wir links ab und überschreiten den Bach. Zirka 100 m weiter überqueren wir einen anderen Bach auf einer Metallgitterbrücke. Ungefähr 200 m östlich befindet sich ein weiterer „Rillenstein“, für den Einheimische noch einen anderen Namen gefunden haben. Mit etwas Phantasie kommen Sie sicher selbst darauf.

Wenig später treffen wir auf die **zweite T-Kreuzung** 04. Wir gehen nach rechts und nach einigen Schritten erneut rechts, sodass wir dem Pfad entlang des Ostufers des Kastofer Sees folgen. Nach ein paar Metern zweigt rechts ein Weg zu

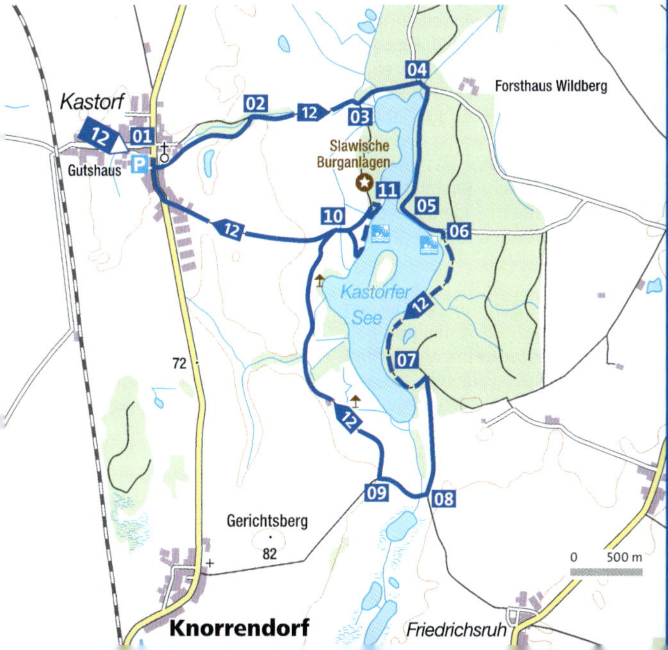

Weite Breite: Rund um den Kastorfer See trifft man selten andere Wanderer, und wenn, dann einheimische

einem Bootshaus ab, den wir ignorieren. Wir spazieren immer am Wasser entlang bis zum **Rastplatz** 05 bei der großen slawischen Burgwallanlage. Eine Infotafel erklärt uns die Geschichte dieses besonderen Ortes.

Nun ist es nicht mehr weit zum **Badestrand am Ostufer** 06. Hier gibt es einen Badesteg, Bänke, einen Grillplatz und einen kleinen Kinderspielplatz. Nach einer ausgiebigen Pause gehen wir weiter auf dem ufernahen Weg. Wir passieren einen überdachten Rastplatz und treffen beinah am Südende des Kastofer Sees auf den **dritten „Rillenstein“** 07.

Wenig später kommen wir an ein paar Bootshäusern vorbei und halten uns dahinter rechts. Unser Pfad mündet in einen Feldweg, dem wir geradeaus folgen, also südwärts. Etwa 500 m weiter gehen wir an einer **Kreuzung** 08 halbrechts, überqueren einen Bach und steigen allmählich aufwärts, bis wir die Anhöhe mit besonders schöner Aussicht erklommen haben. Dann laufen wir leicht abwärts zur **dritten T-Kreuzung** 09, an der wir rechts abbiegen. Mit Abstand zum Westufer des Kastofer Sees wandern wir nordwärts durch Wiesen und Felder. Nach längerer Wegstrecke treffen wir auf den **Fischerweg** 10. Wir gehen nach rechts und 150 m weiter nochmals rechts zu den Bootshäusern. Von da huschen wir durch das Wäldchen zum **Badestrand am Westufer** 11.

Nachdem wir eine schöne Zeit am Strand verbracht haben, marschieren wir zurück zur Kreuzung am **Fischerweg** 10 und folgen ihm westwärts Richtung Kastorf. Der kürzeste Weg führt über den Parkplatz. Wir treffen auf die Wolder Straße und gehen nach rechts bis zur **Dorfkirche Kastorf** 01.

Wenn Sie noch etwas Zeit haben, sollten sie gegenüber der Kirche in die Dorfstraße spazieren und sich das sanierte Gutshaus ansehen. Es wurde Anfang des 18. Jh. errichtet und später verändert, wobei es Mitte des 19. Jh. seine neogotischen Züge erhielt. Mittlerweile sind im Gutshaus Wohnungen eingerichtet.

ZIERKER SEE UND BUTEBERG • 88 m

Slawen, Räuber und ein mysteriöser Todesfall

13 km 3:30 h 44 hm 44 hm 865

START | Neustrelitz, 61 m, Stadthafen
[GPS: UTM Zone 33U x: 370.572 m y: 5.914.615 m]
CHARAKTER | Vom hübschen Neustrelitzer Hafen durch die abwechslungsreiche Uferzone des Zierker Sees zum Kammerkanal, in dem ein Großherzog sein Leben ließ: Schon der erste Teil dieser Runde verspricht interessante Erlebnisse. Später besteigen wir den sagenhaften Buteberg, auf dem ein Räuber sein Unwesen getrieben haben soll, und streifen durch stilles Bauernland, bevor wir noch einmal am Zierker See flanieren. Ein herrlicher Wandertag für die ganze Familie – mit einer Einkehr- und zwei Bademöglichkeiten unterwegs.

Die Wanderung beginnt am **Stadthafen Neustrelitz** 01. Der Parkplatz am Stadthafen befindet sich auf der vom See abgewandten Seite des Hotels „Alter Kornspeicher“. Einen weiteren großen Parkplatz gibt es südlich der Hafengalerie. Nachdem wir uns am Stadthafen etwas umgesehen haben, laufen wir am Hafenbe-

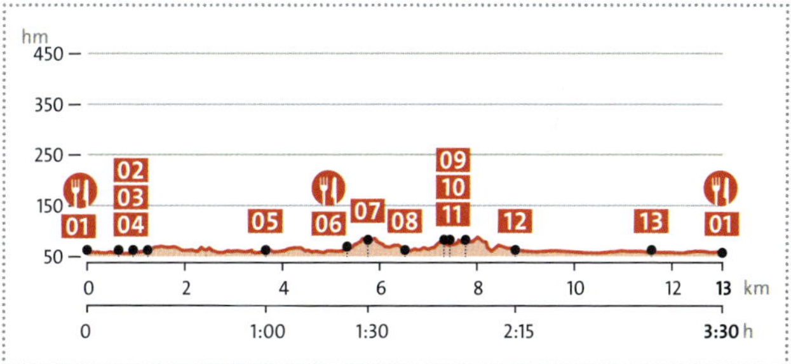

01 Stadthafen Neustrelitz , 59 m; 02 Wäschespülhäuschen, 58 m; 03 Slawendorf Neustrelitz, 60 m; 04 Schlosskoppel, 65 m; 05 Brücke über den Kammerkanal, 59 m; 06 Prälank-Kalkofen, 65 m; 07 Buteberg, 87 m; 08 erste Badestelle Großer Prälanksee, 70 m; 09 Infopunkt Prälank, 72 m; 10 zweite Badestelle Großer Prälanksee, 68 m; 11 Kreuzung dreier Wege, 75 m; 12 Hof Kiebitzbruch, 64 m; 13 Aussichtspunkt am Zierker See, 57 m

Hier geht's los: früh morgens im Stadthafen Neustrelitz. Es wird ein sonniger Frühlingstag!

cken entlang der Gleise der Hafenbahn südwärts. Wir spazieren am „Schiffsbistro" vorbei, biegen am schmalen Wasserbecken nach dem „Fischerhof" rechts ab und folgen dem breiten Flanierweg, der mit Pflastersteinen vom Rasen abgegrenzt ist. Wir passieren das Restaurant „Bootshaus" mit Pension rechterhand sowie einen Parkplatz und einen Kinderspielplatz linkerhand. Nicht übersehen können wir das **Wäschespülhäuschen** 02: Der oktogonale chinesische Pavillon wurde vor etwa 200 Jahren errichtet und beherbergt heute ein Café.

Wir schlendern weiter über die Weiße Brücke und folgen dem „Rundweg um den Zierker See", über den eine Infotafel vor der Brücke Auskunft gibt. Ungefähr 400 m nach der Weißen Brücke treffen wir auf den Parkplatz beim **Slawendorf Neustrelitz** 03. Das interessante Freilichtmuseum zur frühmittelalterlichen Siedlungsgeschichte ist von Mai bis Oktober und an weiteren Veranstaltungstagen geöffnet (*www.slawendorf-neustrelitz.de*). Workshops für Kinder und Erwachsene machen mit der Lebens- und Arbeitsweise der frühen Siedler vertraut.

Jetzt orientieren wir uns bis auf Weiteres an der Markierung „M" des Nationalparkwegs, sofern sie vorhanden ist. Vom Parkplatz beim Slawendorf marschieren wir zu den Gleisen der Hafenbahn, überschreiten sie und halten uns sofort rechts. Wir folgen den Schienen südwärts und entdecken eine Infotafel über die **Schlosskoppel** 04. 2019 berichteten Medien, dass der verwahrloste Park hergerichtet und zu diesem Zwecke Förder- und Spendengelder eingetrieben werden sollen. Vier Jahre später lag der Landschaftsgarten, den Königin Luise von Preußen sehr zu schätzen wusste, immer noch im Dornröschenschlaf. Die Schlosskoppel war einst mit dem Schlossgarten verbunden, den Sie sich vielleicht nach der Wanderung ansehen möchten – er ist sehr schön.

Idylle pur: Im Kiebitzbruch genießen diese beiden Schönheiten die Ruhe und die wärmende Maisonne

Wir folgen weiter dem Weg entlang der Hafenbahngleise und halten uns rechts, um sie zu überqueren. Gleich dahinter beginnt – besser: begann – der Franzosensteg: Der mittlerweile verfallene Bohlenweg durch die sumpfige Seeuferzone wurde im Ersten Weltkrieg von französischen Kriegsgefangenen errichtet. Statt den Franzosensteg auszuprobieren und uns womöglich in Gefahr zu begeben, wandern wir lieber auf dem bequemen Seerundweg weiter.

Nach einer längeren Strecke auf dem „M-Weg" erreichen wir die Useriner Straße. Wir gehen neben ihr nach rechts und kommen zur **Brücke über den Kammerkanal** 05. Der Kanal wurde bereits 1790 als Verbindung zwischen dem Woblitzsee und dem Zierker See ausgebaut. Zu zweifelhafter Berühmtheit kam er am 24. Februar 1918: An jenem Tag wurde Großherzog Adolf Friedrich VI. von Mecklenburg-Strelitz mit einer tödlichen Schussverletzung im Kammerkanal gefunden. Die genauen Umstände seines Todes sind bis heute ungeklärt und bleiben Gegenstand von Spekulationen und Verschwörungstheorien.

Gleich nach der Kanalüberquerung biegen wir rechts ab. Der anfangs betonierte, später gepflasterte Fahrweg bringt uns nach **Prälank-Kalkofen** 06, wo eine Infotafel des Müritz-Nationalparks über die Geschichte der kleinen Siedlung aufklärt. Im Landhotel, Restaurant und Café Prälank gegenüber können wir einkehren (*www.hotel-cafe-praelank.de*).

Kurz hinter der Infotafel, nach der Wendeschleife, halten wir uns links und machen einen Abstecher zum beschilderten Findlingsgarten und auf den **Buteberg** 07 – zwar nicht sehr aussichtsreich, aber immerhin ein kleiner „Gipfel". Der Sage nach soll hier ein gewisser Räuber namens Bute um 1500 sein Unwesen getrieben haben. Ob sein Geist noch spürbar ist? Wir gehen zurück zum Schild „Findlingsgarten 200 m" und auf bekanntem Weg nach rechts,

Hier lässt sich's aushalten: Blick von der ersten Badestelle auf den Großen Prälanksee

dann biegen wir sofort links ab und wandern nach Norden. Den Nationalparkweg „M“ haben wir somit verlassen. An einer Y-Kreuzung nehmen wir den linken Weg. Wir treffen auf eine Asphaltstraße – gegenüber ist die **erste Badestelle Großer Prälanksee** 08.

Weiter geht's zum Ort Prälank. Nach den ersten Häusern halten wir uns rechts und laufen nordwärts durch das kleine Dorf. Hinterm **Infopunkt Prälank** 09 des Müritz-Nationalparks biegen wir rechts ab und vertrauen der Markierung „Roter Hirsch“ – die **zweite Badestelle Großer Prälanksee** 10 ist nur ein paar Schritte entfernt. Vom Strand laufen wir etwa 300 m nordwärts. An einer **Kreuzung dreier Wege** 11 führt der Weg „Roter Hirsch“ nach links. Wir nehmen den mittleren Weg geradeaus, also jenen nach Norden. Nach etwa 500 m, vor dem Hof Lankhorst, gehen wir rechts und folgen der grünen Wegmarkierung Richtung **Hof Kiebitzbruch** 12. Dort marschieren wir den Betonweg nach rechts.

Bei Wiesenthal treffen wir auf eine Straße, laufen sie 20 m nach rechts und biegen sogleich links in den Wiesenthaler Weg ein, der von auffälligen Korbweiden gesäumt wird. Rechts von uns erstrecken sich die Schindelwiesen, ein entwässertes Sumpfgebiet am Zierker See. Wir ignorieren die Hofzufahrt „Benzins-Ausbau“ linkerhand, passieren den Weidenhof sowie ein Alpaka-Gehege. Wo links die asphaltierte Straße ins Dorf Zierke abzweigt, gehen wir nach rechts zum **Aussichtspunkt am Zierker See** 13.

Nun folgen wir dem schönen Weg in Ufernähe mit tollen Ausblicken auf den Zierker See und Neustrelitz. Am Rastplatz beim Wassersportverein halten wir uns rechts. Wir flanieren zur Marina und am Hausboothafen vorüber bis zum **Stadthafen Neustrelitz** 01, wo die Runde ihren Abschluss findet.

Die Hafenbahn Neustrelitz

Bereits 1910 gab es Pläne für eine Anschlussbahn vom Bahnhof Neustrelitz zum Hafen, aber erst 1927 konnte diese Bahnstrecke realisiert werden. Sie diente vornehmlich zum Transport von Gütern; im Hafengebiet Neustrelitz gab es zahlreiche Produktions- und Handelsbetriebe. Außerdem war der Warenumschlag von Schiffen auf die Bahn und umgekehrt möglich. Der einst bedeutende Hafen von Neustrelitz lag am Ende der Wasserstraße von Berlin, für deren letztes Stück zwischen Woblitzsee und Zierker See der Kammerkanal angelegt wurde (siehe Touren-Beschreibung). Mit dem Bau einer Kaserne im Jahre 1935 wurde die Hafenbahn bis an die Penzliner Chaussee auf eine Gesamtlänge von 5,6 km verlängert.
Nach dem Zweiten Weltkrieg bis in die 1960er Jahre verkehrten zweimal täglich Güterzüge zwischen Neustrelitz-Bahnhof und dem Hafengelände. In Spitzenzeiten wurden bis zu 100 Wagenladungen täglich bedient. Auch nach der „Wende“ 1990 gab es noch Güterverkehr auf der Hafenbahn, er nahm jedoch von Jahr zu Jahr ab. 1998 wurde der Betrieb gänzlich eingestellt. Seit 2000 fanden jedoch Sonderfahrten mit Güter- und Personenzügen statt, und mittlerweile bietet ein Verein mehrmals jährlich solche Fahrten an. Mehr Infos unter: *www.hafenbahn-neustrelitz.de*

UM DEN GROSSEN STECHLINSEE

Auf Fontanes Spuren: ein Wandertag in Brandenburg

17,2 km 4:30 h 93 hm 93 hm 865

START | Neuglobsow, 63 m, Stechlinsee-Center (Parkgebühr) [GPS: UTM Zone 33U x: 369.712 m y: 5.890.489 m]
CHARAKTER | Die Rundwanderung um den Großen Stechlinsee ist eine von vier Touren, für die wir Mecklenburg-Vorpommern komplett verlassen. Sie ist wunderschön. Kaum ein anderer See zwischen Berlin und Ostseeküste bietet eine vergleichbare Atmosphäre: Eine besondere Mischung aus stiller Natur und traditionsreicher Kulturlandschaft. Da wir über 17 km zurücklegen und mit etwa 4,5 Stunden Gehzeit rechnen müssen, haben wir diese Wanderung als rote Tour eingeordnet. Wenn's unterwegs zu heiß wird: Rund um den See finden wir „wilde" Badeplätze. Wandern macht hungrig: Zum Abschluss gibt's fabelhaften Fisch in der Fischerei Stechlinsee.

Der Stechlin! Mit seinem Spätwerk machte Theodor Fontane den Großen Stechlinsee berühmt. Allerdings geht es in dem Klassiker nicht um die Naturschönheiten, die Fontane durchaus zu schätzen wusste. Vielmehr reflektiert er die gesellschaftliche Lage an der Wende vom 19. zum 20. Jh. Sein Protagonist Dubslav von Stechlin ist Fontanes Alter Ego. Gleichwie: In den 1920er Jahren avancierte der Große Stechlin zu einem auserwählten Ort für Berliner Künst-

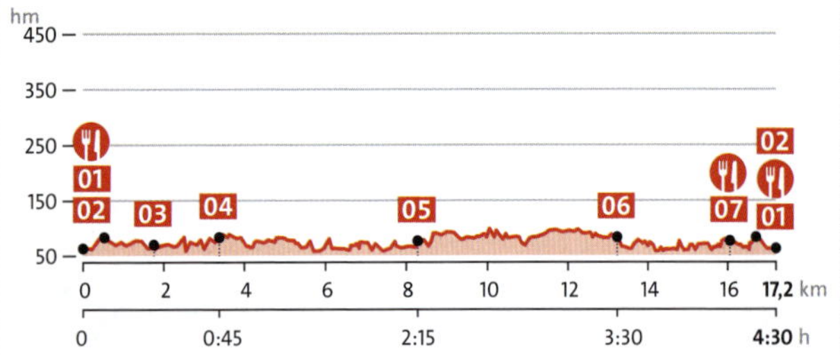

01 Parkplatz Stechlin-Center, 65 m; 02 Badestelle, 71 m; 03 Luftmessstation, 70 m; 04 Leddernbrück, 67 m; 05 Ablaufkanal, 67 m; 06 Nordbucht, 70 m; 07 Fischerei Stechlinsee, 67 m

Badewetter: An der Nordbucht gehen Einheimische gern „wild" baden. Man kann es ihnen nicht verübeln

ler. Und wohl situierte Bürger wählten den wunderschönen See für ihre Sommerfrische: jene Zeit, in der sie die Arbeit ruhen ließen und sich an einen Ort mit anregendem Klima erholten.

Bis heute hat der Große Stechlin kaum etwas von seiner Schönheit eingebüßt. Selbst das stillgelegte Kernkraftwerk Rheinsberg nahe des Südwestufers schmälert nicht das Erlebnis einer Rundwanderung um

Theodor Fontane (1819-1898)

Der Schriftsteller und Journalist Theodor Fontane gilt als bedeutendster Vertreter des Bürgerlichen Realismus: Er analysierte das Zeitgeschehen in einer Erzählweise, die etliche Literaturwissenschaftler und -kritiker als meisterhaft einschätzen. Bevor er sich dem Schreiben widmete, arbeitete Fontane als Apotheker in Leipzig, Dresden und Berlin. Nachdem er als Korrespondent in London gelebt hatte, trat er in die Redaktion der Berliner „Kreuzzeitung" ein, für die er bis 1870 tätig war. Aus dieser Zeit stammen die berühmten „Wanderungen durch die Mark Brandenburg", die erst später als Bücher erschienen. Fontanes mächtige erzählerische Werke entstanden nach 1876, so der Roman „Vor dem Sturm" oder die Kriminalerzählungen „Grete Minde" und „Unterm Birnbaum". Danach folgten Gesellschaftsromane, deren Hintergrund die soziale Struktur und Geschichte Preußens war, beispielsweise „Irrungen, Wirrungen" und „Effi Briest" – Fontanes wohl bekanntester Roman. Sein letztes Werk ist „Der Stechlin". In dem anspruchsvollen Roman verwebt er scheinbar belanglose Unterhaltungen und tiefsinnige Gespräche zu einer eigenartigen Mischung aus Melancholie und Zuversicht.

Heile Welt: Ruderboote am Bootsanleger bei der Fischerei Stechlinsee

einen der schönsten Seen Brandenburgs. Möglicherweise ist er der allerschönste? Entscheiden Sie selbst!

▶ Unsere Wanderung auf Fontanes Spuren beginnt am großen gebührenpflichtigen **Parkplatz Stechlin-Center** 01 in Neuglobsow. Wir gehen entlang der Stechlinseestraße westwärts durch den Ort und am Ende dieser Straße beim Spielplatz geradeaus bis zur **Badestelle** 02. Dort laufen wir nach links zum Bootsverleih, dessen Angebote Sie vielleicht nach der Wanderung nutzen möchten.

Wir folgen dem Uferweg südwärts bis zum umzäunten Areal einer **Luftmessstation** 03, die das Umwelt-Bundesamt betreibt. Seit 1998 werden hier Daten zu Niederschlägen, Boden-, Grund- und Oberflächenwasser, Klima und Wetter erhoben. Laut Umwelt-Bundesamt belegen die Untersuchungen eine beachtliche Reinheit der hiesigen Umwelt. Stickstoff- und Schwefeleinträge würden seit Jahren abnehmen, was dem Waldbestand und dem See zugutekäme, sagen die Wissenschaftler. Der Große Stechlinsee ist ein oligotropher, das heißt nährstoffarmer Klarwassersee, dessen Ökosystem wesentlich von Nährstoffeinträgen abhängt.

Die Luftmessstation umlaufen wir an der vom See abgewandten Seite und treffen danach wieder auf den Uferweg. Nächster Orientierungspunkt ist die **Leddernbrück** 04 über den im 18. Jh. angelegten Polzowkanal. Wer abkürzen will, kann nach der Brücke geradeaus statt rechts gehen und trifft beim **Ablaufkanal** 05 des ehemaligen Kernkraftwerks Rheinsberg wieder auf den Seeuferweg, den wir für die Umrundung der großen Halbinsel nutzen. Dabei legen wir von der Leddernbrück bis zum Ablaufkanal gut 5 km zurück. Von der Brücke über den Ablaufkanal blicken wir auf das einstige Atomkraftwerk. Der Reaktor sowjetischer Bauart ging 1966 in Betrieb. Nach dem unterfränkischen AKW Kahl war Rheinsberg das zweite wirtschaftliche Kernkraftwerk auf deutschem Boden. 1990 wurde es stillgelegt. Bis 2025 soll der Komplex vollständig rückgebaut sein.

An der Gabelung kurz nach der Brücke über den Ablaufkanal folgen wir dem Uferweg nach rechts. An dieser Stelle soll sich das mittelalterliche Dorf Stechlin befunden haben. Kurz darauf halten wir uns erneut rechts und folgen lange Zeit dem Uferweg. Bis zur **Nordbucht** 06 müssen wir etwa 5,3 km zurücklegen.

Für den Weiterweg bis zur **Fischerei Stechlinsee** 07 bedarf es keiner Beschreibung: Wir orientieren uns immer am Seeufer und wandern manchmal in etwas größerem, öfter in geringem Abstand zum Wasser. Die Fischerei ist knapp 3 km von der Nordbucht entfernt. Verpassen Sie es auf keinen Fall, die vortrefflichen Fischspezialitäten zu probieren – getreu dem Motto, das an der Fischerei zu lesen ist: „Esst mehr Fisch. Immer nur Wurst ist doch auch Käse." Eine besondere Delikatesse sind die geräucherten Maränen.

Nach ausgiebiger Rast spazieren wir auf dem Seeuferweg bis zur **Badestelle** 02 und zurück zum **Parkplatz Stechlinsee-Center** 01. Extra-Tipp: In der Stechlinseestraße 21 steht das über 225 Jahre alte Glasmacherhaus. Es beherbergt eine Ausstellung über die Glasherstellung, die Geschichte der Glashütte Globsow sowie das Leben der Glasmacher. Informationen zu den Öffnungszeiten erhalten Sie unter Telefon 033082-70202.

AM KUMMEROWER SEE

Kultur trifft Natur: zur Aalbude an der Peene und zum größten Flussniedermoor Westeuropas

11,1 km | 3:00 h | 59 hm | 59 hm | 865

START | Gravelotte (Meesiger), 11 m, Parkplatz beim Campingplatz [GPS: UTM Zone 33U x: 362.903 m y: 5.965.882 m]
CHARAKTER | Der Großteil der Mecklenburgischen Schweiz bildet gemeinsam mit dem Kummerower See einen Naturpark. Die reizvollsten Ecken des Sees erkunden wir auf dieser leichten Wanderung: zum einen das „bergige" Ufer zwischen Gravelotte und Verchen, zum anderen die aus dem Kummerower See abfließende Peene, deren Wasser zeitweilig „falsch herum" strömt. Einzigartig ist der Ausblick auf das größte Flussniedermoor Westeuropas, die Große Rosin. Um hinzukommen, müssen wir eine Fähre nutzen. Sie verkehrt von April bis Oktober. Ansonsten eignet sich die Tour für jede Jahreszeit. Und auch für Kinder.

Wir stellen das Auto auf dem gebührenpflichtigen **Wiesenparkplatz** 01 beim Campingplatz Gravelotte ab und laufen über den Campingplatz zum **Hafen Gravelotte** 02. Vor der moderne Marina biegen wir rechts ab. Wir gehen am Fischimbiss vorbei zum Parkplatz des Hotels Gravelotte. Dort beginnt der Naturerlebnispfad Verchener Seeberge, der uns am Kummerower See nordwärts führt. Infotafeln erklären uns

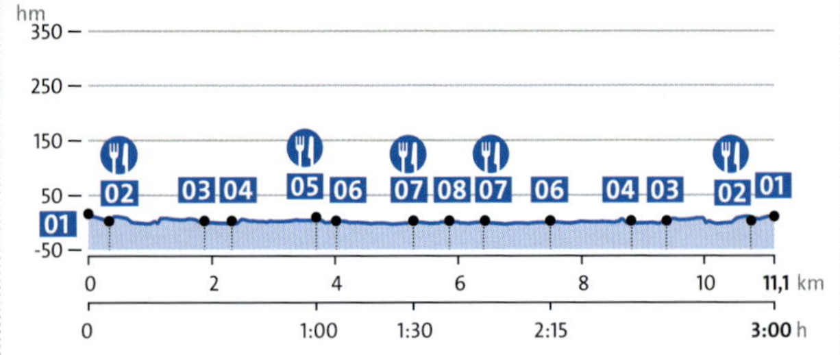

01 Wiesenparkplatz, 10 m; 02 Hafen Gravelotte, 1 m; 03 Badestelle „Großer Stein", 1 m; 04 Aussichtsturm Seeberge, 11 m; 05 Klosterkirche St. Marien, 7 m; 06 Badestrand Verchen, 0 m; 07 Ausflugsrestaurant Aalbude, 1 m 08 Aussichtsturm Große Rosin, 1 m

Geologie, Fauna und Flora des viertgrößten Sees in Mecklenburg-Vorpommern. Zunächst passieren wir das Damwild-Gehege, dann genießen wir die abwechslungsreiche Uferlandschaft. Bei einer Ansammlung von Findlingen erreichen wir die **Badestelle „Großer Stein"** 03, die sich für eine Rast anbietet: jetzt oder auf dem Rückweg. Gut 400 m weiter kommen wir zum **Aussichtsturm Seeberge** 04 und erfreuen uns am herrlichen Panorama. Nur 300 m nördlich vom Aussichtsturm treffen wir auf die ersten Häuser von Verchen. Wir ignorieren den Ufersteig, der zwischen den Häusern Nr. 23 und 25 nach links abzweigt – das ist unser Rückweg. Stattdessen laufen wir auf der Seestraße geradeaus. Sie mündet in den Friedhofsweg ein, dem wir kurz nach links folgen. An der Bushaltestelle biegen wir rechts ab in die Dorfstraße. Nach gut 600 m trifft die Dorfstraße auf einen „ovalen Kreisverkehr". Ihn verlassen wir gegenüber in die Kirchstraße und laufen etwa 200 m bis zur ehemaligen **Klosterkirche St. Marien** 05.

Am höchsten Punkt: Vom Aussichtsturm Seeberge blicken wir auf den Kummerower See und den Ort Verchen

Das Gotteshaus geht auf das Kloster Verchen zurück, welches an dieser Stelle vom 13. bis 16. Jh. bestand. Mit dem Bau der Kirche wurde im Jahr 1269 begonnen. Der älteste Teil ist der rechteckige Backsteinbau mit Flachdecke und für die Gotik typischen Spitzbogenfenstern, die zu Gruppen angeordnet sind. Im 15. Jh. wurde die Kirche um ihren fünfseitigen Chor sowie den an der Nordseite aufragenden Turm ergänzt. Die ehemalige Klosterkirche ist wertvoll ausgestattet. Zu den bedeutendsten Kunstschätzen zählen die bemalten Bleiglasfenster im Chor, sie sind die

Mit dem Schiff auf Peene und Kummerower See

Zwischen Mitte Mai und Mitte September verkehren gelegentlich Ausflugsschiffe der Blau-weißen Flotte auf dem Kummerower See. Dienstags, donnerstags und samstags gibt es zweimal am Tag Fahrten auf der Peene von Demmin zum Kummerower See und zurück, wobei an der Aalbude angelegt wird. Im Juli und August verkehrt das Schiff auch mittwochs. Sonntags finden verschiedene Ausflugsfahrten statt. Bei Interesse informieren Sie sich auf der Website *www.blau-weisse-flotte.de*

Überall Wasser: Der Ausblick über die Große Rosin ist eindrucksvoll. Im Hintergrund erkennen wir die Höhen der Mecklenburgischen Schweiz

ältesten in Mecklenburg-Vorpommern. Zudem haben sich an den Wänden des Langhauses sowie im Chorgewölbe Malereien aus dem 15. Jh. erhalten. Der Aufsatz des Altars im Chor besteht aus dem Mittelschrein eines Schnitzaltars, der um 1420 entstand. Im Eingangsbereich sind die Überreste eines weiteren Schnitzaltars aus dem 16. Jh. ausgestellt.

Hinter dem Kirchengelände, beim Café im Brauhaus, spazieren wir durch die Grünanlage Richtung Seeufer. Bei der Pension am See treffen wir auf die Seestraße und den **Badestrand Verchen** 06 mit Kinderspielplatz. Wir folgen der Seestraße westwärts aus dem Ort hinaus. Nach knapp 1 km Fußmarsch erreichen wir die Peene. Am Ostufer gibt es einen Fischimbiss.

Die Peene ist einer der wichtigsten Meereszuflüsse in Deutschland. Mehrere Quellflüsse vereinen sich vor und im Kummerower See, von dem die Peene zunächst nordostwärts zur Stadt Demmin fließt. Später schwenkt sie gen Osten und mündet bei Anklam in das Stettiner Haff. Eine Besonderheit der Peene ist, dass ihre Gewässersohle unter dem Meeresspiegel liegt. Bei Hochwasser der Ostsee kann sich die Strömung umkehren und Meereswasser aus dem Stettiner Haff in die Peene einfließen.

Die Heiden von Kummerow? Fehlanzeige!

Viele Menschen glauben, dass Ehm Welks berühmter Roman „Die Heiden von Kummerow" etwas mit dem Ort Kummerow zu tun hätte. Wer das Buch gelesen hat, wird eines Besseren belehrt: Nirgends ist von einem großen See oder einem Ort am See die Rede. Tatsächlich spielt sich das Geschehen 150 km entfernt ab: in dem pommerschen Dorf Biesenbrow, das heute zu Angermünde gehört. In der Nähe von Schwedt an der Oder gibt es ein kleines Dorf Kummerow, von dem Ehm Welk den Namen entlehnte.

Von April bis Oktober verkehrt die Fähre über die Peene. Sie wird von der Mecklenburg-Vorpommerschen Verkehrsgesellschaft betrieben. Wir setzen über zum **Ausflugsrestaurant Aalbude** **07** (*www.ausflugsrestaurant-aalbude.de*).

Der Zufahrtsstraße zum Parkplatz folgen wir für wenige Schritte gen Westen, also von der Peene weg. Schnell zweigt links ein Pfad ab – er endet beim **Aussichtsturm Große Rosin** **08**. Von oben blicken wir auf das schier undurchdringliche Sumpfland. Das größte Flussniedermoor Westeuropas glänzt wie eine einzige riesige Wasserfläche mit Tausenden Inseln. Es ist Lebensraum für zahlreiche Wasservögel. An den Schlickrändern stochern Bekassinen (*Gallinago gallinago*) und Alpenstrandläufer (*Calidris alpina*) nach Würmern. Häufig kann man Kraniche (*Grus grus*) und Silberreiher (*Ardea alba*) beobachten, außerdem viele Arten Entenvögel und die eleganten Rothalstaucher (*Podiceps grisegena*).

Die Strecke vom **Ausflugsrestaurant Aalbude** **07** zum **Badestrand Verchen** **06** ist bekannt. Danach folgen wir der Seestraße bis zur Bushaltestelle, an der wir vorhin in die Dorfstraße abgebogen sind. Jetzt marschieren wir rechts in den Ufersteig und folgen ihm, bis er an der beschriebenen Stelle auf unseren Hinweg trifft. Wir wandern auf demselben Weg retour, den wir als Hinweg genutzt haben. Zum Schluss lohnt es sich, noch etwas auf der Mole zu flanieren, bevor es zurück zum **Wiesenparkpatz** **01** geht.

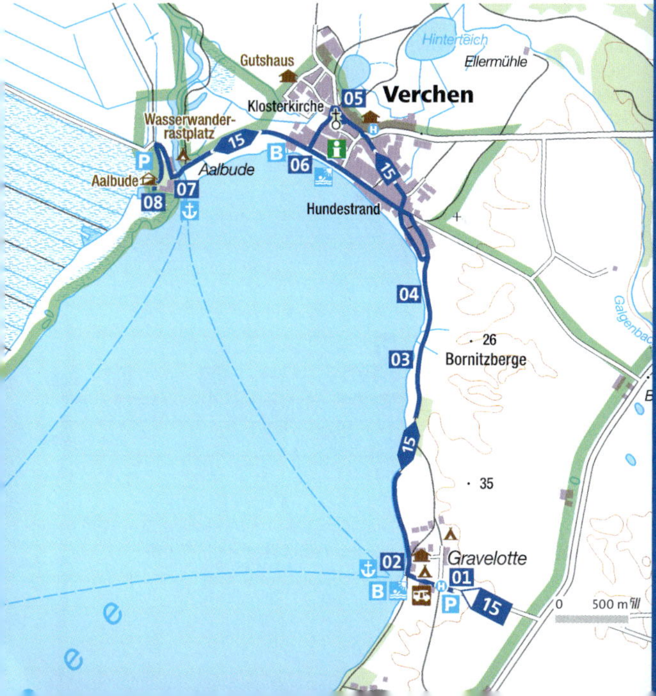

DIE IVENACKER EICHEN UND DER SEE

1000-jährige Eichen als Nationales Naturmonument

6,9 km 1:45h 16 hm 16 hm 865

START | Ivenacker Eichen, 39 m, Parkplatz beim Parkeingang [GPS: UTM Zone 33U x: 364.852 m y: 5.953.909 m]
CHARAKTER | Seit dem Jahr 2010 können herausragende Naturphänomene als Nationale Naturmonumente ausgewiesen werden. Damit erhalten sie einen vergleichbar hohen Schutzstatus wie Nationalparke. Die Ivenacker Eichen wurden 2016 Deutschlands erstes Nationales Naturmonument. Sie zählen zu den ältesten ihrer Art in Europa. Wir bewundern sie beim Rundgang durch den Hutewald und auf dem Baumkronenpfad (April-Oktober). Anschließend drehen wir eine Runde um den reizvollen Ivenacker See. Der einfache Spaziergang eignet sich für die ganze Familie. Achtung: Keine Fahrradtour!

Der Ivenacker Park oder „Thiergarten“ war einst ein Waldweidegebiet, Hute oder Hude genannt (abgeleitet von „hüten“). Der slawische Stamm der Wilzen, der in der Region vor etwa 1000 Jahren siedelte, trieb Schweine, Schafe, Ziegen, Pferde und Rinder zur Futtersuche in die Wälder. Die Tiere fraßen Gräser, Sträucher und die meisten Jungtriebe von Bäumen, sodass nur wenige groß werden konnten. Die Bäume, die es schafften, entwickelten sich umso prächtiger, bildeten breite

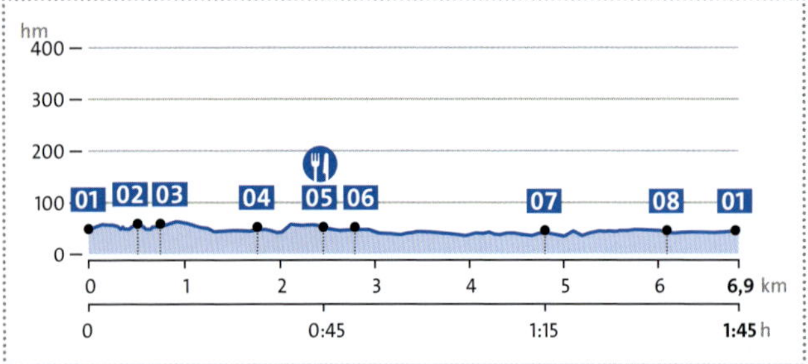

01 Parkplatz beim Parkeingang, 44 m; 02 Streuobstwiese, 50 m; 03 Baumkronenpfad, 55 m; 04 Lieschengrab, 47 m; 05 Waldimbiss Ivenack, 44 m; 06 Klockower Tor, 49 m; 07 Aussichtsplattform, 41 m
08 Schloss Ivenack, 47 m

Überwältigend: Die Größe der Ivenacker Eichen wird im Vergleich zu den Parkbesuchern besonders deutlich

Kronen und trugen reichlich Früchte, die zusätzliches Futter für das Vieh waren. Die Stieleiche (*Quercus robur*) war damals die vorherrschende Baumart in weiten Teilen Mitteleuropas.

Eichel- und Bucheckernmast sind heute kaum mehr bekannt und verbreitet, früher gehörte diese Art der Viehfütterung zum Alltag. Nach den frühen slawischen Siedlern schickten Hirten des Zisterzienserklosters Ivenack ihr Vieh in den Wald, den wir heute bestaunen. Nach der Reformation gehörten die inzwischen schon 500 Jahre alten Baumbestände zum herzoglichen Amt Ivenack, das Anfang des 18. Jh. ein Rittergut wurde. Von diesem Rittergut wurde das heutige Parkareal als „Thiergarten" mit Damwild beweidet. Ende der 1920er Jahre löste man das Gehege auf und der Park verlor schnell den Charakter eines Hutewalds. Erst 50 Jahre später ließ man wieder Damwild weiden und begann, den Jungwuchs zu beseitigen. Heute sorgen neben dem Damwild die aus Kroatien stammenden Turopolje-Schweine sowie die zuerst in Polen beheimateten Konik-Pferde dafür, dass eine einzigartige Kulturlandschaft bewahrt wird.

Stellen Sie Ihr Fahrzeug auf dem großen **Parkplatz beim Parkeingang** 01 ab, überqueren Sie vorsichtig die Straße und lösen Sie eine Eintrittskarte. Der Ivenacker Park ist ganzjährig geöffnet, der Baumkronenpfad jedoch nur von April bis Oktober sowie zu Weihnachten. An sehr stürmischen Tagen und bei Unwetter bleibt der Park ebenfalls geschlossen. Auf der Website des Landesforsts Mecklenburg-Vorpommern können Sie sich tagesaktuell informieren: *www.ivenacker-eichen.de*

Vom Eingang gehen wir andächtig an den uralten Baumriesen vorüber und halten immer wieder inne. Anschließend machen wir erst einen Abstecher nach rechts zur **Streuobstwiese** 02, dann spazieren wir zum Aufgang des **Baumkronenpfads** 03. Wer keine Höhenangst hat, sollte sich den Baumkronenpfad auf gar keinen Fall entgehen lassen!

Nützliche Schweine: Neben Damwild und Pferden sorgen kroatische Turopolje-Schweine für die Landschaftspflege im Ivenacker „Thiergarten"

Wenige Meter westlich vom Baumkronenpfad steht eine reetgedeckte Rundhütte. An der Kreuzung dahinter biegen wir rechts ab und folgen dem „Erlebnispfad". Nach etwa 50 m ist es der linke Weg. Er führt uns durch den Westteil des Parks bis zum **Lieschengrab** **04**. Zwei Gedenksteine in lateinischer und französischer Sprache erinnern an die unglückliche Liebe zwischen dem jungen Grafen aus Ivenack und Anna Elisabeth Gilo, Tochter des Statthalters in Grischow. Sie starb bereits im Alter von 22 Jahren und wurde an der Kirche Ivenack beigesetzt.

Vom Lieschengrab gehen wir ein paar Schritte südwärts und folgen dem „Erlebnispfad" nach links. Am Hauptweg halten wir uns rechts und spazieren wenige Schritte bis zum **Waldimbiss Ivenack** **05**. Hier kann man sich mit einer sehr leckeren Wildbratwurst stärken. Achtung: Die Pferde sind manchmal recht aufdringlich. Sie mögen sogar vom Bier probieren! Wer nicht am Imbiss essen will, kann im benachbarten Café einkehren. Im Barockpavillon nebenan gibt es eine Ausstellung über die Ivenacker Eichen. Nachdem wir sie angesehen haben, wandern wir südwärts und verlassen den Park durch das **Klockower Tor** **06**.

Ein schmaler Pfad führt uns durch Erlenwald, dann wandern wir durch Viehweiden und alsbald auf einem geteerten Weg in etwas Abstand zum Ufer des Ivenacker Sees. Ungefähr 300 m vor den Häusern von Klockow verlassen wir den geteerten Weg nach links, sodass wir in Ufernähe bleiben, und wandern Richtung Ivenack. Nach Umrundung der Südspitze des Ivenacker Sees führt ein Pfad zu einer alten Wassermühle. Dieser Abstecher lohnt sich nicht, somit bleiben wir auf dem Uferweg, der jetzt mit dem Europäischen Fernwanderweg E9a gleich ist. Von der **Aussichtsplattform** **07** am Ostufer blicken wir über den See auf das Schloss und die ehemalige Klosterkirche Ivenack.

Am Ortseingang Ivenack treffen wir auf einen Plattenweg, dem wir nach links nachgehen. Wir bleiben in Ufernähe und gelangen zum **Schloss Ivenack** **08** sowie zur ehemaligen Klosterkirche.

Das Schloss, eigentlich ein Herrenhaus, geht auf ein im 13. Jh. gegründetes Zisterzienserkloster zurück, welches im Zuge der Reformation aufgehoben und zu einem herzoglich-mecklenburgischen Amt mit Fürstensitz umgewandelt wurde. Im 30-jährigen Krieg wurde die Anlage zerstört. Neue Besitzer errichteten im 18. Jh. das neue Herrenhaus, das im frühen 19. Jh. zu seiner heutigen Gestalt erweitert wurde.

Ivenack war eines der bekanntesten Güter in Mecklenburg – nicht nur wegen des „Thiergartens“ mit den uralten Eichen, sondern auch wegen der berühmten Vollblutzucht der Grafen von Plessen (die Ivenacker Linie der Freiherren von Maltzahn). Von ihrem ehemaligen Anwesen gehen wir parallel zur Straße bis zum Ausgangspunkt unserer kurzen Runde, dem **Parkplatz beim Parkeingang 01**.

Hoch hinaus: Der aufwändige Baumkronenpfad mit Aussichtsturm bietet einzigartige Perspektiven auf die teilweise 1000 Jahre alten Ivenacker Eichen

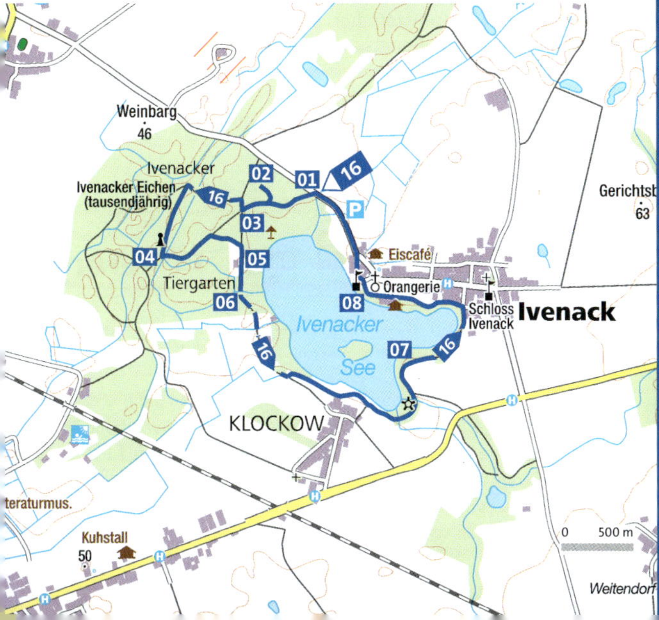

HAVELQUELLE UND PARK DAMBECK

Unterwegs im nördlichen Müritz-Nationalpark

14,8 km | 3:45 h | 90 hm | 90 hm | 865

START | Ankershagen, 71 m, Parkplatz an der Dorfkirche
[GPS: UTM Zone 33U x: 364.639 m y: 5.927.990 m]
CHARAKTER | Auf dieser ausgedehnten Runde erkunden wir die reizvolle und vielfältige Landschaft zwischen Ankershagen und Dambeck. Wir streifen durch Wälder zur Quelle der Havel, entdecken verborgene Seen und beschauliche Landwege. Dabei ist die Geschichte allgegenwärtig: Auf den Spuren des großen Entdeckers Heinrich Schliemann spüren wir ein bronzezeitliches Hügelgrab und einen Burgwall auf, ziehen auf einer alten Salzstraße dahin und bestaunen historische Gutshäuser – am besten im Frühling.

Heinrich Schliemann verbrachte acht Jahre seiner Kindheit in Ankershagen. Das Museum im Pfarrhaus aus dem 18. Jh. setzt dem weltberühmten Altertumsforscher ein würdiges Denkmal. Bereits als Kind soll Schliemann beschlossen haben, irgendwann die Stadt Troja auszugraben, und dieser Beschluss soll eben in Ankershagen gefallen sein. In seiner Autobiographie beschreibt Heinrich Schliemann

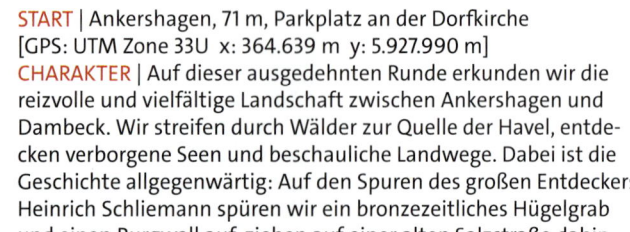

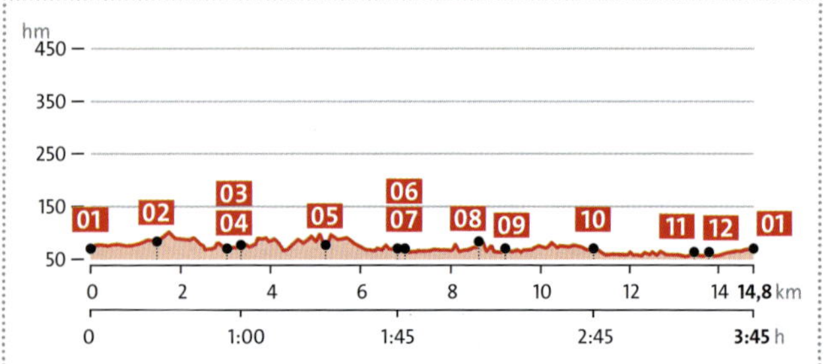

01 Parkplatz an der Dorfkirche, 75 m; 02 Waldecke, 84 m; 03 Badestelle Mühlensee, 80 m; 04 Havelquelle, 72 m; 05 Blick auf den Tannensee, 74 m; 06 Gutshaus Dambeck, 76 m; 07 schmale Holzbrücke, 67 m; 08 Badestelle am Dambecker See, 77 m; 09 Kreuzung vor einem Stromhäuschen, 65 m; 10 Ruinen einer Schäferei, 69 m; 11 Herrenhaus Ankershagen, 59 m; 12 Reste der Burganlage, 64 m

Ankershagen: Ein begehbares Trojanisches Pferd steht im Garten des Schliemann-Museums. Bei der Dorfkirche beginnt unsere Wanderung

viele Plätze in und um Ankershagen, die zum Teil noch heute vorhanden sind, beispielsweise die Dorfkirche aus dem 13. Jh. (eine der ältesten in Mecklenburg-Vorpommern), das bronzezeitliche Hügelgrab am Glockenberg oder das Raubritterschloss des Henning Bradenkierl. Das Schliemann-Museum Ankershagen (*www.schliemann-museum.de*) hat sogar einen Wanderweg „Auf Schliemanns Spuren" eingerichtet, der zu Plätzen seiner Kindheit führt. Manche entdecken wir auch auf unserer Rundwanderung, die an der Dorfkirche beginnt. Im Gasthof Linde nebenan können Sie nach der Tour gut speisen (*www.gasthoflinde-ankershagen.de*, Freitagabend, Samstag und Sonntag ganztägig).

▶ Vom **Parkplatz an der Dorfkirche** 01 kommend, biegen wir vorm Schliemann-Museum links ab und folgen der Wanderweg-Markierung „Roter Hirsch". Wir ignorieren einen links abzweigenden Weg und gehen an der folgenden Kreuzung geradeaus. (An dieser Kreuzung mündet von links der Wanderweg „Oranges Reh" ein.)

Rechterhand liegt der Landschaftspark, der zum ehemaligen Gutshaus Ankershagen gehört (nicht zu verwechseln mit dem Herrenhaus, das wir am Schluss der Tour sehen). Im Gutshaus befindet sich heute das Café „Zum Storchennest", daneben ein Info-Punkt des Nationalparks (Infotafeln). Im Landschaftspark gibt es eine Sammlung von Findlingen.

Nach etwa 1 km Wanderstrecke zeigen Schilder zum Hügelgrab Königswiese und zum Gerichtsberg linkerhand. Der Sage nach soll ein heidnischer Fürst sein Lieblingskind in einer goldenen Wiege auf der Königswiese bestattet haben. Diese Sage hat angeblich Heinrich Schliemann dazu bewogen, „Entdecker" zu werden.

Von den Schildern gehen wir weiter westwärts bis zu einer **Waldecke** 02. Hier biegen wir links ab und folgen dem Symbol „Oranges Reh". (Der Wanderweg „Roter Hirsch" führt geradeaus.) Unser Weg verläuft am Waldrand entlang und später halbrechts in den Wald hinein. Ohne Abzweige

Neue Besitzer gesucht: Das einstige Herrenhaus Ankershagen steht seit 1997 leer, zuvor war es eine Schule

geht's südwärts an den Mühlensee. Nach einem Ausruhplatz mit Bänken folgen wir dem Seeufer, queren den Mühlengraben und gelangen zur **Badestelle Mühlensee** 03 an dessen Südende. Dank der Bohlenstege und Leitern kommt man bequem ins Wasser.

Von der Badestelle sind es nur ein paar Schritte zur nächsten Kreuzung. Hier weist eine Holztafel auf die Wasserscheide zwischen Nordsee und Ostsee hin. Der Wanderweg „Oranges Reh" verlässt uns, er führt nach links, doch wir gehen ein paar Schritte geradeaus auf dem Weg „Roter Hirsch" zur **Havelquelle** 04. Hier befindet sich ein großer Rastplatz mit Infotafeln.

Wir bleiben noch ein paar Meter auf dem Wanderweg „Roter Hirsch". An der nächsten Kreuzung steht ein großer Findling mit Inschrift: „Wanderer, achte dieses Waldes Frieden". Das wollen wir gern tun. Am Stein verlassen wir den markierten Weg „Roter Hirsch" und wandern auf dem Nationalparkweg „M" südwärts. Linkerhand erstreckt sich das sumpfige Gebiet Diekenbruch, versteckt im Wald liegen der Middelsee und der Große Dieksee. Nach etwa 1,3 km zweigt nach rechts ein Weg zum Lehmsee ab – wir wandern weiter geradeaus und treffen nach zirka 200 m auf einen Forstweg. Wir gehen ein paar Meter geradeaus in eine Sackgasse und werfen einen **Blick auf den Tannensee** 05.

Wer die Wanderung deutlich abkürzen will, folgt dem Forstweg nord- bis nordostwärts und liest weiter beim Absatz „Nach ungefähr 500 m (...)". Alle anderen Wanderer marschieren süd- bis südwestwärts. Bald geht's aus dem Wald hinaus und zwischen Feldern und Wiesen dahin. An der ersten und einzigen Kreuzung in Dambeck biegen wir links ab und laufen durch den kleinen Ort bis zum großen Speicherhaus. Dort führt der Nationalparkweg „M" nach rechts – wir halten uns halblinks zum Parkplatz und schlendern zum **Gutshaus Dambeck** 06, das zum Familien-Ferienpark Dambeck gehört (*www.awosano.de/mueritz-dambeck.html*).

Das Gutshaus entstand im späten 19. Jh. gemeinsam mit dem Speicherhaus, einer Konservenfabrik sowie einer Sprit-Brennerei. Die Besitzverhältnisse wechselten mehrfach. Ab 1939 nutze der NSDAP-Funktionär Hans Kerrl, der Reichsminister für kirchliche Angelegenheiten war, das Gutshaus als „Erholungsort". Zu „DDR-Zeiten" war es ein „Erholungsheim" für Lehrer.

Zwischen Parkplatz und Gutshaus gibt es einen Weg, der südwärts durch den Gutspark zu einer Steganlage am Röthsee führt. Wir suchen allerdings einen anderen Weg: Er beginnt am Eckturm des Gutshauses und verläuft ostwärts durch den Gutspark. Auf einer **schmalen Holzbrücke** 07 überqueren wir die junge Havel. Wir kommen an einen breiten Weg und folgen ihm nach links. Etwa 800 m weiter treffen wir auf eine Asphaltstraße – auch hier biegen wir links ab. Die auffällige Geländeform rechterhand ist ein Burgwall aus der Bronzezeit. Nach ungefähr 300 m verlassen wir die Asphaltstraße: Wir zweigen links ab. Ungefähr 200 m sind es bis zur **Badestelle am Dambecker See** 08.

Wegpunkt 10: Die Ruinen der Schäferei befinden sich an der „Alten Salzstraße", über deren Geschichte wir hier einiges erfahren

Direkt hinter der Badestelle schwenken wir nach links und nach ein paar Metern rechts bergan zu einem Aussichtspunkt mit Bänken um einen gepflasterten Platz. Über Stufen geht es hinab und dann rechts Richtung Kleingartenanlage Pieverstorf. Vor den Grundstücken halten wir uns links, anschließend marschieren wir geradeaus und lassen den Ortsrand von Pieverstorf schnell hinter uns. An der **Kreuzung vor einem Stromhäuschen** 09 halten wir uns links und folgen dem Waldrand nord- bis nordwestwärts.

Nach ungefähr 500 m mündet von links die Abkürzungsmöglichkeit ein. Wir folgen dem sandigen Weg entlang der Baumreihe nach rechts und treffen auf die schmale Straße, die rechts nach Pieverstorf führt. Gleichwohl biegen wir links ab und laufen auf, neben oder zwischen den Betonsteinen nordwärts. Die einstige Salzhandelsstraße strebt durch die liebliche Feld- und Wiesenlandschaft nordwärts. Nach längerem Marsch erreichen wir schließlich die **Ruinen einer Schäferei** 10. Nach einer Rast folgen wir den Markierungszeichen „Roter Hirsch" gen Osten. Der Weg entlang einer Baumreihe zweigt südlich der Ruinen ab und führt auf ein Waldgebiet zu. Am Waldrand halten wir uns links und etwa 800 m weiter nochmals, sodass wir vom Wald weg Richtung Ankershagen gehen.

Am Ortsrand stoßen wir auf eine Asphaltstraße und spazieren nach rechts zum **Herrenhaus Ankershagen** 11. Ankershagen war seit 1435 ein Lehen der Familie von Holstein. Zu dieser Zeit befand sich auf dem Areal eine Burg, die wahrscheinlich im Dreißigjährigen Krieg zerstört wurde. **Reste der Burganlage** 12 sind im kleinen Park hinter dem Herrenhaus zu sehen. Das Haus entstand zwischen 1550 und 1570 im Stil der Renaissance und wurde später mehrfach um- und ausgebaut. Seit dem 17. Jh. wechselten die Besitzer. Nach 1945 diente das Herrenhaus als Polytechnische Oberschule.

Der Straße vorm Herrenhaus folgen wir noch ein paar Meter nach Norden, dann biegen wir links ab und laufen zum Gasthof Linde und zum **Parkplatz an der Dorfkirche** 01. Versäumen Sie nicht den Museumsbesuch und grüßen Sie bitte das Trojanische Pferd!

IN DEN PIEVERSTORFER BERGEN

Nationalpark-Tour mit Einkehr- und Badepause

13,5 km | 3:30 h | 141 hm | 141 hm | 865

START | Eisenbahn-Haltepunkt Kratzeburg, 67 m
[GPS: UTM Zone 33U x: 363.220 m y: 5.921.889 m]
CHARAKTER | Grundlage dieser Wanderung ist ein offizieller Rundweg des Nationalparks Müritz, der mit dem Symbol „Rotes Eichhörnchen“ markiert ist. Wir verlassen ihn für einen Abstecher zur Gaststätte Seehaus am Kreuzsee, wo wir uns stärken. Wer möchte, kann sich anschließend im Kreuzsee erfrischen, denn wir kommen zu einer Badestelle. Später laufen wir durch das stille Kleinseengebiet mit schattigem Laub- und sonnigem Kiefernwald.

Der **Haltepunkt Kratzeburg** 01 an der Eisenbahnstrecke Berlin-Rostock ist Ausgangs- und Endpunkt unserer Wanderung. Dort gibt es auch ein paar Parkplätze. Wir laufen zur Dorfstraße und folgen ihr nach rechts, überqueren die junge Havel und staunen über die **Fachwerkkirche** 02. Sie wurde im späten 18. Jh. errichtet und ist weitgehend original erhalten, auch im Inneren, wo ein schöner Kanzelalter dominiert. Vor der Kirche, neben der Nationalpark-In-

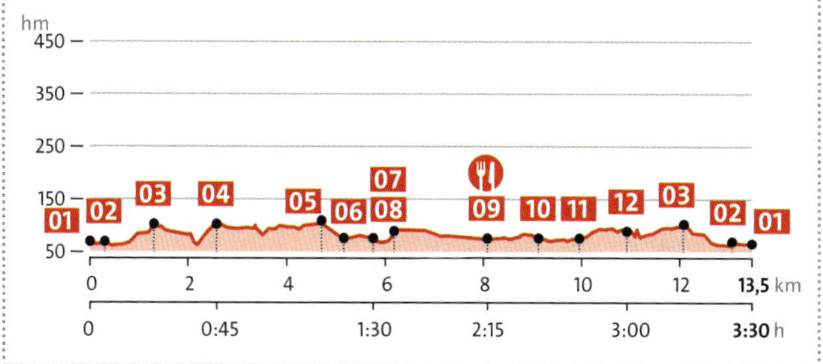

01 Haltepunkt Kratzeburg, 66 m; 02 Fachwerkkirche, 68 m; 03 Teilung des Wanderwegs „Rotes Eichhörnchen“, 99 m; 04 Rastbank am Krummen See, 75 m; 05 Kreuzung von fünf Wegen, 101 m; 06 Beobachtungsstand, 74 m; 07 Dorfkirche Liepen, 82 m; 08 Infotafeln des Nationalparks, 76 m; 09 Seehaus am Kreuzsee, 73 m; 10 Badestelle am Kreuzsee, 72 m; 11 Y-Kreuzung vor Pieverstorf, 74 m; 12 Lehmsee, 82 m

Dorfkirche Liepen: Die Orgel, die von der bekannten Orgelbauer-Familie Grüneberg stammt, wurde restauriert und erklingt nun wieder in ganzer Schönheit

fostelle, zweigt der Weg „Rotes Eichhörnchen" nach links ab. Wir folgen dem Sträßchen in nordöstliche Richtung aus dem Dorf hinaus und überqueren alsbald einen Betonplattenweg. Etwa 600 m weiter kommen wir zur **Teilung des Wanderwegs „Rotes Eichhörnchen"** 03: Der Weg geradeaus wird später unser Rückweg sein, jetzt gehen wir nach rechts.

Nach etwa 1,6 km auf markiertem Wanderweg erreichen wir eine **Rastbank am Krummen See** 04. Alles fit? Dann geht's weiter südwärts. Wir treffen auf die Straße von Kratzeburg nach Adamshof und folgen ihr auf dem begleitenden Weg nach links. Wir passieren einen Wanderparkplatz, etwa 300 m weiter entfernen wir uns allmählich von der Straße. Unser „Eichhörnchenweg" verläuft schnurgerade, quert einen anderen Forstweg und trifft vier andere Wege an der **Kreuzung von fünf Wegen** 05.

Aus ankommender Sicht nehmen wir den zweiten Weg von links, also jenen, der fast geradeaus weiterführt, und erreichen auf ihm nach rund 400 m den **Beobachtungsstand** 06 „Kerstins Ausblick". Wer Glück hat, kann in der Verlandungszone des Lieper Sees Wasser- und Greifvögel entdecken.

Wir wandern weiter nordostwärts. Bei nächster Gelegenheit halten wir uns links. Nach ein paar Metern treffen wir auf den Beginn einer Asphaltstraße – dort gehen wir erneut nach links. Bis zur **Dorfkirche Liepen** 07 sind es etwa 200 m. Das erste Gotteshaus an dieser Stelle entstand vermutlich im 13. Jh., die heutige Kirche wurde 1888 geweiht.

Beim weiteren Gang durchs Dorf fällt das alte Schulhaus auf. In dem mustergültig sanierten Gebäude befindet sich heute eine große Gästewohnung für bis zu 12 Personen, die von den Inhabern des Gasthofs Linde in Ankershagen vermietet wird (siehe auch Tour 17, *www.alteschule-liepen.de)*.

Wir verlassen Liepen nach Norden. Nach etwa 200 m kommen wir an eine große Kreuzung, an der sich **Infotafeln des Nationalparks** 08 befinden. An jener Kreuzung verlassen wir die Markierung „Rotes Eichhörnchen": Wir nehmen den Weg, der nordwärts in den Wald führt. (Der „Eichhörnchenweg" verläuft nach Nordwesten, der dritte Weg nach Nordos-

Abwechslungsreiche Landschaft: Felder, Hecken und kleinere Waldgebiete prägen die Pieverstorfer Berge

Hinein ins kühle Nass: Nicht weit weg vom Seehaus befindet sich die Badestelle am Kreuzsee

ten.) Nach kurzer Waldpassage folgen wir der langgestreckten Wiese mit der Stromleitung. Wir gehen unter der Stromleitung hinweg und schreiten im Schatten des Feldgehölzstreifens nordwestwärts, bis wir auf eine Asphaltstraße stoßen. Dieser Straße folgen wir nach links zum **Seehaus am Kreuzsee** 09 (*www.seehaus-wille.de*). Hier können wir gut einkehren; zum Übernachten gibt es moderne Gästezimmer und Ferienwohnungen.

Nach der Mittagspause marschieren wir entlang der Zufahrtsstraße retour und folgen ihr nach links zu einer etwas breiteren Straße. Wir laufen geradeaus, also nach Nordwesten, und überqueren mit der Straße den Hufenbach. Dann folgen wir der Straße westwärts, vorbei am Schäferberg, bis zur kleinen **Badestelle am Kreuzsee** 10.

Noch 900 m Asphaltmarsch gen Westen und wir kommen zur **Y-Kreuzung vor Pieverstorf** 11. Wir biegen im spitzen Winkel links ab und ändern damit unsere Gehrichtung auf Südost. Etwa 200 m weiter treffen wir an der Waldecke auf das wohlbekannte Markierungszeichen „Rotes Eichhörnchen". Ab jetzt folgen wir ihm beinahe bis zum Schluss der Wanderung, und zwar nach rechts.

Wir wandern südwärts durch abwechslungsreichen Wald bis zum idyllischen **Lehmsee** 12. Der Wanderweg „Rotes Eichhörnchen" folgt dem Westufer des Sees. Dann steigt er nach rechts zum Bäverberg leicht an. Auf der Höhe erreichen wir die **Teilung des Wanderwegs „Rotes Eichhörnchen"** 03. Ab da folgen wir der bekannten Strecke zum Ort und zum **Haltepunkt Kratzeburg** 01.

DER HAVEL NACH AN DEN KÄBELICKSEE

Durch trockene Kiefernwälder an einen der größten Seen im Müritz-Nationalpark

13,9 km | 3:45 h | 35 hm | 35 hm | 865

START | Eisenbahn-Haltepunkt Kratzeburg, 67 m
[GPS: UTM Zone 33U x: 363.220 m y: 5.921.889 m]
CHARAKTER | Die Wanderung hat zwei Seiten: Anfangs marschieren wir längere Zeit durch Kiefernwälder, die manche Wanderer als eintönig empfinden werden. Aber dann entdecken wir großartige Natur: die reizvolle Uferzone des Käbelicksees sowie die Sümpfe am Kleinen Bodensee. Bevor es soweit ist, können wir uns im italienischen Restaurant Havelkrug stärken und im Granziner See erfrischen. Zum Schluss der Wanderung haben wir nochmals eine Bademöglichkeit. Meiden Sie dennoch sehr heiße Tage!

Wie bei Tour 18 starten wir am **Haltepunkt Kratzeburg** 01 der Eisenbahnstrecke Berlin-Rostock, an dem sich ein paar Parkplätze befinden. Wir laufen zur Dorfstraße und folgen ihr nach links. Einige Meter gehen wir parallel zu den Gleisen, dann durch die Unterführung. Direkt hinter der Brücke verlassen wir die Straße nach rechts in einen nichtgeteerten Fahrweg. Vertrauen Sie der Markierung „Lila Falke“!

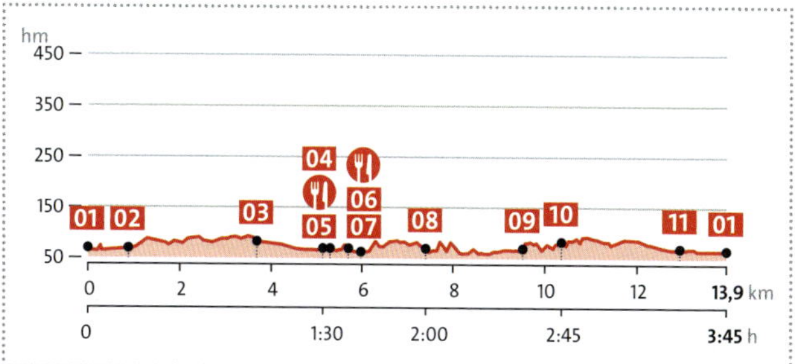

01 Haltepunkt Kratzeburg, 66 m; 02 Y-Kreuzung, 68 m; 03 breiter Sandweg, 83 m; 04 Dorfkirche Granzin, 71 m; 05 Töpferhof, 70 m; 06 Havelkrug, 67 m; 07 Badestelle am Granziner See, 61 m; 08 Abzweig des Pfads um den Käbelicksee, 91 m; 09 Weg zum Campingplatz „Naturfreund“, 66 m 10 Nationalparkweg „M“, 85 m; 11 Badestelle am Käbelicksee, 65 m

Nationalparkdorf: Mit diesem Titel dürfen sich gleich zwei Orte dieser Wanderung schmücken, Kratzeburg (im Bild) und Granzin

Wie früher Kiefernharz gewonnen wurde – und wozu

Der Harzer hatte eine schwere körperliche Arbeit. Im Winter, wenn die Temperaturen unter 0°C fielen, wurden die Kiefernstämme gerötet: Die grobe Borke wurde mit Hilfe eines Bügelschabers entfernt, es entstand die Lachte. Ab April zogen die Harzer in die Lachte eine senkrechte Rinne und brachten unterhalb einen Harztopf an. In den folgenden Wochen schnitten sie beiderseits der Tropfrinne schräg verlaufende Rillen in die Lachte, sodass mehr und mehr Harz aus dem Baum austreten und in den Harztopf fließen konnte. In fast allen Kiefernwäldern konnte man früher die typischen V- oder fischgrätenförmige Einritzungen an den Bäumen sehen. Ein Harzer musste pro Woche etwa 3000 Bäume bearbeiten und dabei große Strecken zu Fuß zurücklegen.

Schon ab dem Ersten Weltkrieg wurde Kiefernharz gewonnen, doch erst zu „DDR-Zeiten“ wurde der Harzabbau zum großen Geschäft. Der Verkauf des Kiefernharzes in westliche Länder brachte Devisen ein. Keine Kiefer über 80 Jahre sollte gefällt werden, wenn sie nicht vorher Harz geliefert hatte. Jährlich wurden etwa 12000 Tonnen Harz in den Kiefernwäldern der DDR gewonnen. Das Rohharz aus dem Bezirk Neubrandenburg gelangte bis Ende der 1970er Jahre nach Torgelow. Dort wurden daraus Kolophonium und Terpentin hergestellt.

Kolophonium benutzt man zum Beispiel in der Elektronikindustrie als Aktivator und Flussmittel beim Weichlöten sowie zur Farb- und Lackmittelherstellung. Terpintin macht Lacke geschmeidiger, kommt aber auch in der Medizinindustrie zum Einsatz, etwa in Salben und Pflastern.

Wir laufen links der Gleise bis zu einem Abstellplatz. Dort halten uns an der **Y-Kreuzung** 02 halblinks, sodass wir auf einem breiten Sandweg weg von den Bahngleisen und entlang eines Waldrandes westwärts wandern. Nach etwa 800 m folgen wir dem „Lila Falken" in den Kiefernwald hinein, wo der Weg sogleich schmaler wird.

Die Markierungszeichen „Lila Falke" helfen uns bei der längeren Waldpassage. Wir bleiben immer auf dem ausgewiesenen Weg. Beachten Sie die fischgrätenförmigen Einritzungen an älteren Kiefern – wie sie entstanden sind, lesen Sie im Kasten.

Nachdem der Weg eine Weile in südliche Richtung führte, mündet er in einen **breiten Sandweg** 03 ein. Ihm folgen wir nach links. Rechterhand ist ein munitionsverseuchtes Gebiet – beachten Sie unbedingt die Hinweisschilder! Auf ziemlich gerader Strecke erreichen wir den Ort Granzin, wo wir über den Spielplatz zur **Dorfkirche Granzin** 04 gehen. Den Schlüssel für die elegante neogotische Kirche hat Frau Geier, Hausnummer 21; vor dem Gotteshaus befindet sich eine hübsche Sitzgruppe, die sich für eine Rast anbietet.

Den **Töpferhof** 05 an der Dorfstraße können wir nicht übersehen. Hier finden Keramik- und Kunstausstellungen statt und man kann Töpferwaren kaufen, außerdem gibt es ein hübsches Hof-Café sowie Ferienwohnungen. Bitte informieren Sie sich über die aktuellen Öffnungszeiten im Web: *www.toepferhof-steuer.de*

Lohnender Abstecher: Vor oder nach der Wanderung sollten Sie sich die Dorfkirche Kratzeburg ansehen

Vom Töpferhof folgen wir der Dorfstraße etwa 500 m südwärts. Nach der Havelbrücke, an der sich ein Kanu-Verleih befindet, lädt der **Havelkrug** 06 zu einer Einkehr ein (italienisches Restaurant, *www.havelkrug.de*). An der Straßenkreuzung nebenan ist eine Infostelle des Nationalparks, außerdem gibt es einen großen Wegweiser.

Wer eine Erfrischung braucht, geht ein paar Schritte entlang der Pflasterstraße Richtung Dalmsdorf und links hinab zur **Badestelle am Granziner See** 07. Unser Weiterweg zweigt kurz vorher halbrechts von der Pflasterstraße ab – wir orientieren uns einmal mehr am Symbol „Lila Falke".

Nach annähernd 1,4 km kommen wir zum **Abzweig des Pfads um den Käbelicksee** 08. An dieser Stelle dürfen wir nicht geradeaus weitergehen, sondern müssen links abbiegen. Der Pfad bringt uns zum Südufer des Käbelicksees und folgt ihm eine ganze Weile ostwärts, später nordostwärts. Einmal verlassen wir für kurze Zeit das Ufer, in Höhe der Insel kommen wir wieder heran. Danach entfernt sich unser Weg vom See. Über den Bodenbach führt nach links der **Weg zum Campingplatz „Naturfreund"** 09. Unser Wanderweg „Lila Falke" setzt sich dagegen nach rechts fort und trifft ungefähr 800 m weiter auf den **Nationalparkweg „M"** 10.

Mit Blick auf den interessanten Sumpf rund um den Kleinen Bodensee folgen wir dem „Lila Falken" und dem „M" nordwärts. An einer Gabelung halten wir uns links, später nochmals links und kurz darauf rechts. Immer orientieren wir uns an den Symbolen „Lila Falke" und „M". Wer möchte, kann nach rechts einen Abstecher zum Schulzensee machen, ansonsten geht's nordwärts bis zu den Bahngleisen und am Bahndamm nach links.

An einem Parkplatz treffen wir auf eine Asphaltstraße. Wir gehen wenige Meter nach rechts Richtung Bahnunterführung und vor dieser geradeaus zur **Badestelle am Käbelicksee** 11. Jetzt ist der richtige Zeitpunkt für eine Erfrischung, denn die Wanderung ist fast geschafft. Nach der Badepause nutzen wir die Bahnunterführung, halten uns unmittelbar dahinter links und folgen dem Weg entlang der Gleise zum **Haltepunkt Kratzeburg** 01.

HAVELSTEIN UND ZOTZENSEE

Naturspaziergang bei der Nationalparkfischerei Babke

8,2 km | 2:15 h | 40 hm | 40 hm | 865

START | Babke, 62 m, Parkplatz an der Nationalparkfischerei [GPS: UTM Zone 33U x: 359.721 m y: 5.914.945 m]
CHARAKTER | Westlich der Müritz erstreckten sich einst ausgedehnte Sümpfe und Moore, die die Besiedlung der Region und die landwirtschaftliche Nutzung erschwerten. Durch Anlage zahlreicher Kanäle wurden Teile des Gebiets entwässert und urbar gemacht. Erst seit etwa 30 Jahren weiß man den Wert der Sümpfe und Moore mehr zu schätzen: Sie sind Lebensräume für seltene Arten, aber auch Klimaregulatoren. Also begannen Naturschützer mit der Renaturierung. Auf dieser sehr leichten Wanderung können wir uns ein Bild von den Erfolgen der Wiederherstellung einzelner Sümpfe und Moore machen.

Wir parken an der **Nationalparkfischerei Babke** 01, wo wir uns vor oder auch nach der Wanderung mit einem Fischbrötchen, Backfisch und einem Lübzer Pils stärken können. Die Fischerei ist auch bei Paddlern beliebt, die hier ihre Kanus umtragen müssen.

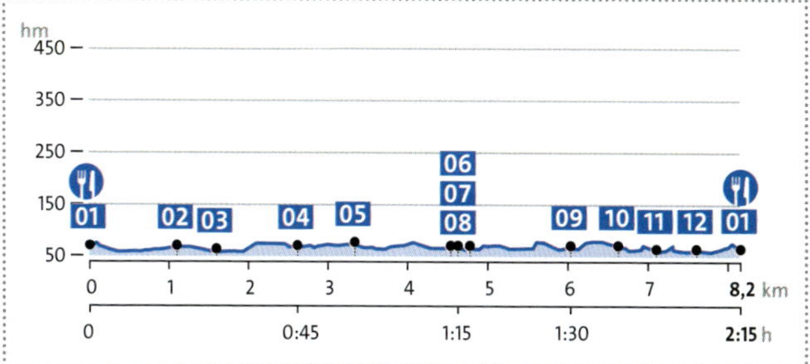

01 Nationalparkfischerei Babke, 65 m; 02 Dorfkirche Babke, 69 m; 03 erste Havelbrücke, 58 m; 04 Wanderparkplatz mit Infotafeln, 70 m; 05 Südufer des Madensees, 63 m; 06 Sumpfgebiet am Havelbach, 64 m; 07 Rastplatz beim Havelstein, 71 m; 08 Aussichtsplattform Viertwiese, 70 m; 09 Y-Kreuzung, 67 m; 10 Schwarzer Moor, 68 m; 11 Beobachtungsplattform Zotzensee, 63 m; 12 zweite Havelbrücke, 59 m

Beliebtes Einkehrziel: Die Nationalparkfischerei Babke ist Start- und Endpunkt unserer Wanderung

Wir folgen der Zufahrt vom Parkplatz bis zur Straße und wandern an ihr nach links Richtung Ort. Dabei vertrauen wir der Markierung „Lila Tanne“ sowie dem Zeichen „M“. Am Ortseingang Babke verlässt uns der Nationalparkweg „M“ nach rechts. Wir gehen geradeaus, vorbei am Café im Turm, bis zur **Dorfkirche Babke** **02**.

Das kleine Gotteshaus wurde erst Anfang des 20. Jh. errichtet und besitzt anstelle eines Turmes einen erhöhten Westgiebel, in dessen Maueröffnungen die stählernen Glocken hängen. Die bemalten Fensterscheiben der Kirche stammen aus der Vorgängerkirche, sie sind etwa 300 Jahre alt und zeigen biblische Motive sowie das Wappen Mecklenburgs. Im Inneren der Backsteinkirche überraschen ein Kruzifix und ein Marienaltar aus dem 15. Jh. sowie ein achteckiges, über zwei Meter hohes Taufbecken aus der ersten Hälfte des 17. Jh.

Von der Kirche spazieren wir weiter durchs Dorf und verlassen es nach Osten. Etwa 200 m nach der **ersten Havelbrücke** **03** verabschieden wir uns von der Asphaltstraße: Unser Wanderweg „Lila Tanne“ führt jetzt geradeaus in den Wald hinein und bei frühster Gelegenheit im Wald nach rechts.

An der nächsten Kreuzung treffen wir auf das Symbol „Rote Rohrdommel“ und folgen ihm nach rechts zur Asphaltstraße. Wir biegen links ab und gehen etwa 100 m an der Straße entlang bis zu einem **Wanderparkplatz mit Infotafeln** **04**. Hier orientieren wir uns erneut an der Markierung „Rote Rohrdommel“ und wandern halblinks in den Wald hinein.

Wir ignorieren einen links abzweigenden Weg und kommen rund 400 m weiter recht nahe ans **Südufer des Madensees** **05** heran, der von einem schier undurchdringlichen Schilfgürtel umgeben ist. Bald gehen wir nach links und folgen damit sowohl dem Wanderweg „Rote Rohrdommel“ als auch dem Nationalparkweg „M“, der von rechts einmündet.

Wissenswert: Auf dieser Tour gibt es mehrere Infotafeln des Müritz-Nationalparks, in dem wir uns bewegen

Nördlich des Madensees halten wir uns wieder links – dank der Markierungen können wir nicht falsch gehen. Nach einem eher trockenen Wegabschnitt durch Kiefern- und Mischwald kommen wir zum **Sumpfgebiet am Havelbach** 06. Ein Holzbohlenweg führt uns trockenen Fußes an die Nassflächen heran. Nachdem wir uns in Ruhe umgesehen haben, folgen wir den markierten Wanderwegen „Rote Rohrdommel" und „M" noch ein paar Meter und

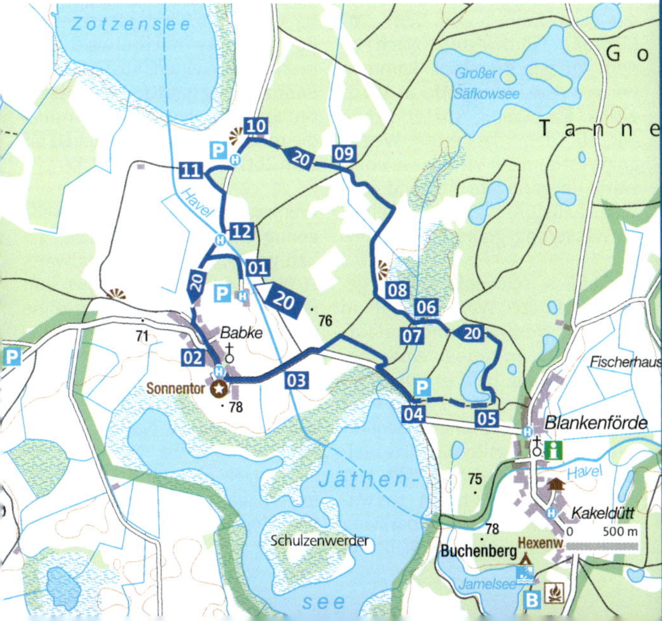

Brückenblick: Zweimal überqueren wir die Havel, ein paar Mal ihre Nebenarme, zum Beispiel den Havelbach

machen auf dem **Rastplatz beim Havelstein** 07 eine Pause. Der Stein erinnert an die Renaturierung der Zotzenniederung.

An der Kreuzung beim Havelstein verlassen wir den Weg „Rote Rohrdommel“, der nach Süden verläuft, und folgen stattdessen der „Lila Tanne“ und dem „M“ Richtung Nordwesten. Nach einem kurzen Wegstück kommen wir zur **Aussichtsplattform Viertwiese** 08. Wenig später gehen wir auf den markierten Wegen am Westrand der Viertwiese nordwärts. In geringem Abstand zum Weg fließt uns das Wasser eines Entwässerungsgrabens entgegen.

Schließlich schwenkt unser gekennzeichneter Weg abermals in Richtung Nordwest und verläuft durch Wald. Im Norden einer größeren Lichtung trifft er auf einen breiten Fahrweg. Wir biegen links ab, queren sofort einen Bachlauf und kommen wenige Schritte weiter an eine **Y-Kreuzung** 09. Der Weg „Lila Tanne“ bleibt zusammen mit dem Nationalparkweg „M“ auf dem Fahrweg Richtung Südwesten, aber wir wandern auf dem nichtmarkierten, eher unscheinbaren Waldweg nach rechts, also mehr westwärts. Nach 600 m durch den Wald kommen wir zum einsam gelegenen Anwesen **Schwarzer Moor** 10.

Nachdem wir die Häuser passiert haben, folgen wir der Plattenstraße nach links. Nach etwa 300 m machen wir einen Abstecher zur **Beobachtungsplattform Zotzensee** 11. Von hier können wir über die renaturierten Moorflächen bis zum Zotzensee hinüberblicken.

Wenn wir an dieser schönen Stelle genug Zeit verbracht haben, gehen wir ein paar Meter südwärts zu einem Feldweg und folgen ihm nach links. So kommen wir ohne weiteres zurück zur Plattenstraße, auf der wir nach rechts weitergehen. Die **zweite Havelbrücke** 12 ist unser letzter Zwischenstopp auf dem Weg zur **Nationalparkfischerei Babke** 01: Nachdem wir die Havel überschritten haben, folgen wir ein Stück der Straße und biegen links in die bekannte Zufahrt zum Parkplatz ab.

BEI SCHILLERSDORF UND QUALZOW

Eiszeitliche Spuren und forstbotanische Raritäten

15,5 km | 4:00 h | 69 hm | 69 hm | 865

START | Schillersdorf, 67 m, Parkplatz am Infopunkt [GPS: UTM Zone 33U x: 356.151 m y: 5.912.757 m]
CHARAKTER | Am Südrand des Müritz-Nationalparks treffen verschiedene Elemente der eiszeitlichen Landschaft aufeinander. Die Wanderung verläuft über Sanderflächen und entlang typischer Endmoränenwälle. Am Zerrinsee können wir beobachten, wie ein eiszeitlicher See versumpft und sich ein Moor bildet. Nichts mit der Eiszeit zu tun hat der interessante Forstbotanische Garten Erbsland, zum dem wir ebenfalls wandern.

Mehr als die Hälfte der Rundwanderung ist mit dem Symbol „Grüner Baum" markiert, dort bedarf es keiner ausführlichen Beschreibung. Wo wir den Rundweg „Grüner Baum" nicht nutzen, erklären wir den Wegverlauf detaillierter. Wer nur der Markierung folgt, kann die Runde um etwa 5,5 km verkürzen, verpasst jedoch den sehenswerten Forstbotanischen Garten Erbsland!

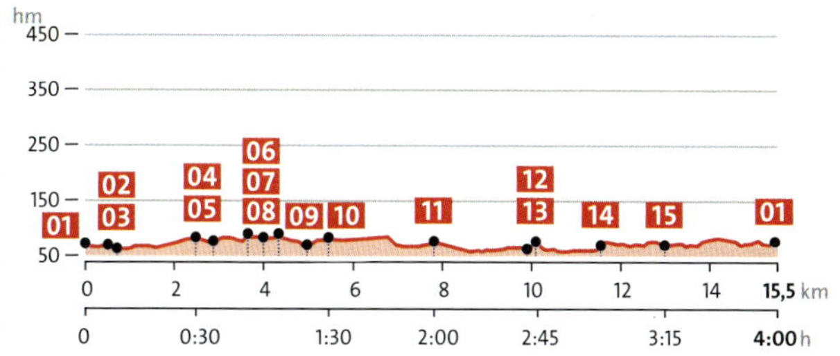

01 Parkplatz am Infopunkt, 70 m; 02 Dorfkirche, 69 m; 03 Wendeschleife kurz vorm Ortsausgang, 63 m; 04 X-Kreuzung, 77 m; 05 nördlicher Zugang des Forstbotanischen Gartens Erbsland, 75 m; 06 südliches „Tor", 84 m; 07 Kreuzung von fünf Wegen, 81 m; 08 Schwedenschanzen, 80 m; 09 Hauptkreuzung, 69 m; 10 Naturschutzgebiet Zerrinsee, 75 m; 11 Ortsrand Qualzow, 72 m; 12 ehemalige Zieglei Qualzow, 63 m; 13 Kienhorst, 76 m; 14 Asphaltstraße, 64 m; 15 beschilderte Kreuzung, 69 m

Interessantes Wanderziel: Der Forstbotanische Garten Erbsland zählt zu den besterhaltenen historischen Forstversuchsflächen Deutschlands

▶ Los geht's am **Parkplatz am Infopunkt** 01 des Müritz-Nationalparks, der sich am nördlichen Ortsrand von Schillersdorf befindet. Wir folgen der schmalen Pflasterstraße bzw. ihrem Fußweg und laufen der Länge nach durch das Örtchen Schillersdorf.

Auffallend ist die eigenartige **Dorfkirche** 02. Der rechteckige Saalbau aus den 1950er Jahren ähnelt eher einem Wohngebäude als einer Kirche und erinnert mit seinen Kabinettscheiben an einen englischen Landsitz. Im Gotteshaus überrascht ein spätgotischer Schnitzaltar aus der zweiten Hälfte des 15. Jh., der sich ursprünglich in der Kirche Qualzow befand. Der um ein Geschoss gekürzte Glockenturm stammt noch von einer Vorgängerkirche. Er trägt eine Glocke aus dem 14./15. Jh.

An einer Art **Wendeschleife kurz vorm Ortsausgang** 03 biegen wir rechts ab und laufen ohne Markierung südwärts. (Wer die Tour wie erwähnt abkürzen will, bleibt auf der Straße und folgt damit dem Wanderweg „Grüner Baum".) Der grasbewachsene Sandweg führt kurvenfrei durch Felder und Wiesen. Am Waldrand ignorieren wir einen rechts abzweigenden Weg und marschieren weiter geradeaus. Einen kreuzenden Weg nach etwa 500 m vernachlässigen wir ebenfalls und laufen noch ungefähr 200 m südwärts bis zu einer **X-Kreuzung** 04, an der rechts die Reste eines Denkmals aus Granit liegen. Wir biegen links ab, ignorieren den ersten rechts abzweigenden Weg, und kommen nach knapp 300 m zu einem zweiten, unscheinbaren Weg, der rechts abzweigt (etwa 50 m nach Ende der umzäunten Fläche). Das ist der **nördliche Zugang des Forstbotanischen Gartens Erbsland** 05.

Unter der Leitung des Forstmanns Friedrich Scharenberg wurden im Jahr 1887 etliche fremdländische Baumarten gepflanzt, um deren Eignung für die heimische Forstwirtschaft herauszufinden. Das Arboretum zählt zu den besterhaltenen historischen Forstversuchsflächen Deutschlands. Sie können es auf eigene Faust erkunden. Tipp: Folgen Sie den vielen kleinen Lehrpfad-Tafeln und später der Markierung „roter Balken“ geradeaus. Somit sollten Sie am **südlichen „Tor“** 06 herauskommen. Dort befindet sich ein Gedenkstein für Friedrich Scharenberg.

Vom hölzernen Durchgang laufen wir zur **Kreuzung von fünf Wegen** 07 und wandern auf dem breiten Forstweg südwärts (Markierung: „grüner Punkt“). Wir kommen an den **Schwedenschanzen** 08 vorbei. Während des Dreißigjährigen Kriegs sollen sich hier schwedische Truppen versteckt haben. An der nächsten **Hauptkreuzung** 09 biegen wir links ab. Hier sind ältere Markierungszeichen vorhanden („roter Balken“). Wir wandern in einem Bogen ost- bis nordostwärts.

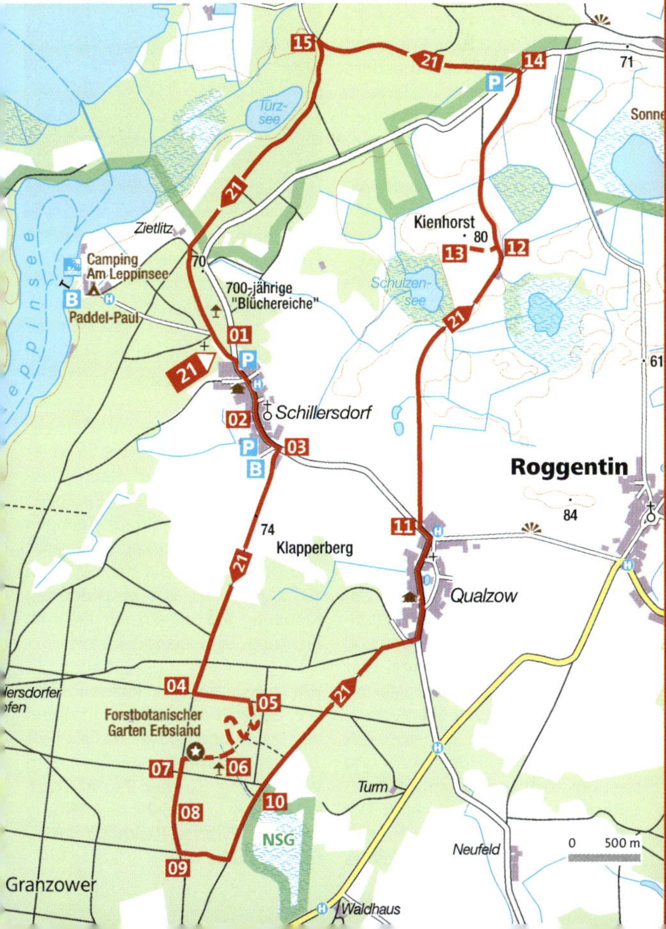

Unser Weg führt am **Naturschutzgebiet Zerrinsee** 10 vorüber. Hier lässt sich ein wenig nachvollziehen, wie aus einem versumpften See ein Niedermoor entsteht. Wir studieren die Infotafel und erfreuen uns an der Natur, dann laufen wir längere Zeit Richtung Nordosten (Markierungen: „roter Balken“ und „grüner Punkt“). Wo von links der „gelbe Balken“ einmündet, eine Abkürzung vom Arboretum hierher, marschieren wir geradeaus dem Wiesengrund nach. Wir bleiben immer auf dem Weg Richtung Qualzow. Bald ist unsere Route mit einem „gelben Balken“ markiert. Wo es geradeaus nicht weitergeht, halten wir uns halbrechts und erreichen die ersten Häuser.

Nun biegen wir links ab und spazieren von Süden nach Norden durch Qualzow. Ob Sie links oder rechts um den Dorfanger mit Spielplatz herumgehen, bleibt Ihnen überlassen. In jedem Fall biegen wir an der Bushaltestelle links ab und treffen keine 100 m weiter am **Ortsrand Qualzow** 11 auf das Markierungszeichen „Grüner Baum“. (Wer abgekürzt hat, kommt hier am Ortsrand Qualzow an.)

Entlang einer Stromleitung marschieren wir kerzengerade nach Norden. Der sandige Weg schwenkt erst nach etwa 1,1 km Richtung Nordosten und führt in leichten Kurven bis zur **ehemaligen Ziegelei Qualzow** 12, heute ein von Bäumen und Sträuchern bewachsenes Areal. Hier können wir nach links einen Abstecher auf den **Kienhorst** 13 machen: Mit einer Höhe von 77,5 m ü. NN ist der markante Hügel weit und breit die höchste Erhebung der eiszeitlich geprägten Landschaft. Der Autor vermutet, dass es sich beim Kienhorst um ein Kame handelt, es

Im Gedenken: Unter Leitung des Forstmanns Friedrich Scharenberg wurden 1887 etliche fremdländische Baumarten gepflanzt

könnte aber auch ein Os oder ein Endmoränenhügel sein.

Dem Symbol „Grüner Baum“ folgen wir weiter nordwärts bis zu einer **Asphaltstraße** 14, auf deren anderer Seite sich ein kleiner Parkplatz befindet. Wir folgen dem steinigen Weg, der beim Parkplatz beginnt und durch den Wald nach Westen zieht. An einer gut **beschilderten Kreuzung** 15 biegen wir links ab Richtung „Schillersdorf 3,0 km“.

Wir passieren den kleinen Türzsee, der sich rechterhand im Wald versteckt, und später das Gehöft Zietlitz, ebenfalls rechts vom Wanderweg „Grüner Baum“. Nach knapp 1 km in südöstliche Richtung erreichen wir den **Parkplatz am Infopunkt** 01.

LEUSSOW, ZWENZOWER TANNEN UND WOLFSFANG

Die „anderen Seiten“ des Nationalparks Müritz

21 km | 5:30 h | 72 hm | 72 hm | 865

START | Bahnhaltepunkt Weißer See, 63 m
[GPS: UTM Zone 33U x: 363.122 m y: 5.905.739 m]
CHARAKTER | Der südlichste Teil des Nationalparks Müritz hat mit der Gegend um Waren wenig gemeinsam und unterscheidet sich auch vom Gebiet Serrahn. Bei Zwenzow treffen wir weder auf große Feuchtwiesen wie im Bereich der Binnenmüritz (Tour 26) noch auf uralte Buchenwälder wie bei Serrahn (Tour 8). Stattdessen erleben wir, wie sich Forst zu Naturwald entwickelt, wenn der Mensch nicht eingreift. Die Wanderung eignet sich für erfahrene Wanderer, die andere Nationalpark-Touren schon gemacht haben.

Wer möchte, kann mit der Eisenbahn an- und abreisen: Unsere Wanderung beginnt und endet am **Haltepunkt Weißer See 01** der Eisenbahnstrecke von Neustrelitz nach Mirow. An der Y-Kreuzung beim Haltepunkt nehmen wir den linken Fahrweg Richtung **Strandrestaurant und Naturfreibad Weißer See 02**. Nach ein paar Schrit-

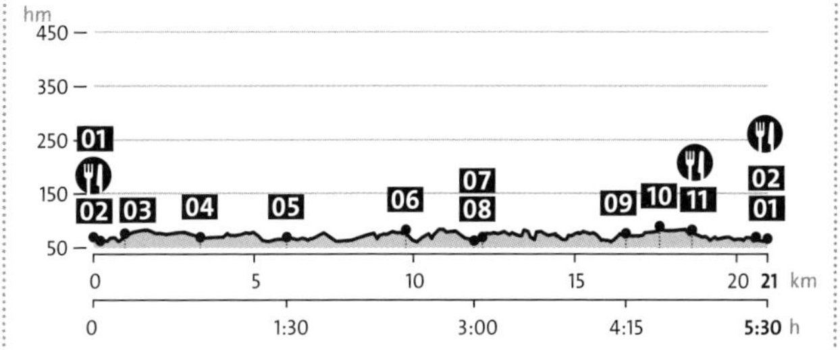

01 Haltepunkt Weißer See, 68 m; **02** Strandrestaurant und Naturfreibad Weißer See, 68 m; **03** Skulpturenpark Wesenberg, 63 m; **04** T-Kreuzung, 67 m; **05** Dorfkirche Leussow, 67 m; **06** Abzweig des Weges „Graue Stämme“, 78 m; **07** Nationalparkeingang Zwenzow, 63 m; **08** Wegpunkt, 73 m; **09** Info-Pavillon „Windwurf Zwenzow“, 71 m; **10** Wolfsfang, 81 m; **11** Familienhotel Borchard's Rookhus, 75 m

ten kommen wir am südlichen Parkplatz vorbei, den motorisierte Wanderer benutzen können. Ein von Linden gesäumter Weg führt uns, vorbei an der zweiten Badestelle, zum nördlichen Parkplatz. Wenige Meter weiter treffen wir auf eine Asphaltstraße. Wir biegen links ab und folgen dem Wanderweg westwärts, der mit dem Symbol „Schwarzer Adler" markiert ist. Er führt am **Skulpturenpark Wesenberg 03** vorüber (*www.sculpture-park-wesenberg.de*) und verläuft dann längere Zeit durch den Wald. Nach etwa 2,5 km erreichen wir eine **T-Kreuzung 04**.

Wir vertrauen der Markierung „Schwarzer Adler", biegen also links ab und wandern etwa 700 m in südwestliche Richtung. Nach weiteren 250 m, nun mehr westwärts, queren wir einen kleinen Bachlauf – davor und dahinter zweigen Wege nach rechts ab. Wir nehmen den Weg nach dem Bach. Nach ungefähr 700 m münden von links und rechts zugleich Wege ein, wir marschieren geradeaus und treten aus dem Wald hinaus. Wir stolzieren halblinks zur Straße und folgen ihr nach rechts bis zur **Dorfkirche Leussow 05**. Sie steht anstelle einer älteren Fachwerkkirche, welche aufgrund von Baufälligkeit Mitte des 19. Jh. abgerissen wurde. Vom Gotteshaus gehen wir weiter durch das Dorf. Am nördlichen Ortsende steht eine Infotafel des Nationalparks Müritz. Vor dem Parkplatz beim Friedhof biegen wir rechts ab und folgen damit weiter der Markierung „Schwarzer Adler".

Durch Felder und Wiesen geht's ostwärts, anfangs auf Asphalt, später auf natürlichem, körperfreundlichem Untergrund. Schließlich kommen wir in ein schönes Waldgebiet und gehen dauerhaft dem Wanderweg „Schwarzer Adler" nach. Rund 1,7 km ab Waldrand treffen wir auf den **Abzweig des Weges „Graue Stämme" 06**. Das ungewöhnliche Markierungssymbol „Graue Stämme" wählte das Nationalpark-Team für den „Rundweg Zwenzower Tannen". Wo heute überwiegend Kiefern wachsen, ereignete sich im Juni 2014 auf einer Fläche von 13 Hektar ein Windwurf. Wenn wir nun links abbiegen und dem Symbol „Graue Stämme" nordwärts folgen, können wir uns ein gutes Bild von der Naturverjüngung machen: Wir sehen, was passiert, wenn der Mensch nicht mehr in den Wald eingreift.

Der markierte Weg „Graue Stämme" führt uns zunächst am idyllischen Felschensee vorüber. Dann geht es ein Stück nach Osten und nordwärts zum noch kleineren Schmückersee. An seinem Norduf er gehen wir neben der Useriner

Straße ostwärts bis zum Parkplatz am **Nationalparkeingang Zwenzow 07**. Natürlich gibt es hier einige Infotafeln.

Wer die Wanderung um etwa 4,2 km verkürzen will, folgt vom Parkplatz den Symbolen „Graue Stämme“ und „Schwarzer Adler“. Alle anderen Wanderer gehen zur Useriner Straße, ein paar Meter nach rechts und biegen gleich wieder links ab. Damit befinden wir uns für kurze Zeit auf dem Nationalparkweg „M“. Nach den letzten Häusern, wenige Schritte hinter der Holz-Absperrung, verlassen wir ihn schon wieder. Hier beginnt und endet der Rundweg „Oranges Reh“ (**Wegpunkt 08**).

Wegpunkt 9: Im Info-Pavillon „Windwurf Zwenzow“ erfahren wir Wissenswertes über Waldschäden und die natürliche Regeneration

Wir folgen der Markierung „Oranges Reh“ im Uhrzeigersinn, wandern also erst auf dem breiteren Weg nordwärts bis zum Jamelker See, von dort wieder südwärts und zum Schluss nach Westen, sodass wir nach rund 4 km erneut am **Wegpunkt 08** stehen. Jetzt geht's zurück zur Useriner Straße, die wir geradeaus überqueren. Bei erster Gelegenheit folgen wir dem Nationalparkweg „M“ nach rechts und treffen auf die Wege „Graue Stämme“ und „Schwarzer Adler“, die vom Parkplatz kommen. Wir passieren den Campingplatz „Zwenzower Ufer“ und finden uns nach kurzer Strecke am **Info-Pavillon „Windwurf Zwenzow“ 09** wieder.

Den Markierungen „M“, „Schwarzer Adler“ und „Graue Stämme“ folgen wir ungefähr 400 Meter nach Südwesten und anschließend nach links. Rund 600 m weiter treffen wir auf den Wolfspfad Zwenzow, der mit *Canis lupus* höchstpersönlich gekennzeichnet ist. Wir biegen links ab und kommen zum **Wolfsfang 10**. Als 1710 in Userin 22 Schafe gerissen wurden, schuf man die Fanganlage für den mutmaßlichen Täter.

Vom Wolfsfang folgen wir dem Wolfspfad in östliche Richtung. Bei einer Infotafel stoßen wir auf ein Asphaltsträßchen und gehen parallel dazu nach rechts bis zum eigentlichen Beginn des Wolfspfads beim **Familienhotel Borchard's Rookhus 11** (*www.rookhus.de*). Einkehren können wir hier nicht, die All-Inclusive-Verpflegung ist für Hotelgäste. Also laufen wir gleich südwärts neben der Straße her und vertrauen den Markierungszeichen „M“ des Nationalparkwegs.

Nach einem ziemlich langweiligen Kilometer kommen wir zur Kreuzung beim Skulpturenpark Wesenberg, die wir vom Hinweg kennen. Wir laufen geradeaus Richtung **Strandrestaurant und Naturfreibad Weißer See 02** und schließlich zum **Haltepunkt Weißer See 01**. Das Strandrestaurant bietet sich für eine Schlusseinkehr an, das schöne Naturfreibad für eine Erfrischung. Die haben wir uns nach dieser langen Wanderung verdient.

RUNDWEG SPECKER HORST UND KÄFLINGSBERG • 100 m

Nationalpark-Highlights: Specker See, Binnenmüritz, Priesterbäker See und Käflingsberg

23,3 km 6:15 h 81 hm 81 hm 865

START | Schwarzenhof, 72 m, Nationalparkhotel Kranichrast
[GPS: UTM Zone 33U x: 354.008 m y: 5.925.968 m]
CHARAKTER | Die lange und anstrengende Tour im Nationalpark Müritz ist auch als Fahrradtour geeignet. Vermeiden Sie heiße Tage und nehmen Sie genügend Getränke mit!

Die Wanderung führt durch den Specker Horst: Dieses einstmals undurchdringliche Sumpfgebiet wurde durch Absenkung des Wasserspiegels vor 200 Jahren trockengelegt, jedoch blieben der Specker See, der Hofsee und der Priesterbäker See erhalten. Zu „DDR-Zeiten“ war der Specker Horst Staatsjagdgebiet und weitläufig abgesperrt. Seit der Müritz-Nationalpark existiert, wird

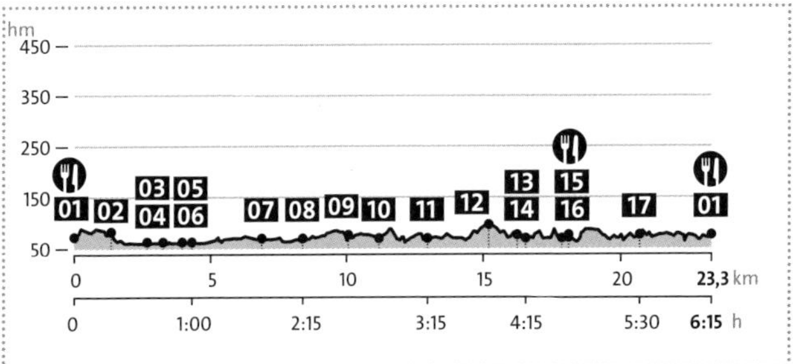

01 Nationalparkhotel Kranichrast, 75 m; **02** Picknickplatz, 74 m; **03** Aussichtsturm Specker See, 60 m; **04** ehemalige Jagdhütte, 60 m; **05** Rastplatz am Flöttergraben, 61 m; **06** Aussichtsturm Binnenmüritz, 62 m; **07** Aussichtsplattform Doppelkiefergraben, 61 m; **08** ehemalige Boeker Hütte, 66 m; **09** Fauler Ort, 71 m; **10** Aussichtsplattform mit Bänken am Priesterbäker See, 69 m; **11** Haltestelle des Nationalparkbusses bei Priesterbäk, 69 m; **12** Käflingsberg, 106 m; **13** 700-jährige Stieleiche, 77 m; **14** Plattform am Priesterbäker See, 62 m; **15** Imbiss Fuchsbau, 73 m; **16** Dorfkirche Speck, 77 m; **17** Aussichtspunkt Mühlensee, 69 m

Die Aussichtsplattform Doppelkiefergraben: Hier bietet sich ein besonders schöner Ausblick auf die Müritz.

das Gebiet langsam renaturiert. Von mehreren Aussichtstürmen blicken wir über die eindrucksvolle Landschaft.

▶ Wir parken beim **Nationalparkhotel Kranichrast** **01** in Schwarzenhof oder fahren mit dem Nationalparkbus dahin. Nachdem wir uns in der Nationalpark-Information auf einen schönen Wandertag eingestimmt haben, folgen wir zunächst dem Wegweiser „Specker Horst" bzw. den Symbolen „Rotes Eichhörnchen" und „M" (Nationalparkweg). Nach ungefähr 200 m gehen wir links. Nach etwa 20 min ab Start erreichen wir am Waldrand einen **Picknickplatz** **02**. Wir bleiben auf dem gut befestigten Weg und wandern südwärts bis zum **Aussichtsturm Specker See** **03**, der vom Picknickplatz etwa 1,6 km entfernt ist. Vom hölzernen Turm blicken wir auf den Specker See und das reaktivierte Moor ringsum. Durch die Vernässung starben Bäume ab, deren Stämme nun aus dem Sumpf herausragen. Langsam bildet sich das Moor neu. Besonders interessant ist es im späten Frühjahr, wenn die Moorfrösche (*Rana arvalis*) unüberhörbar quaken. Hin und wieder hört man auch den Ruf der seltenen Rohrdommel (*Botaurus stellaris*).

Vom Aussichtsturm wandern wir weiter südwärts. Anstelle der **ehemaligen Jagdhütte** **04** des DDR-Ministeratsvorsitzenden Willi Stoph steht jetzt eine Infotafel des Nationalparks. Ein Stück weiter südlich treffen wir auf den **Rastplatz am Flöttergraben** **05**. Wir überqueren das Gewässer und folgen dem Hermannskanal, der sich nebenan mit dem Flöttergraben vereint. Den **Aussichtsturm Binnenmüritz** **06** können wir nicht übersehen: Wie der Turm am Specker See wurde er über dem Weg erbaut.

Nachdem wir vom Aussichtsturm herabgestiegen sind, folgen wir dem Hermannskanal weiter, überqueren ihn und wandern noch etwa 1,4 km nach Süden. An der Kreuzung vorm Doppelkiefergraben zweigen wir rechts ab. Von der direkt an der Müritz gelegenen **Aussichtsplattform Doppelkiefergraben 07** genießen wir den bezaubernden Ausblick auf Deutschlands größten See.

Nach der Rast gehen wir retour und an der bekannten Kreuzung geradeaus. Damit folgen wir dem Wanderweg „Lila Pilz", der den Doppelkiefergraben mal mehr, mal weniger begleitet. An der T-Kreuzung vor der **ehemaligen Boeker Hütte 08** trifft der „Lila Pilz" auf den „Roten Hirsch": Wir biegen links ab und folgen den Markierungszeichen.

Ohne Abzweige geht's bis zur biologischen Forschungsstation **Fauler Ort 09** am Hofsee. Ungefähr 1,2 km weiter führt ein Pfad nach links zu einer kleinen **Aussichtsplattform mit Bänken am Priesterbäker See 10**. Genießen Sie diesen besonderen Ort, aber sehen Sie bitte vom Baden ab: Wir befinden uns in einem Naturschutzgebiet! In der Ferne erkennen wir den Aussichtsturm auf dem Käflingsberg, auf dem wir nachher stehen werden.

Wir orientieren uns weiterhin an der Markierung „Roter Hirsch" und stoßen an der Südspitze des Priesterbäker Sees auf den Nationalparkweg „M", dem wir nach links folgen. Nochmals kommen wir dem Ufer des Priesterbäker Sees nahe, dann laufen wir nordwestwärts durch den Wald bis zur **Haltestelle des Nationalparkbusses bei Priesterbäk 11**.

Neben der Betonplattenstraße verläuft ein Fuß- und Radweg, auf dem wir nordwärts gehen. Nach etwa 1,5 km erreichen wir

Stählernes Monstrum: Nur Schwindelfreie sollten auf den Aussichtsturm auf dem Käflingsberg steigen

den Abzweig zum Käflingsberg. Der Stichweg hinauf ist mit dem Symbol „Schwarzes Wildschwein" markiert. Wer mit dem Fahrrad unterwegs ist, muss es anschließen und zu Fuß gehen. Vom Aussichtsturm auf dem rund 100 m hohen **Käflingsberg 12** bietet sich ein phantastischer Rundblick. Allerdings ist der Aufstieg nicht jedermanns Sache. Schwindelfrei sollte man sein!

Selbstverständlich müssen wir zurück zum Hauptweg: Wir folgen dem Fuß- und Radweg neben der Straße nach rechts und somit den Markierungszeichen „Schwarzes Wildschwein" und „M". Schon nach wenigen Metern entfernen wir uns von der Straße, doch zuvor gehen wir noch ein paar Schritte geradeaus und erweisen der **700-jährigen Stieleiche 13** unsere Ehre. Was für ein Baum!

Vom markierten Weg machen wir gleich noch einen Abstecher: Wir zweigen bei erster Gelegenheit links ab. Über einen Steg durch die sumpfige Verlandungszone kommen wir zu einer hölzernen **Plattform am Priesterbäker See 14** – ein wunderbarer Ort zum Ausruhen und Träumen!

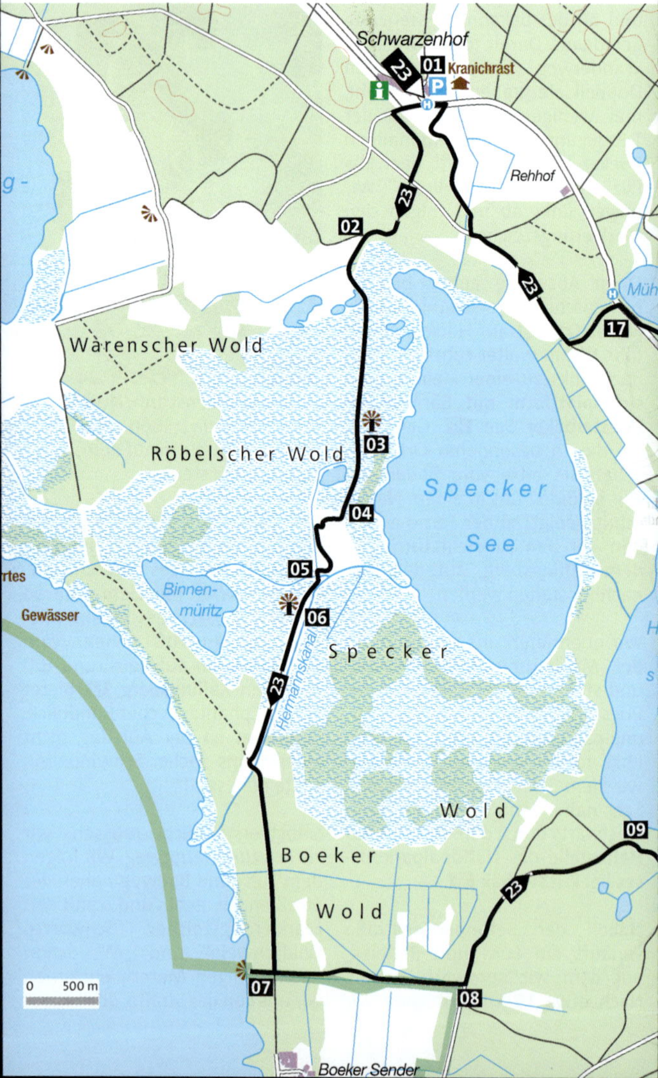

Nach dem lohnenden Ausflug folgen wir wieder dem „Schwarzen Wildschwein“ und dem Nationalparkweg „M“. Die letzten Meter vorm Dorf Speck gehen wir neben der bekannten Straße, und durch den Ort folgen wir der Pflaster-

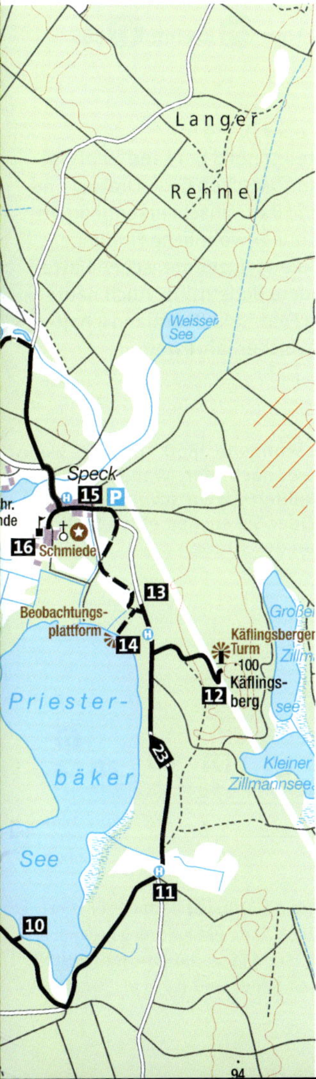

straße. Der **Imbiss Fuchsbau 15** bietet Gelegenheit zu einer Stärkung. Danach gehen wir wenige Schritte zur Alten Schmiede, wo sich Infotafeln und ein Wegweiser befinden. Bevor wir dem Nationalparkweg „M“ ein weiteres Stück nachwandern, bestaunen wir die 800-jährige Sommerlinde. Sie steht rechterhand am Weg zur sehenswerten **Dorfkirche Speck 16**. Nebenan erblicken wir das ruinöse Jagdschloss. Nachdem wir uns umgesehen haben, folgen wir bei den Wegweisern an der Alten Schmiede der Asphaltstraße nordwärts, überqueren einen Bachlauf und kommen an einen Parkplatz. Hier biegen wir halbrechts ab und orientieren uns am Symbol „Roter Hirsch“ nordwärts.

Mit Blick auf die Verlandungszone des Mühlensees folgen wir dem „Roten Hirsch“ west-, später nordwestwärts. Bald wandern wir nahe zum Seeufer und erreichen an der Westseite des Mühlensees den **Aussichtspunkt Mühlensee 17** mit Infotafeln.

Vom Aussichtspunkt laufen wir zur nahen Straße, überqueren sie und biegen ungefähr einen halben Kilometer später rechts ab. Damit haben wir den Wanderweg „Roter Hirsch“ verlassen und befinden uns für den Rest der Tour einmal mehr auf dem Nationalparkweg „M“. Wir ignorieren einen Weg, der nach rechts zum Rehhof führt, und biegen an der nächsten Kreuzung bei einem Wassergraben rechts ab. Nach etwa 800 m erreichen wir die Fahrstraße und gehen nach links zum **Nationalparkhotel Kranichrast 01**, wo unsere lange Wanderung begonnen hat und nun auch endet.

DURCHS PEENEHOLZ UND UM DEN HINBERGSEE

Ländliche Idylle: das stille Hügelland am Rande des Müritz-Nationalparks

11,1 km | 3:00 h | 104 hm | 104 hm | 865

START | Groß Dratow, 74 m, Kirche
[GPS: UTM Zone 33U x: 356.691 m y: 5.931.444 m]
CHARAKTER | Sehen Sie sich ein Satellitenbild der Landschaft im Norden des Nationalparks Müritz an: Zwischen Groß Dratow und Kargow sind in den Feldern Dutzende Bauminseln erkennbar. An diesen Stellen verbergen sich nicht nur gewöhnliche Findlinge, sondern viele Großsteingräber. Für die Steinzeitmenschen hatte das Hügelland offenbar eine besondere Bedeutung. Auch heute kann man sich der Magie der stillen Feld- und Baumlandschaft schwer entziehen – ganz gleich zu welcher Jahreszeit.

Tour Nr. 24 beginnt an der **Kirche Groß Dratow** 01. Einen offiziellen Parkplatz gibt es hier leider nicht. Gegebenenfalls können Sie beim Restaurant „Schmiede 1860" parken, wenn Sie nach der Wanderung einkehren (*www.schmiede1860.de*). Oder Sie suchen einen Stellplatz an der Straße.

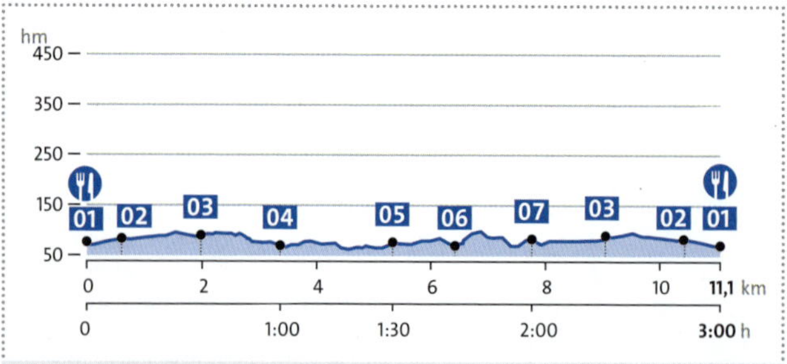

01 Kirche Groß Dratow, 74 m; 02 Y-Kreuzung, 81 m; 03 Rastplatz Charlottenhof, 83 m; 04 Kreuzung mit Picknicktisch, 73 m; 05 Kreuzung gegenüber vom ehemaligen Bahnhof Charlottenhof, 75 m; 06 Infotafel des Nationalparks, 72 m; 07 Infostelle über die Köhlerei, 82 m

Eine Augenweide: Diese Wanderung führt durch idyllische mecklenburgische Landschaft

Anfangs folgen wir dem Nationalparkweg „M". Dazu gehen wir an der Straßenkreuzung südlich der Kirche in die Neue Straße. Sie verläuft nach Süden. Schnell lassen wir den Ort hinter uns. Eine Weile marschieren wir geradeaus durch Felder, dann biegen wir an einer **Y-Kreuzung** 02 rechts ab und wandern südwestwärts über das offene Land.

Wir lassen ein Wäldchen links liegen und kommen nach ungefähr 1,5 km ab Y-Kreuzung zum **Rastplatz Charlottenhof** 03. Auf der Nationalpark-Infotafel lesen wir über die Geschichte des Ortes Hinnenberghe, der sich einst an dieser Stelle befand, und der ab 1800 Charlottenhof hieß. Die Grundmauern einiger Gebäude sind noch nördlich des Weges erkenn-

Das Geheimnis der Großsteingräber

In Norddeutschland treffen Wanderer vielerorts auf Großsteingräber, die volkstümlich als Hünengräber bezeichnet werden. Der Begriff „Hüne" lässt sich auf das mittelhochdeutsche Wort „hiune" und das niederdeutsche Wort „hûne" zurückführen und bedeutet „Riese". Noch im 17. Jh. war die Meinung verbreitet, Großsteingräber seien Gräber für Riesen. Später nahm man häufig an, es handele sich um Kult- oder Opferplätze. Heute weiß man, dass die meisten Großsteingräber Norddeutschlands tatsächlich der Bestattung dienten. Die Gräber, in denen öfter mehrere Menschen beigesetzt wurden, stammen aus der späten Jungsteinzeit (etwa 3500 und 2800 v. Chr.). Wer mit wem bestattet wurde, ist wissenschaftlich nicht geklärt: Möglicherweise handelt es sich um Familiengräber, aber auch um Gräber für einzelne Menschen mit gehobener gesellschaftlicher Stellung, die mitsamt Dienerschaft bestattet wurden. Als Grabbeigaben fanden Wissenschaftler oft Tongefäße und Schmuck.

Denkmalgeschützt: Die Kirche Groß Dratow wurde Ende des 13. Jh. aus Feldsteinen errichtet

bar, auf dem wir angekommen sind. Am Rastplatz Charlottenhof steht ein Wegweiser. Unser Weiterweg ist mit dem Symbol „Oranger Falke“ markiert und führt nach Norden. Am Wegweiser lesen wir: „Schwasdorf 2,5 km“. Davon absolvieren wir etwa 1,5 km bis zur **Kreuzung mit Picknicktisch** 04. Die Strecke wird von Feldgehölzen gesäumt, hinter ihnen verstecken sich mehrere Großsteingräber (siehe Kasten).

An der Kreuzung mit Picknicktisch folgen wir der Markierung „Oranger Falke“ nach links. Ein grasiger Pfad bringt uns entlang einer Baumreihe zum Peeneholz. Durch den Wald ist der Pfad etwas abenteuerlich, aber gut erkennbar.

Nachdem wir das Peeneholz westwärts verlassen haben, wandern wir durch Felder und Wiesen auf die Eisenbahnstrecke Waren-Neubrandenburg zu. Die Strecke existiert schon lange nicht mehr durchgängig. Nach Ende des Zweiten Weltkriegs wurden die Gleise zwischen Kargow und Neubrandenburg als Reperationsleistung abgebaut. Zwei Jahre später wurde der wiederaufgebaute Abschnitt von Kargow bis Möllenhagen in Betrieb genommen, doch bereits 1970 der Personenverkehr eingestellt. Heute wird die verbliebene Strecke nur für Güterverkehr genutzt. Zwischen Möllenhagen und Neubrandenburg verläuft auf dem ehemaligen Bahndamm ein Radweg.

Wir wandern entlang der Bahngleise südwestwärts bis zur **Kreuzung gegenüber vom ehemaligen Bahnhof Charlottenhof** 05. Hier biegen wir links ab und folgen dem sandigen Feldweg von der Eisenbahn weg. Wir orientieren uns am Symbol „Oranger Falke“. In den Baumgruppen links vom Weg verstecken sich erneut etliche Hügelgräber.

Wir erreichen eine **Infotafel des Nationalparks** 06 über den Hinbergsee. An dieser Stelle verlassen wir den „Orangen Falken“ und folgen stattdessen der Markierung „Roter Pilz“ südwärts. Nach wenigen Schritten teilt sich der Weg: Wer den Abstecher zum Hinbergsee machen will, geht den nichtmarkierten Weg geradeaus.

Wegpunkt 2: An der Y-Kreuzung wandern wir nach rechts Richtung Kargow und Federow

Bei der Löschwasserentnahmestelle kommt man direkt ans Wasser heran. Der Weiterweg führt nach rechts und ist mit dem Symbol „Roter Pilz“ gekennzeichnet.

Der Markierung folgend, halten wir uns zweimal links und kommen südlich des Hinbergsees zu einer **Infostelle über die Köhlerei** 07. Von da geht es noch ein Stück durch den Wald und anschließend übers freie Feld nordostwärts. Wo von rechts ein anderer Weg einmündet, halten wir uns links und erreichen alsbald den bekannten **Rastplatz Charlottenhof** 03. Der Rückweg über die **Y-Kreuzung** 02 zur **Kirche Groß Dratow** 01 ist identisch mit dem Hinweg.

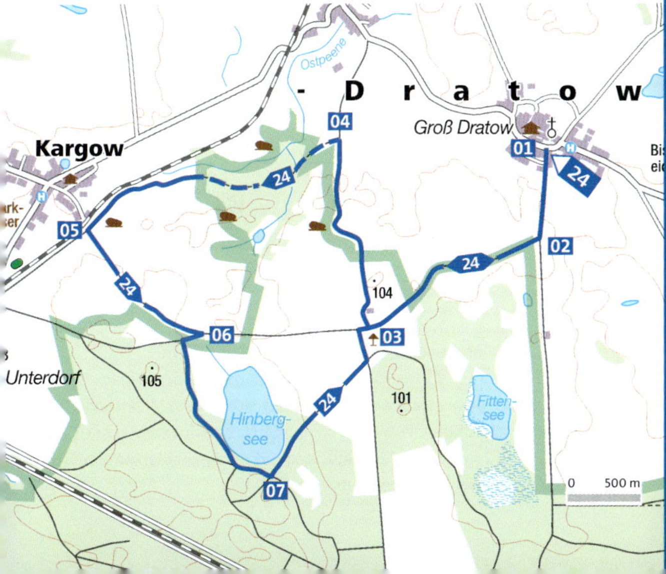

SCHWARZENHOF UND HOFSEE

Vogelbeobachtung im Nationalpark – eine längere und eine kürzere Variante

15,7 km | 4:00 h | 57 hm | 57 hm | 865

START | Federow, 73 m, Nationalpark-Information
[GPS: UTM Zone 33U x: 351.307 m y: 5.928.382 m]
CHARAKTER | Diese Rundwanderung ist so konzipiert, dass sie verkürzt möglich ist. In diesem Fall lassen wir die Umrundung des Hofsees weg und sparen mehr als 3 km. Trotzdem sind die Chancen gut, Greif- und Wasservögel zu beobachten. Achtung: Zwischen 1.9. und 31.10. ist der Wanderweg „Rotes Eichhörnchen" täglich ab 16 Uhr gesperrt! Es ist die Zeit des herbstlichen Kranichzugs. Beachten Sie auch, dass in den Seen auf dieser Tour das Baden verboten ist! Eine Einkehr ist im Nationalparkhotel Kranichrast in Schwarzenhof möglich.

Unsere Rundwanderung beginnt an der **Nationalpark-Information** 01 in Federow, wo sich ein großer Parkplatz befindet. In der Nationalpark-Information können wir uns über die Angebote des Nationalparks schlaumachen, zum Beispiel über die Führungen während

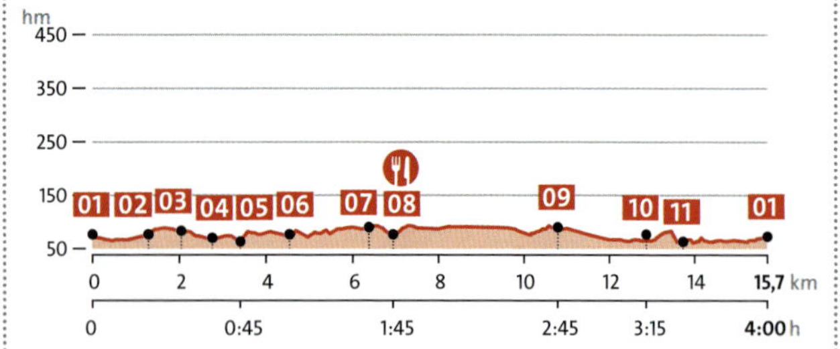

01 Nationalpark-Information, 73 m; 02 Am Waldrand, 76 m; 03 T-Kreuzung, 78 m; 04 Beobachtungsstand Rederangsee, 65 m; 05 Sichtschirm Warener Hauswiesen, 65 m; 06 Sichtschirm Melkstand, 70 m; 07 Teilung des „Eichhörnchenwegs", 89 m; 08 Nationalparkhotel Kranichrast, 75 m; 09 Jankersee, 77 m; 10 Standort der Fischadlerkamera, 70 m; 11 Beobachtungsstand Hofsee, 64 m

Etwas abseits der Route: Das Hotel und Restaurant im ehemaligen Gutshaus Federow war im Frühjahr 2023 leider geschlossen

des herbstlichen Kranichzugs. Kraniche gelten als Glücksboten. Etwa 175.000 der eleganten Zugvögel rasten jedes Jahr in Mecklenburg-Vorpommern. Ihr typischer Ruf stärkt die Bindung unter den Tieren.

Wir folgen der Markierung „Rotes Eichhörnchen“ Richtung Ortsmitte und biegen vor der frühgotischen Feldsteinkirche rechts ab. Ungefähr 200 m weiter verlassen wir die Fahrstraße in einen Schotterweg. Wir wandern südwärts über das offene Land. Mit viel Glück kann man über den Wiesen Fischadler (*Pandion haliaetus*) und Seeadler (*Haliaeetus albicilla*) beobachten.

Am Waldrand 02 führt der Nationalparkweg „M“, der uns bis hierher gemeinsam mit dem „Roten Eichhörnchen“ begleitete, nach rechts. Der „Eichhörnchenweg“ setzt sich sowohl nach links als auch geradeaus fort – wir gehen geradeaus! Nach knapp 200 m folgen wir im Wald einem Pfad nach rechts. Der „Eichhörnchenweg“ kreuzt einen Forstweg und mündet wenig später in den Nationalparkweg „M“. An dieser **T-Kreuzung** 03 biegen wir links ab.

An der nächsten Kreuzung zweigt rechts ein Pfad zum **Beobachtungsstand Rederangsee** 04 ab. Hier kann man gut Wasservögel beobachten. Auch die Kraniche bevorzugen die seichten Uferzonen des Sees als Übernachtungsplätze. Im Frühjahr ziehen die Tiere zu ihren Brutplätzen im Norden, im Herbst in ihre südlichen Winterquartiere. Ein besonderes Naturschauspiel bietet sich am frühen Morgen, wenn die Kraniche zu ihren Futterplätzen in der Umgebung aufbrechen, und bei Sonnenuntergang, wenn sie an den See zurückkommen.

Gute Beobachtungsmöglichkeiten bestehen auch nahe der vorigen Kreuzung, zu der wir vom Beobachtungsstand aus zurückkehren. Wir folgen der Markierung „Rotes Eichhörnchen“ sowie dem Nationalparkweg „M“ nach rechts und spazieren zum **Sicht-**

Adlerauge sei wachsam: Wer aufmerksam ist und Glück hat, kann auf dieser Wanderung die seltenen Fischadler beobachten

schirm Warener Hauswiesen 05. Hinter der Holzwand kann man sich gut „verstecken", um Kraniche und andere Vögel zu beobachten. Nach etwa 1 km gibt es einen weiteren Sichtschirm, den **Sichtschirm Melkstand** 06.

Nun folgen wir den Markierungen „Rotes Eichhörnchen" und „M" nach links. Im Zickzack geht's am Waldrand entlang und anschließend nach links in den Wald hinein. Dort treffen wir auf die **Teilung des „Eichhörnchenwegs"** 07. Nach links führt unser Rückweg Richtung Federow, geradeaus geht's nach Schwarzenhof zum **Nationalparkhotel Kranichrast** 08 – jedenfalls für alle Wanderer, die dort einkehren und die Infostelle des Nationalparks besuchen wollen. Am Hotel beginnt übrigens Tour 23.

Für den ersten Teil des Rückwegs ab Teilung des „Eichhörnchenwegs" vertrauen wir den Markierungszeichen, die uns zuerst auf einem breiteren Weg, danach auf einem teilweise schmalen Pfad nordwestwärts, später mehr nach Norden leiten. Am idyllischen **Jankersee** 09 legen wir eine Pause ein. Anschließend folgen wir dem „Roten Eichhörnchen" nochmals für etwa 700 m und erreichen die bekannte Kreuzung **Am Waldrand** 02.

Wir biegen rechts ab und laufen ein Stück des Hinwegs, freilich in entgegengesetzte Richtung. Wer sich für die verkürzte Variante der Wanderung entscheidet, spaziert gleich zurück zur Nationalpark-Information. Alle anderen Wandersleute folgen beim „hölzernen Förster" der Straße nach rechts. Nach etwa 600 m zweigt rechts ein kurzer Stichweg zum **Standort der Fischadlerkamera** 10 ab. Auf den Strommasten brüten seit den 1980er Jahren Fischadler. Eine fest installierte Kamera filmt die Adlerhorste und überträgt die Aufnahmen in die Nationalpark-Information Federow, wo man sie in aller Ruhe ansehen kann.

Passenderweise ist unser Weg mit dem Symbol „Fischadlerkopf" markiert. Wenige Meter östlich vom Standort der Fischadlerkamera zweigt er links von der Straße ab und verläuft in einem Linksbogen Richtung Hofsee. Wir treffen auf den Weg „Brauner Rohrkolben“ und folgen im nach rechts zum **Beobachtungsstand Hofsee** 11. Auch hier kann man sehr gut Wasservögel und Greifvögel studieren.

Nun wandern wir auf dem Weg „Brauner Rohrkolben“ zur Hälfte um den Hofsee herum. Wir treffen auf die Straße und folgen dem sie begleitenden Fuß- und Radweg nach links bis zum Parkplatz. Entweder gehen wir direkt zum Auto oder über den Parkplatz zur **Nationalpark-Information** 01. Gleich nebenan lädt die kleine Kneipe „Bunte Kuh“ zu einer abschließenden Einkehr ein (*www.diebuntekuh.com*).

Watch out: Der Beobachtungsstand Hofsee ist einer von mehreren Beobachtungsständen auf dieser Tour

UMS TEUFELSBRUCH ZUM MÜRITZHOF

Eine Tour im Müritz-Nationalpark, wo sich Kultur- und Naturlandschaft vereinen

14,9 km | 4:00 h | 37 hm | 37 hm | 865

START | Waren, 67 m, Parkplatz Nationalparkeingang Waren [GPS: UTM Zone 33U x: 346.694 m y: 5.930.046 m]
CHARAKTER | Auf unserer Wanderung erleben wir den Warnker See, ein Paradies für Wasservögel (und deshalb auch für Ornithologen). Wir genießen die offene Kulturlandschaft rund um die sumpfige Niederung Teufelsbruch sowie die angrenzenden Wälder mit alten Baumbeständen. Die Landschaft ist durch naturnahe Weidewirtschaft entstanden, die dank des Müritzhofs Bestand hat: Der Landschaftspflegehof mit alten Nutztierrassen wird vom Lebenshilfswerk bewirtschaftet. Lassen Sie sich Zeit für die Einkehr in der Hofschenke. Diese Tour ist von Frühjahr bis Herbst empfehlenswert. Tipp: Fernglas mitnehmen!

Wir beginnen unsere Wanderung am kostenfreien **Parkplatz Nationalparkeingang Waren** 01. Sie finden ihn südlich der Landenge zwischen der Binnenmüritz und dem Feisnecksee an der Specker Straße. Bitte beachten Sie die Infotafeln des Nationalparks! Am Parkplatz ist der Müritzhof ausgeschildert. Das Symbol „Lila Glockenblume" weist uns den Weg, dessen erstes Stück mit Tour 28

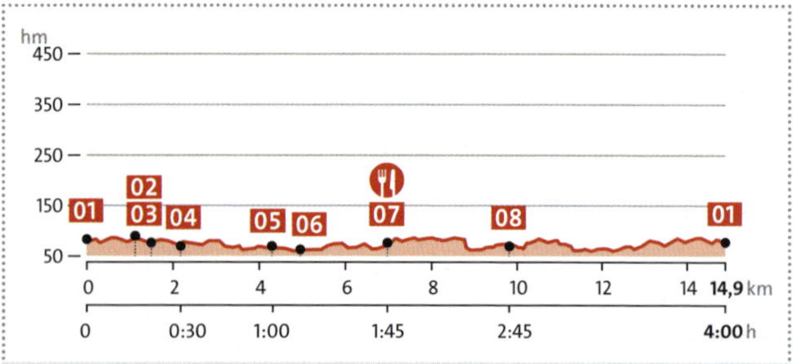

01 Parkplatz Nationalparkeingang Waren, 70 m; 02 Kreuzung, 81 m; 03 Pension Fledermaus, 72 m; 04 „M-Weg", 71 m; 05 Beobachtungshütte Nr. 1, 61 m; 06 Waldkante, 64 m; 07 Müritzhof, 74 m; 08 Beobachtungshütte Nr. 2, 72 m

Wie ein Landschaftspark: Durch Beweidung entstand rund um den Müritzhof eine einzigartige Szenerie

gleich ist. Wo die Markierungszeichen „Rotes Eichhörnchen" und „Brauner Hase" nach rechts abzweigen, gehen wir geradeaus. An der folgenden **Kreuzung** 02 kommen wir gegen Ende der Wanderschaft von links an – jetzt gehen wir nach rechts.

Ungefähr 400 m weiter erreichen wir die **Pension Fledermaus** 03. Wir gehen direkt am Gebäude vorbei und blicken erstmals auf das Teufelsbruch, eine sumpfige Niederung mit einem moorigen Areal mittendrin. Früher wurde im vermoorten Bereich, den man aus der Ferne nur erahnen kann, Torf gestochen. Die Beweidung ringsum sorgte über Jahrhunderte für eine offene Landschaft mit markanten Solitärbäumen sowie auffälligen Baumgruppen. Mit dem Teufelsbruch zur linken und dem Wald zur rechten Hand vertrauen wir weiterhin dem Zeichen „Lila Glockenblume".

Wo der **„M-Weg"** 04 von rechts einmündet, folgen wir ihm sowie der „Lila Glockenblume" geradeaus. Wir bleiben also am Waldrand. Auf dem Marsch zur reichlich 2 km entfernten **Beobachtungshütte Nr. 1** 05 dürfen Sie die uralten Korbweiden nicht übersehen: Diese auffälligen Bäume entstanden durch regelmäßigen Beschnitt ihrer Äste, welche für die Korbmacherei verwendet wurden. Sie sind ein prägendes Element der Kulturlandschaft.

Der Warnker See ist ein Paradies für Wasservögel. Von den Beobachtungshütten aus kann man fast immer Kormorane sowie verschiedene Entenvögel erspähen. Ein Fernglas ist hilfreich.

Etwa 700 m nach der Beobachtungshütte müssen Sie gut aufpassen: An einer **Waldkante** 06 zweigt der mit dem Symbol „Oranges Reh" markierte Pfad ab. Wir dürfen ihn zwischen September und Februar benutzen, um zum **Müritzhof** 07 zu wandern. In den Monaten März bis August müssen wir stattdessen noch ein Stück auf dem „M-Weg" zurücklegen und den breiten Zufahrtsweg zum Müritzhof laufen. Er zweigt

Im Überflug: Von den Beobachtungshütten am Warnker See aus kann man den Kormoranen bei ihren waghalsigen Flugmanövern zusehen

bei nächster Gelegenheit nach rechts ab, der Müritzhof ist ausgeschildert.

In der einstigen Ziegelei Müritzhof betreibt das Lebenshilfswerk einen Landschaftspflegehof. Ringsum grasen Fjällrinder, Gotlandschafe und Shetlandponys und sorgen dafür, dass die liebliche Kulturlandschaft durch naturnahe Beweidung erhalten bleibt. In der Hofschänke des Müritzhofs (*www.müritzhof.de/landschaftspflegehof*, geöffnet von April bis Oktober) kann man sehr gut essen: Es gibt Spezialitäten wie Lammbratwürste oder Rindergulasch aus eigener Produktion, täglich frisches Brot und selbstgebackene Kuchen. Leckeres Gemüse stammt aus der Hofgärtnerei. Bierliebhaber dürfen sich über das prämierte Bier der Rostocker Brauerei Stoertebeker freuen.

Extra-Tipp: Am Müritzhof starten geführte naturkundliche Wanderungen, zum Beispiel Orchideen-Exkursionen im Frühjahr, ornithologische Streifzüge im Sommer oder die Enzian-Suche im Herbst. Bei Interesse informieren Sie sich beim Nationalpark-Service Müritz unter Telefon 03991-668843 oder im Web: *www.nationalpark-service.de*.

Vom Müritzhof wandern wir auf der Zufahrtsstraße zurück. An der Kreuzung mit dem „M-Weg" schreiten wir geradeaus und folgen der Markierung „Lila Glockenblume". Unser Weg führt mit etwas Abstand zum Ostufer des Warnker Sees nordwärts. An der Nordspitze des Sees steht die **Beobachtungshütte Nr. 2** 08, die wir über einen kurzen Stichweg erreichen.

Zurück zum Hauptweg: Nachdem wir ihm noch etwa 400 m gefolgt sind, biegen wir links ab und wandern am Rande des Teufelsbruchs. Weichen Sie nicht von der Markierung „Lila Glockenblume" ab! Nach etwa 3 km führt sie rechts in den Wald hinein und zur **Kreuzung** 02. Von da gehen wir auf bekannter Strecke zurück zum **Parkplatz Nationalparkeingang Waren** 01.

AREN
(Müritz)
Goldene Kugel
St. Marien
Kiebitzberg
72
PAPENBERG
80
nenmüritz
Wopacksee
Kirchtann
Seehotel "Ecktannen"
Feisneck-
see
Burgwall-
insel
01 Hotel Nationalpark
Warener
tannen
Stadtfor
79
rener
dtforst
Kessel-
moor
02
Rehberg
77
84
nnen
03
Am Dammfeld
Wien-
pietsch-
seen
04
Moorsee
Federov
08
Warnker
See
05
06
Ziegenberg
74
gesperrtes
Gewässer
74
Spukloch
07
0
500 m
26

DER EISZEITLEHRPFAD TIEFWARENSEE

Abwechslungsreiche Runde um Warens „Zweitsee“

9 km 2:30 h 47 hm 47 hm 865

START | Waren (Müritz), 76 m, Parkplatz am Friedhof
[GPS: UTM Zone 33U x: 347.229 m y: 5.932.060 m]
CHARAKTER | Waren liegt an der Müritz, das ist weithin bekannt. Dass die Stadt auch an einen anderen großen See grenzt, bemerken viele Touristen gar nicht. Mit 2,6 km Länge und bis zu 800 m Breite ist der Tiefwarensee keinesfalls klein, im Schatten der Müritz wirkt er höchstens so. Rund um den See kann man bequem wandern und sich dabei über die Eiszeit schlaumachen – der Eiszeitlehrpfad Tiefwarensee macht's möglich. Außerdem bietet die leichte Tour Gelegenheiten zum Einkehren, Baden und Bootsfahren.

Wenn Sie von außerhalb nach Waren anreisen, stellen Sie ihr Auto auf dem **Parkplatz am Friedhof** 01 ab. Urlaubsgäste, die in Waren übernachten, können den Einstieg in die Runde selbstverständlich auch an anderer Stelle wählen.

Vom **Parkplatz am Friedhof** 01 gehen wir auf der Schützenstraße stadteinwärts, links von uns der Schweriner Damm (mehrspurige Bundesstraße), rechts der Friedhof. Gegenüber vom Friedhofsportal steht eine **Infotafel über den**

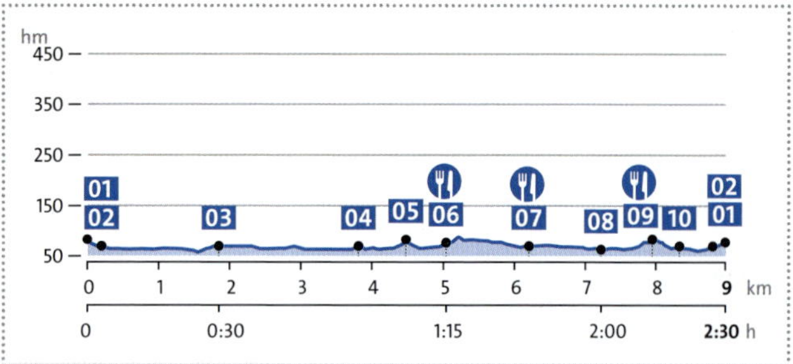

01 Parkplatz am Friedhof, 77 m; 02 Infotafel über den Eiszeitlehrpfad, 74 m; 03 Badestelle Schwalbenberg, 67 m; 04 Rastpavillon an der Wolfsschlucht, 67 m; 05 Aussichtsturm, 70 m; 06 Seebalkon, 67 m; 07 Bungenberg, 68 m; 08 Rastbank mit Seezugang, 64 m; 09 Schaugarten, 68 m
10 Bootsverleih, 64 m

Auftakt: Von der Eiskellerterrasse bietet sich ein schöner Ausblick auf den Tiefwarensee und die Stadt Waren

Eiszeitlehrpfad 02, dem wir heute folgen. Wir biegen rechts ab und spazieren über den Parkplatz und gen Norden. Von der teilweise ziegelummauerten Eiskellerterrasse bietet sich ein erster schöner Ausblick auf den Tiefwarensee und die Stadt Waren.

Wir wandern mehr als 1 km auf dem Hochufer nordostwärts, vorbei am Neuen Friedhof und am Nordfriedhof. Beim Schild „Werder Siedlung" biegen wir links ab und gehen leicht abwärts zur Brücke über den Kanal zwischen Tiefwarensee und Melzer See. Nach etwa 150 m halten wir uns links. Über einen Parkplatz erreichen wir die von Einheimischen gern genutzte **Badestelle Schwalbenberg** 03.

Bei den Schildern am Rand der kleinen Liegewiese setzt sich unser Weg fort. Er führt am überwiegend bewaldeten Ufer entlang – rechts abzweigende Wege interessieren uns nicht. Nach etwa 2,1 km ab Badestelle Schwalbenberg kommen wir zum **Rastpavillon an der Wolfsschlucht** 04. Hier kann man den Endmoränenzug erklimmen.

Wir bleiben jedoch auf dem Uferweg, überqueren den Stadtgraben und biegen nach ungefähr 300 m rechts ab: Ein schmaler und manchmal recht feuchter Pfad führt uns zum **Aussichtsturm** 05, von dem sich ein attraktives Panorama auf den Tiefwarensee und die Umgebung bietet. Eine Ruhebank lädt zum Verweilen ein.

Zurück am Uferweg: Wir wandern nach rechts und entdecken einen Seezugang. Bequemer ins Wasser kommen wir am **Seebalkon** 06 vor dem Hotel „Amsee" (*www.hotel-amsee.net*).

Nun folgen wir dem beschaulichen Uferpfad südwärts, eine Weile verläuft er neben der Straße. Etwa 800 m nach dem Seebalkon wandern wir über die Pommersche Wiese, danach kommen wir zum **Bungenberg** 07. Hier

Ein Bisschen wie Holland: Wer im Frühjahr den Schaugarten am Hotel Tiefwarensee besucht, erlebt ihn in voller Blüte

können wir am Seeufer rasten und die Füße ins Wasser stecken. Wer etwas essen oder trinken möchte, kann einen Abstecher zum Hotel und Restaurant Paulshöhe machen (beschildert, *www.hotel-paulshoehe.de*).

Wir bleiben auf dem Seerundweg und erreichen bald die ersten Häuser von Waren. Nach dem AWO-Pflegeheim, das sich in Sichtweite des großen Müritz-Klinikums befindet, gibt es eine **Rastbank mit Seezugang** 08. Nebenan liegt der Hafen des Müritz-Sportclubs. Etwa 100 m nach der Rastbank, in Höhe der Kindertagesstätte, biegen wir links ab, sodass wir hinter dem Gelände des Müritz-Sportclubs entlanggehen. Wir umrunden die umzäunte Freilichtbühne auf der Seeseite. Soweit möglich, nutzen wir den ufernächsten Weg und kommen am Parkplatz des Hotels Tiefwarensee heraus (*www.hotel-am-tiefwarensee.de*).

Wir spazieren zwischen Haupthaus und Restaurant-Gebäude zum **Schaugarten** 09. Der kleine botanische Garten mit Schaugewächshäusern wird vom Lebenshilfswerk Waren gepflegt. Es sind interessante subtropische Pflanzen zu sehen, der Besuch lohnt sich. Geöffnet ist der Schaugarten täglich ab 10 Uhr, zwischen April und September bis 17 Uhr, von Oktober bis März bis 16 Uhr. Die Eintrittsgebühr kommt der weiteren Pflege des Gartens zugute.

Nach dem Besuch des Schaugartens laufen wir wenige Meter auf der geteerten Hotel-Zufahrt und biegen dann halblinks in einen Fußweg ein. Beim Sportplatz steigen wir die Treppen hinab und halten uns rechts zum **Bootsverleih** 10. Wer Zeit und Muße mitbringt, sollte sich eine Bootspartie nicht entgehen lassen.

Mit den Bahngleisen zur rechten und dem Südufer des Tiefwarensees zur linken Hand laufen wir vom Bootsverleih bis zum **Parkplatz am Friedhof** 01. Die Strecke ist kaum länger als 600 m und führt uns an der wohlbekannten **Infotafel über den Eiszeitlehrpfad** 02 vorüber.

JÄGERHOF
Holz
107
Draisinenbahn
Warener
Buchen
97
NEU FALKENHAGEN
RÜGEBAND
Stadtgraben
Hotel Amsee
05
06
04
Zum Reiterhof
Amsee
108
NSG
Werder
92
Waren
27
Paulshöhe
07
Tief-
waren
WERDER-SIEDLUNG
Melzer-see
Draisinenbahn
Draisinenfahrten
08
03
84
Schloss Weinberg
Zum Klönpott
Schau-garten
Wellen-café
Müritzeum
Marine-museum
09
10
Radlon
02
01
WAREN
(Müritz)
Goldene Kugel
St. Marien
Kiebitzberg
72
PAPENBERG
80
Binnenmüritz
Wopacksee
Feisneck-
Burgwall-insel
Hotel Nationalpark
Seehotel "Ecktannen"
CampingPlatz Ecktannen
Warener
79
0
500 m

KESSELMOOR WIENPIETSCHSEEN

Nationalpark-Tour zu den Moorseen und zur Müritz mit dem Beobachtungsstand Schnakenburg

10,3 km 2:45 h 33 hm 33 hm 865

START | Waren, 67 m, Parkplatz Nationalparkeingang Waren [GPS: UTM Zone 33U x: 346.692 m y: 5.930.042 m]
CHARAKTER | Am Stadtrand von Waren entdecken wir ein wunderschönes Stückchen Natur. Die leichte, vielfältige Wanderung zu den Wienpietschseen und zum Beobachtungsstand Schnakenburg an der Müritz ist ein idealer Einstieg in die Welt des Nationalparks. Zudem ist sie die einzige Tour, während der wir ein längeres Stück am Müritzufer entlangwandern. Nach etwa zwei Drittel der Runde gibt es mehrere Einkehrmöglichkeiten sowie eine beliebte Badestelle. Die Wanderung eignet sich aber auch für kalte Tage.

Unsere Wanderung beginnt am kostenfreien **Parkplatz Nationalparkeingang Waren** 01. Er befindet sich südlich der Landenge zwischen der Binnenmüritz und dem Feisnecksee an der Specker Straße. Am Parkplatz lesen wir die Infotafeln des Nationalparks, dann geht's los. Wir orientieren uns an den Symbolen „Rotes Eichhörnchen" und „Brauner Hase". Etwa 150 m nach Ende des Parkplatzes führen die Markierungen nach rechts (geradeaus verläuft der Weg „Lila Glockenblume" – unsere Tour 26). Auf breitem Forstweg wandern wir

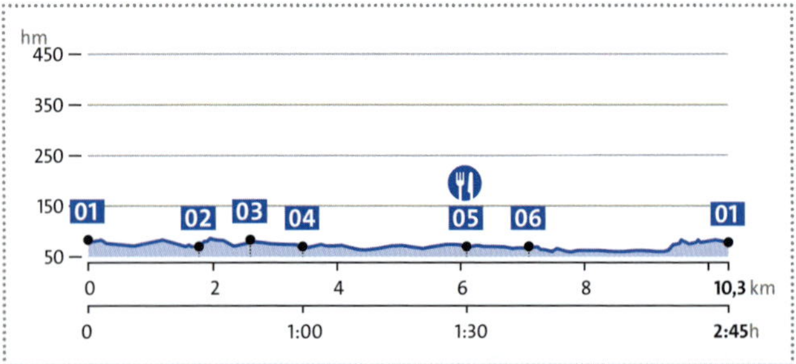

01 Parkplatz Nationalparkeingang Waren, 70 m; 02 Picknickplatz, 72 m; 03 Kreuzung, 79 m; 04 Beobachtungsstand Schnakenburg, 61 m; 05 Waldschenke, 65 m; 06 Badestelle Ecktannen, 66 m

etwa 1,5 km lang in südsüdwestliche Richtung. An einer Kreuzung fallen vier alte Grenzsteine auf – wir marschieren geradeaus über den Doktorberg. Schließlich treffen wir auf den nördlichen der Wienpietschseen, folgen mit etwas Abstand seinem Ostufer und kommen zu einem schönen **Picknickplatz** 02 mit Tisch und Bänken.

Die Wienpietschseen sind die Überreste einer eiszeitlichen Schmelzwasserrinne: eine Geländevertiefung, in der das Schmelzwasser des Gletschers floss. Die Stillgewässer haben weder Zu- noch Abflüsse. Um sie herum hat sich ein Kesselmoor gebildet – das einzige im Westteil des Nationalparks Müritz. Kesselmoore sind typische Landschaftselemente in eiszeitlichen Landschaften (siehe auch „Das Gebiet“, Seite 12)

Am Picknickplatz verlassen wir die markierten Wege: Wir biegen rechts ab und spazieren auf einem Holzsteg zwischen den Wienpietschseen hindurch. Der kleinere nördliche See ist ungefähr 150 mal 80 Meter groß, der größere südliche See etwa 200 mal 85 Meter. Beide haben eine markante ovale Form, die auf die eiszeitliche Entstehung zurückzuführen ist.

Wo der Steg endet, folgen wir dem Ufer des südlichen Sees und treffen auf einen weiteren Holzsteg. Er führt uns um den größeren See herum, bis wir auf das „Rote Eichhörnchen“ und den „Braunen Hasen“ stoßen. Wir folgen den markierten Wegen nach rechts bis zu einer nahen **Kreuzung** 03, an der sich beide trennen. An dieser Kreuzung nehmen wir den rechten Weg mit dem Symbol „Rotes

Ausblick vom Beobachtungsstand Schnakenburg: An einem ungewöhnlich kühlen Augusttag zeigt sich die Müritz von ihrer rauen Seite

Eichhörnchen". Nach etwas mehr als 1 km Fußmarsch liegt der **Beobachtungsstand Schnakenburg** 04 vor uns. Vom Beobachtungsstand haben wir einen ausgezeichneten Ausblick auf die Müritz.

Nachdem wir den schönen Ort genossen haben, gehen wir ein paar Schritte zurück zur Kreuzung vorm Beobachtungsstand und biegen links ab. Somit folgen wir dem Uferweg entlang der Müritz, der mit dem Symbol „M" als der Nationalparkweg sowie weiterhin mit dem „Roten Eichhörnchen" gekennzeichnet ist. Zirka 1,6 km nach der Nationalparkgrenze kommen wir zur **Waldschenke** 05, wo wir uns für den Rest des Weges stärken können. An der Waldschenke gibt es einen Schiffsanleger der Blau-weißen Flotte, an dem die Linienschiffe halten.

Nur 100 m nach der Waldschenke bleiben wir auf dem ufernahen Nationalparkweg „M" und erreichen nach weiteren 800 m die **Badestelle Ecktannen** 06. Der beliebte Badeplatz hat einen sandigen Strand. Kiefern sorgen für Schatten auf der Liegewiese.

Auch ohne auf die Markierungen „M" und „Rotes Eichhörnchen" zu achten, ist der weitere Weg leicht zu finden, denn es geht immer am Ufer entlang. Dabei passieren wir weitere Einkehrmöglichkeiten: das Bistro Ecktannen (rechts vom Weg) sowie das Restaurant Seebad (vormals „See- und Sonnenbad" sowie „Sealounge"). Danach treffen wir auf eine weitere Anlegestelle der Blau-weißen Flotte und den Treppenaufgang zum Seehotel Ecktannen. Wir bleiben auf dem Uferweg und spazieren vorbei an Villen. An mehreren Stellen eröffnen sich Ausblicke auf die Stadt Waren und die Müritz.

Nahe beim Yachthafen treffen wir auf die Straße Am Seeufer, welche in die Specker Straße übergeht. Wir laufen nach rechts und kommen nach ungefähr 500 m entlang der Straße am **Parkplatz Nationalparkeingang Waren** 01 an.

WUMMSEE UND KAPELLENSEE

Durch das Naturschutzgebiet Wummsee und Twersee sowie um den Kapellensee

11,8 km 3:15 h 69 hm 69 hm 865

START | Grüne Hütte (Flecken Zechlin), 61 m, Wanderparkplatz [GPS: UTM Zone 33U x: 353.663 m y: 5.894.963 m]
CHARAKTER | Die naturnahe Tour ist zu jeder Jahreszeit schön und bietet viel Ruhe und Erholung. Ein Großteil des gut markierten Wegs verläuft durch das Naturschutzgebiet Wummsee und Twersee. Im NSG dürfen wir die Wanderwege nicht verlassen. Bitte beachten Sie ebenfalls das Betretungsverbot für manche Wege – die Natur wird es Ihnen danken! Unterwegs gibt es Bade-, aber keine Einkehrmöglichkeiten.

Entlang des Nordufers des Großen Wummsees verläuft die Grenze zwischen Mecklenburg-Vorpommern und Brandenburg. Während wir das klare Gewässer umrunden, wandern wir deshalb in zwei Bundesländern.

Wir starten am **Wanderparkplatz Grüne Hütte** 01, den wir über die Verbindungsstraße von Flecken Zechlin nach Luhme erreichen. Ein paar Meter der Straße nach Richtung Luhme, dann zweigt der mit dem „grü-

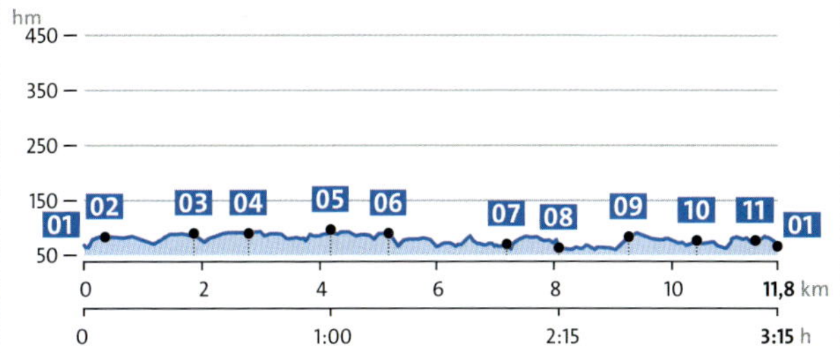

01 Wanderparkplatz Grüne Hütte, 65 m; 02 Badestelle Großer Wummsee, 73 m; 03 Kreuzung Fünfstern, 87 m; 04 Aussichtspunkt, 70 m; 05 Rastplatz, 80 m; 06 Holzsteg, 84 m; 07 Maronstein, 73 m; 08 Seezugang mit Ausblick, 66 m; 09 Straße, 86 m; 10 Hotel „Landhaus Sieben Wasser“, 75 m; 11 Badestelle Kapellensee, 69 m

Still ruht der See: In diesem Falle ist es der Große Wummsee, um den wir herumwandern

nen Punkt“ markierte Wummsee-Rundweg links ab.

Ihm folgen wir erst einmal für knapp 100 m und machen nach links einen Abstecher an die **Badestelle Großer Wummsee** 02, von der wir den schönen Blick auf den glasklaren Natursee genießen. Er ist an dieser Stelle sehr seicht, was den Einstieg ins Wasser leider etwas erschwert. Von der Badestelle aus wäre es theoretisch möglich, am Ufer weiterzugehen, doch der Pfad entlang des Ostufers ist aus Naturschutzgründen gesperrt. Deshalb gehen wir zurück zum markierten Wummsee-Rundweg und folgen ihm nordwärts in etwas Abstand zum Seeufer durch den Wald. Der angenehme Weg überquert die Landenge zwischen Großem Wummsee und Twernsee und trifft auf die **Kreuzung Fünfstern** 03 (am Wegweiser als „Abzweig Diemitz“ bezeichnet). Vom Parkplatz haben wir etwa 1,9 km zurückgelegt – inklusive 200 m Abstecher zur Badestelle.

Wir folgen dem Wegweiser „Kleiner Wummsee 1,7 km“. Nun wandern wir nah am Nordufer westwärts – wir haben Brandenburg verlassen und befinden uns in Mecklenburg-Vorpommern. Ungefähr 900 m ab Kreuzung Fünfstern kommen wir an einen **Aussichtspunkt** 04. Von da folgen wir beständig dem Ufer, die Markierung „grüner Punkt“ hilft uns. Beinah am Westende des Großen Wummsee lädt ein **Rastplatz** 05 zu einer Pause ein. Von hier blicken wir auf die Inseln Großer Horst und Kleiner Horst.

Vom Rastplatz legen wir gut 1 km auf dem Wummsee-Rundweg zurück, dann zweigen wir ab und nutzen einen **Holzsteg** 06, um trockenen Fußes das Westufer des Kleinen Wummsees zu umrunden. Schwups sind wir wieder in Brandenburg. Nach zirka 300 m, der Steg liegt hinter uns, folgen wir der Markierung „grüner Punkt“ nach links. Nun wandern wir in Kurven und mit leichtem Auf und Ab ostwärts. Nach einer Bachquerung geht es nach

Baden fast am Schluss: Der gepflegte Badeplatz am Kapellensee lädt nach der Wanderung zum Verweilen ein

links. Wir erreichen erneut das Ufer des Großen Wummsees. Einige Minuten später macht der Weg eine Schlaufe nach links. Wir kommen zum **Maronstein** 07, ein Denkmal für den königlichen Oberförster Louis Maron. Unterhalb gibt es einen Seezugang.

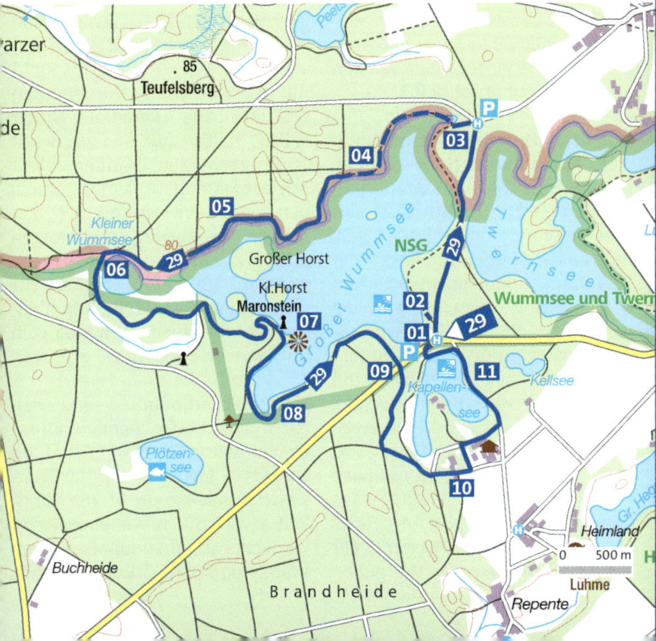

Entdeckt: Die Graugans mit ihren flauschigen Jungtieren brütet am Ufer des Großen Wummsees

Wir orientieren uns wie gehabt am „grünen Punkt" und folgen dem Ufer des Großen Wummsees – zuerst Richtung Südosten, dann nach Südwesten und Süden. Im südlichsten Zipfel des Sees gibt es einen weiteren **Seezugang mit Ausblick** 08.

Nun verläuft der Wummsee-Rundweg nordostwärts am Seeufer, bevor er sich von ihm entfernt und nach Süden zur **Straße** 09 strebt. Wer die Wanderung abkürzen will, geht an der Straße nach links – der Parkplatz ist den sprichwörtlichen Katzensprung entfernt. Für die vollständige Runde folgen wir weiter der Markierung „grüner Punkt", überqueren also die Straße und wandern südwärts durch den Wald. Dabei ignorieren wir alle abzweigenden Pfade. Erst nach etwa 600 m halten wir uns auf dem Waldweg nach links. Nach der Waldpassage kommen wir zum schicken **Hotel „Landhaus Sieben Wasser"** 10 (*www.siebenwasser.de*). Wir gehen auf dem Zufahrtsweg ein Stückchen gerade und biegen bei einer Rastbank und einer Infotafel über Greifvögel links ab (Wegweiser: „Parkplatz Grüne Hütte 1,3 km").

Auf dem beschilderten Wanderweg Richtung „Parkplatz Grüne Hütte" halten wir uns nach gut 200 m rechts und wandern nördlich der Feriendaussiedlung durch den Wald. Wir treffen auf den breiten Pappelweg und folgen dieser Fahrstraße nach links. Nach ungefähr 400 m erreichen wir die sehr schöne **Badestelle Kapellensee** 11 mit etlichen Ruhebänken im Schatten der Bäume.

Nach der erholsamen und vielleicht auch erfrischenden Pause bleiben wir noch etwa 400 m am Seeufer – auch da, wo der markierte Rundweg zur Straße führt. Erst etwa 200 m weiter zweigen wir rechts ab zum unübersehbaren **Wanderparkplatz Grüne Hütte** 01.

NEBELSEE UND LANGHAGENSEE

Zwei Bundesländer, zwei Rundwege und eine feine Auswahl an Bademöglichkeiten

12,8 km | 3:30 h | 45 hm | 45 hm | 865

START | Sewekow-Feriensiedlung, 67 m, Gaststätte zur Blockhütte [GPS: UTM Zone 33U x: 344.357 m y: 5.902.288 m]
CHARAKTER | Eine bequeme, leichte Wanderung auf naturbelassenen Pfaden und Wegen. Sie ist ideal für den Sommer, da sie zumeist durch Wald verläuft und es am Nebelsee und am Langhagensee mehrere gute Badeplätze gibt. Vergessen Sie also nicht, ihre Badesachen in den Rucksack zu packen! Für lauffreudige Kinder ist die Runde empfehlenswert, sofern sie sich für Naturabenteuer mehr begeistern als für Spielplätze. Als Fahrradtour eignet sich die Wanderung nicht. Einkehr ist nach zwei Drittel der Runde und am Schluss möglich.

Wir starten an der **Gaststätte zur Blockhütte** 01 am Rande der Feriensiedlung Sewekow in Brandenburg und laufen zurück zur Kreisstraße. Auf dem asphaltierten Fuß- und Radweg gehen wir nach links, also Richtung Sewekow, bald in etwas Abstand zur

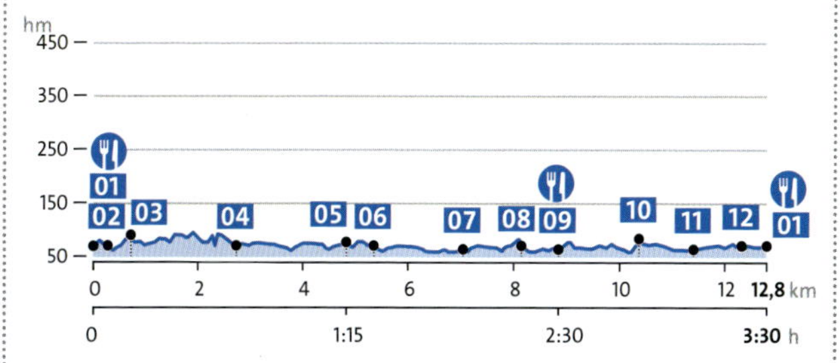

01 Gaststätte zur Blockhütte, 67 m; 02 Fahrweg, 68 m; 03 „Rundweg Nebelsee", 75 m; 04 Rastplatz „Platz der sieben Eichen", 68 m; 05 Badestelle Nebelsee, 69 m; 06 Max-Schmeling-Gedenkstein, 69 m; 07 Kreuzung südlich der „Ablage Nebelsee", 65 m; 08 oberhalb einer einsamen Badestelle, 74 m; 09 Seehotel Ichlim, 73 m; 10 T-Kreuzung im Wald, 77 m; 11 Seezugang, 60 m; 12 Badestelle Langhagensee, 73 m

Straße. An geeigneter Stelle kürzen wir ab und überqueren die Straße zum anfangs befestigten, danach sandigen **Fahrweg** 02, der auf der anderen Straßenseite beginnt. Linkerhand liegt gleich der große Seekowsee, rechts ein kleinerer See.

Nach etwa 165 m, kurz bevor der Weg in den Wald hineinführt, biegen wir rechts ab. Damit haben wir Brandenburg verlassen und befinden uns in Mecklenburg-Vorpommern. Am Ostufer des kleinen Sees wandern wir Richtung Südosten, dann mehr ostwärts – links von uns Wald, rechts Wiesen. Nach kurzer Zeit treffen wir auf den **„Rundweg Nebelsee"** 03.

Geradeaus erreichen wir nach wenigen Minuten das Südwestufer des Nebelsees. Wir passieren einige Bungalows und Bootshäuser – in diesem Bereich gibt es etliche Abzweige: Wenn Sie sich immer rechts halten und in Nähe des Seeufers bleiben, machen Sie alles richtig. Bald passieren wir einen ersten Rastplatz mit einem Steintisch, danach erreichen wir den **Rastplatz „Platz der sieben Eichen"** 04.

Nach einer Verschnaufpause folgen wir dem mal mehr, mal weniger deutlichen Pfad am Westufer des Nebelsees. Er mündet in einen breiten Querweg, dem wir nach rechts nachgehen. Wir queren den Kanal zwischen dem Nebelsee und dem nördlich gelegenen Thürensee und erreichen wenig später die **Badestelle Nebelsee** 05. Zum Glück gibt es diesen schönen Platz: Bitte lesen Sie die Infotafel zum „Alphapunkt", an dem die Sowjetarmee Bombenabwürfe trainierte und der ein NATO-Übungsgelände werden sollte.

Erfrischt und ausgeruht gehen wir weiter dem Seeufer nach. Bei einem Schlagbaum und an der nächsten Kreuzung halten wir uns jeweils rechts. Der **Max-Schmeling-Gedenkstein** 06 erinnert an den berühmten deutschen Boxer, der hier einige Zeit verbrachte.

Nun folgen wir dem einzig möglichen Weg, der in mehr oder weniger geringem Abstand zum Seeufer südwärts strebt und erst vor der Bungalowsiedlung „Ablage Nebelsee" wieder direkt ans Wasser führt. Wir schlendern durch

Ruhiges Plätzchen: Am langgestreckten Nebelsee gibt es viele Stellen, die zum Ausruhen einladen

die Bungalowsiedlung und folgen dem breiten Zufahrtsweg bis zur **Kreuzung südlich der „Ablage Nebelsee“** 07. Hier halten wir uns geradeaus Richtung Ichlim.

Wir passieren ein Privatgrundstück und biegen bei nächster Gelegenheit rechts ab. Der breite Weg endet bei einigen Holzhäusern am Seeufer – weiter geht's auf schmalem Pfad. Wir passieren weitere Häuschen und nutzen für kurze Zeit einen breiteren Weg, bevor sich der schmale Uferpfad **oberhalb einer einsamen Badestelle** 08 fortsetzt.

Nach etwa 700 m betreten wir durch ein Tor das Gelände des **Seehotels Ichlim** 09, das sich für eine Einkehr anbietet (Mo-So ab 12 Uhr,

Bungalows im Wald: Sie gehören zum Seehotel Ichlim und können für den Familienurlaub gebucht werden

Erfrischung vorm Endspurt: Die Badestelle Langhagensee erwartet uns kurz vor Schluss der Tour

kein Ruhetag, *www.seehotel-ichlim.de*). Von der hoteleigenen Badestelle geht es über Treppen hinauf zum Haus.

Gegenüber vom Parkplatz, auf der anderen Straßenseite, gehen wir in den markierten Pfad, an dem die Kyritz-Ruppiner Heide als Fernziel ausgewiesen ist (Tour 31). Er mündet nach etwa 250 m in einen breiteren Waldweg ein, dem wir nach rechts folgen. Nun wandern wir südwärts und nähern uns bald dem Ostufer des Langhagensees. Ihm folgen wir in meist geringem Abstand bis zu einer **T-Kreuzung im Wald** 10, an der wir rechts abbiegen.

Jetzt spazieren wir in geringer Entfernung zum Südufer des Langhabensees westwärts. Vor der Brücke über den Klingbach wird unser Weg zu einem Pfad, der im Sommer manchmal etwas verwachsen ist. Etwa 100 m weiter befindet sich ein **Seezugang** 11, wo schon manch Wandersfrau und Wandersmann ein Bad genossen haben.

Jetzt sind wir wieder in Brandenburg. Mit Wiesen linker- und Bäumen rechterhand laufen wir nordwestwärts. Ungefähr 500 m nach der „wilden" Badestelle teilt sich der Weg: Wir nehmen den rechten, streben auf die Feriensiedlung Sewekow zu und halten uns bei den ersten Gebäuden wieder rechts, um möglichst nah am Seeufer zu bleiben.

Ab und an versperren Bootsgaragen den Blick aufs Wasser, doch leicht finden wir den Weg zur schönen **Badestelle Langhagensee** 12. Hier können wir uns ein letztes Mal abkühlen und entspannen. Schließlich gehen wir ein paar Schritte hinauf zum Fahrweg „Am Vogelberg". An der sandigen Wendeschleife nehmen wir den linken Weg, der zunächst etwas abwärts verläuft und dann durch die Siedlung wieder leicht ansteigt. So kommen wir nach etwa 400 m bei der **Gaststätte zur Blockhütte** 01 an und können uns dort stärken (montags und dienstags geschlossen, sonntags nur bis 17 Uhr, *www.blockhuette-sewekow.de*).

ERLEBNIS KYRITZ-RUPPINER HEIDE

Abseits der Seenplatte: ein ausgezeichneter Themenweg durch einzigartige Heidelandschaft

8,9 km | 2:30 h | 28 hm | 28 hm | 865

START | Pfalzheim, 63 m, Parkplatz Kyritz-Ruppiner Heide
[GPS: UTM Zone 33U x: 343.525 m y: 5.879.102 m]
CHARAKTER | Für diese Tour verlassen wir die Mecklenburgische Seenplatte. Der Ausflug ins nördliche Brandenburg lohnt sich sehr: Auf einem ehemaligen Militärgelände sind große Heideflächen vorhanden, die Lebensraum für eine Vielzahl von Tieren sind. Ein Teil des FFH-Gebiets wurde von der Heinz-Sielmann-Stiftung für Besucher zugängig gemacht. Auf dem Erlebnisweg Kyritz-Ruppiner Heide lässt sich „Sielmanns Naturlandschaft" leicht erwandern. Die beste Zeit ist die der Heideblüte, also der Spätsommer.

Die Kyritz-Ruppiner Heide ist Teil eines großen Sanders der Weichsel-Eiszeit. Das trockene Gebiet war einst bewaldet. Nach dem Zweiten Weltkrieg verschwand viel Wald durch Abholzung infolge Schädlingsbefalls sowie durch Waldbrände. Die Freiflächen boten sich als militärischer Übungsplatz an – die Region wurde militärisches Sperrgebiet. Ab den 1950er Jahren übte die Sowjetarmee Bombenabwürfe, und selbst nach der Wiedervereinigung beider deutscher Staaten wurde das Areal noch von der Sowjetarmee genutzt. Im Sommer 1993 zogen die letzten Soldaten ab, doch sogleich sollte die Bundeswehr das Gelände übernehmen.

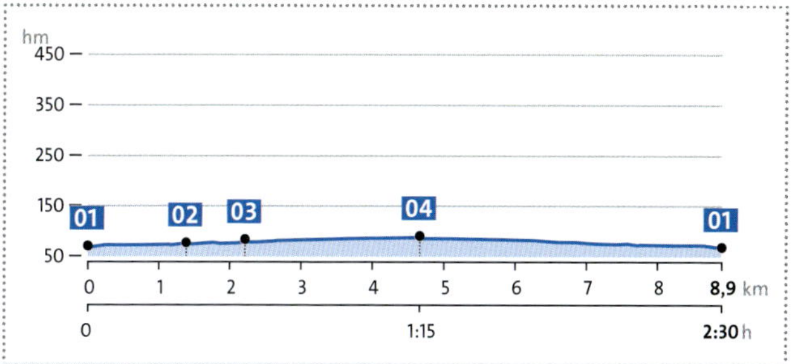

01 Parkplatz bei Pfalzheim, 68 m; 02 Aussichtsturm, 76 m; 03 Rastplatz Heidelerche, 78 m; 04 Rastplatz Steinschmätzer, 87 m

Schön zu jeder Jahreszeit: Auch ohne Heideblüte lohnt sich ein Ausflug in „Sielmanns Naturlandschaft". Naturliebhaber können dort immer viel entdecken, zum Beispiel seltene Insekten

Jahrelangen Bürgerprotesten ist es zu verdanken, dass sich die Kyritz-Ruppiner Heide vom „Bombodrom" zu einer natürlicheren Landschaft zurückentwickeln konnte. Bis 2011 war das gesamte Areal Sperrgebiet, da es hochgradig mit Kampfmitteln verseucht ist. Im Jahre 2011 übernahm die Heinz-Sielmann-Stiftung eine Fläche von 4000 ha mit dem Ziel, sie zur einem Nationalen Naturerbe zu entwickeln. Das Gelände wurde von Munition befreit, es wurden Wanderwege angelegt, Infotafeln aufgestellt, Schutzhütten und ein Aussichtsturm errichtet. Wo einst Raketen heulten, heulen jetzt Wölfe! Und statt Kampfjets fliegen seltene Vögel, Schmetterlinge und Wildbienen durch die Lüfte.

▶ Für die Wanderung brauchen wir keine lange Beschreibung, da alles perfekt beschildert ist. Wir starten am **Parkplatz bei Pfalzheim** 01 und folgen am Pavillon dem Wegweiser „Zugang Pfalzheim 0,2 km", wo wir bei einer Schranke „Sielmanns Naturlandschaft" betreten. Bitte beachten Sie die Hinweisschilder: Die gekennzeichneten Wege dürfen keinesfalls verlassen werden, es besteht Lebensgefahr durch mögliche Munitionsreste im Gelände!

Wir wandern auf breitem Sandweg durch Kiefernwald nordwestwärts und verlassen den Wald, nachdem der Weg Richtung Nordnordost schwenkte. Hier eröffnen sich erste Blicke auf eine der größten zusammenhängenden Heideflächen Europas, die von Besenheide (*Calluna vulgaris*) gebildet wird. Wir gehen an der Infotafel über die Heinz-Sielmann-Stiftung geradeaus Richtung „Sielmann-Hügel 0,2 km" und studieren kurz darauf die Infotafel über das Heidekraut. Anschließend halten wir uns rechts zum unübersehbaren **Aussichtsturm** 02. Der Sielmann-Hügel ist auch ein toller Rastplatz.

Vom Aussichtsturm gehen wir zurück zur vorherigen Kreuzung und vertrauen dem Wegweiser „Neuglienicke 4,8 km / Heidelerche-Hütte 0,8 km". An der folgenden Kreuzung geht's nach rechts bis zum **Rastplatz Heidelerche** 03. Nach einer Pause folgen wir dem Wegweiser „Neuglienicke 4,0 km / Steinschmätzer-Hütte 2,4 km".

Viele Lehrtafeln begleiten uns auf dem langen, geraden Sandweg. Etwa 2,4 km ab Rastplatz Heidelerche biegen wir rechts ab zum **Rastplatz Steinschmätzer** 04. Nachdem wir auch an diesem schönen Platz eine Weile pausiert haben, machen wir kehrt: Wir wandern westwärts bis zur Infotafel über die Heinz-Sielmann-Stiftung. Von dort marschieren wir auf bekanntem Wege zurück zum **Parkplatz bei Pfalzheim** 01.

Tipp: Wer noch Bewegungsdrang verspürt, kann bei der Infotafel über die Heinz-Sielmann-Stiftung geradeaus Richtung Rossow laufen. Die Strecke zum Eingang Rossow beträgt etwa 4,4 km. Unterwegs wird unter anderem Wissenswertes zur Vogelwelt sowie über Moose und Flechten vermittelt. Außerdem gibt es zwei Rastplätze: den Rastplatz Neuntöter und den Rastplatz Ziegenmelker. Falls es Ihnen möglich ist, einen Transfer zu organisieren oder zwei PKW zur Verfügung stehen, können Sie die Zusatzstrecke leichter absolvieren.

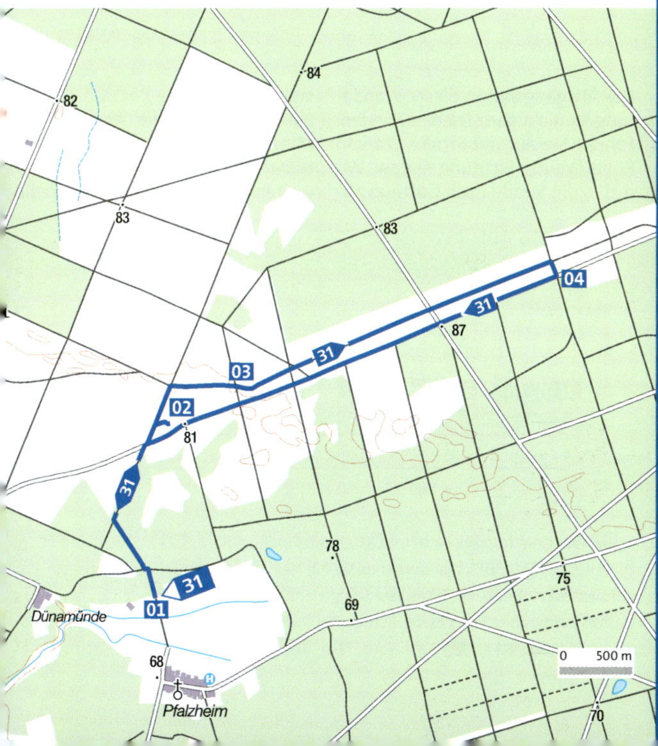

DIE „NATOUR“ BEI RÖBEL

Um den Rohrteich und den Gliensee, zur fabelhaften Kroneiche und zum Großsteingrab Dambeck

11,6 km 3:15 h 66 hm 66 hm 865

START | Röbel/Müritz, 87 m, Wanderparkplatz P1 bei Groß Kelle [GPS: UTM Zone 33U x: 338.066 m y: 5.919.400 m]
CHARAKTER | Auch außerhalb des Müritz-Nationalparks gibt es Gebiete mit vergleichsweise intakter Natur. Zu diesen Gebieten zählt zweifelsfrei die Senke, die eine Verlängerung der Sietower Bucht der Müritz darstellt. Rohrteich und Gliensee bildeten einst eine geschlossene Wasserfläche, ein Überbleibsel des Schmelzwassers des Gletschers, der die Naturlandschaft formte. Während unserer leichten Waldwanderung erkunden wir jedoch nicht nur die Natur, sondern auch ein besonderes Kulturdenkmal: das jungsteinzeitliche Großsteingrab Dambeck.

Der Ausgangspunkt dieser Wanderung ist nicht ganz leicht zu finden. Fahren Sie auf der Straße L24 von Röbel/Müritz Richtung Sietow. Wo rechts die Straße nach Gotthun abzweigt, biegen Sie links ab. Fahren Sie am Gelände der Agrar GmbH Minzow vorüber und auf dem unbefestigten Fahrweg am Waldrand weiter. In der Waldecke halten Sie

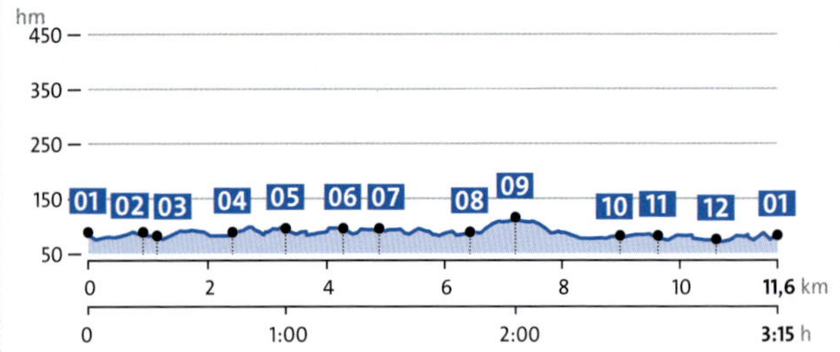

01 Wanderparkplatz P1, 87 m; 02 großer Findling, 87 m; 03 Aussichtspunkt Rohrteich, 72 m; 04 Wanderparkplatz P2, 79 m; 05 Westufer des Gliensees, 83 m; 06 X-Kreuzung, 94 m; 07 Schälchenstein, 93 m; 08 Abzweig zum Großsteingrab, 90 m; 09 Großsteingrab Dambeck, 112 m; 10 Aussichtspunkt Hermeshöhe, 84 m; 11 Kroneiche, 77 m; 12 Ostufer des Rohrteichs, 80 m

Mitten im Wald: Am Wegpunkt 2 erwartet uns ein großer Findling. Kinder haben ihn scheinbar als Spielplatz liebgewonnen

sich rechts und parken Ihr Fahrzeug auf dem **Wanderparkplatz P1** 01.

▶ Zu Fuß geht's weiter in den Wald hinein, auf breitem Forstweg in nordwestliche Richtung. Nach knapp 200 m führt der „Rundweg Rohrteich" nach links – das ist unser Rückweg. Wir laufen noch ein wenig geradeaus und folgen dann einem Radweg-Zeichen „Eiszeitroute" halblinks. Kurz darauf orientieren wir uns am Wegweiser „Rundweg Rohrteich – Infopunkt Streuobstwiese". Nachdem wir die Streuobstwiese passiert haben, verweist ein Schild auf einen **großen Findling** 02 wenige Meter abseits des Hauptweges.

Nach dem Abstecher folgen wir dem breiten Hauptweg in südöstliche Richtung. Nach knapp 300 m ist der kurze Stichweg zum **Aussichtspunkt Rohrteich** 03 beschildert. Eine Infotafel gibt Auskunft über Geologie, Fauna und Flora.

Weiter geht's auf dem „Rundweg Rohrteich" in Richtung „Kroneiche/Parkplatz P2". Nach ungefähr 700 m stoßen wir auf einen betonierten Fahrweg, dem wir nach links folgen. So kommen wir zur Verbindungsstraße Röbel/Müritz-Minzow, an der sich Radwegweiser und Schilder für Wanderer befinden. Nach links führt der „Rundweg Rohrteich" direkt zur Kroneiche, die nur wenige Schritte entfernt beim Forsthaus Hagen wächst. Wir können sie gleich oder auf dem Rückweg bestaunen. Zur Fortsetzung unserer Tour gehen wir dem Schild „Rundweg Gliensee" nach, der beim **Wanderparkplatz P2** 04 beginnt.

Nachdem wir die interessanten Infotafeln angesehen haben, passieren wir die Schranke und laufen auf dem Waldweg nach Süden. Einen Abzweig zum Teufelsstein ignorieren wir. Ungefähr 200 m weiter mündet von links ein Bohlenweg ein, über den wir ganz schnell zum Rückweg abkürzen könnten. Allerdings marschieren wir geradeaus und kommen so nach kurzer Zeit ans **Westufer des Gliensees** 05. Beachten Sie die über 40 m hohen Nordmann-Tannen!

Kein Badesee: Der Rohrteich ist ein naturnaher See und wertvoller Lebensraum für Pflanzen und Tiere

Unser Weg verläuft an der südwestlichen Verlandungszone des Gliensees entlang. Bald fällt ein Wall im Gelände auf. Er ist ein Rest der Landwehr, ein im 14. und 15. Jh. geschaffenes System aus natürlichen und künstlichen Hindernissen, welche die damaligen Länder Malchow und Röbel voneinander abgrenzte.

Etwa 500 m nach Querung der Landwehr kommen wir an eine **X-Kreuzung** 06. Wer den ungefähr 10 min entfernten **Schälchenstein** 07 sehen möchte, läuft geradeaus und nach einer Rechtskurve nordwärts (siehe Karte). Anschließend geht es an der X-Kreuzung südwärts, dem offiziellen Verlauf des „Rundwegs Gliensee" nach, bis zu einer T-Kreuzung. Da zweigen wir nach links ab und laufen rund 600 m Richtung Osten, wo wir auf den **Abzweig zum Großsteingrab** 08 treffen.

Geradeaus führt uns der weiterhin breite Forstweg zum **Großsteingrab Dambeck** 09: Wir laufen etwa 500 m nach Osten, biegen an einem Holzlagerplatz rechts ab, queren die Schneise der Hochspannungsleitung und enden nach einem kurzen Linksschwenk an der jungsteinzeitlichen Grabanlage (siehe Kasten). Auf derselben Route gehen wir zurück zum **Abzweig beim Großsteingrab** 08 und folgen nun dem „Rundweg Gliensee" in Richtung Hermeshöhe.

Der Pfad lenkt uns ans steile Ostufer des Gliensees. Nachdem wir einen Bootssteg passiert haben, kommen wir zum **Aussichtspunkt Hermeshöhe** 10. Am Seeufer befindet sich ein Rastplatz. Wenige Schritte weiter zweigt links der Bohlenweg ab, dessen anderes Ende wir vorhin passiert haben. Wir marschieren geradeaus bis zur Straße bei der **Kroneiche** 11.

Für den Rückweg folgen wir dem „Rundweg Rohrteich" Richtung „Parkplatz P1". Wo die Felder rechterhand enden, verläuft der „Rundweg Rohrteich" in den Wald hinein und wir marschieren geradeaus zum **Ostufer des Rohrteichs** 12.

Wir bleiben auf dem „Rundweg Rohrteich". Nach ungefähr 400 m teilt er sich: Wir biegen rechts ab, gehen bis zum Forstweg und nach rechts zum **Wanderparkplatz P1** 01.

Das Großsteingrab Dambeck

Das „Großsteingrab Dambeck 1", so die wissenschaftliche Bezeichnung, ist eine von drei megalithischen Grabanlagen in der Region, die der jungsteinzeitlichen Trichterbecher-Kultur zugeordnet werden. Die Epoche vor etwa 4200-2800 v. Chr. gilt als die erste vom Ackerbau geprägte Kultur im nördlichen Mitteleuropa. Die Menschen dieser Zeit bestatteten Tote in steinernen Grabkammern. Das „Großsteingrab Dambeck 1" besteht aus einem rechteckigen Hünenbett: Diese hügelförmige, ehemals von Steinen umgebene Grabanlage ist in Ost-West-Richtung 26 m lang und in Süd-Nord-Richtung 12 m breit. Am östlichen Ende befindet sich eine quer gestellte Grabkammer, ein sogenannter Großdolmen. Die Wandsteine sind fast vollständig vorhanden. An den Langseiten stehen jeweils drei Steine, wobei die östlichen noch exakt platziert, die westlichen leicht versetzt sind. Mehr Infos finden Sie auf der Website *www.grosssteingraeber.de*.

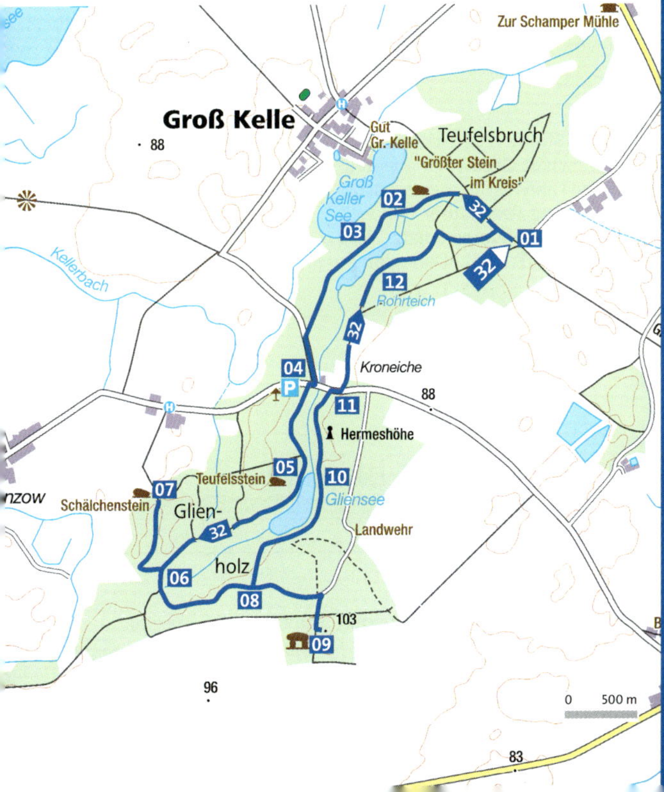

NATURSCHUTZGEBIET OSTPEENE

Leichte Wanderung durch ein wildromantisches Flusstal mit seltener Flora und Fauna

12,9 km | 3:15 h | 107 hm | 107 hm | 865

START | Gielow, 17 m, Wanderparkplatz NSG Ostpeene [GPS: UTM Zone 33U x: 353.701 m y: 5.951.901 m]
CHARAKTER | Die Rundwanderung ist weder allzu lang noch schwer, aber Naturliebhaber sollten viel Zeit für sie einplanen. Im Durchbruchstal der Ostpeene existiert eine reichhaltige Flora und Fauna. Vom späten Frühjahr bis in den Sommer hinein blühen Orchideen wie das Breitblättrige Knabenkraut (*Dactylorhiza majalis*). Aufmerksame Wanderer können seltene Vogelarten wie die Wasseramsel (*Cinclus cinclus*) oder die Gebirgsstelze (*Motacilla cinerea*) beobachten. Naturschutzgerechtes Verhalten versteht sich von selbst!

Von der Straße L202 zweigt östlich der Ortschaft Gielow ein abenteuerlicher Fahrweg ab, der zunächst zur Siedlung Peenhäuser und weiter zum **Wanderparkplatz NSG Ostpeene** 01 führt. Dort gibt es Stellplätze für maximal drei PKW. Die Abkürzung NSG steht für Naturschutzgebiet, als welches das Tal der Ostpeene größtenteils ausgewiesen ist. Die Peene fließt hier in einem eiszeitlichen Erosionstal.

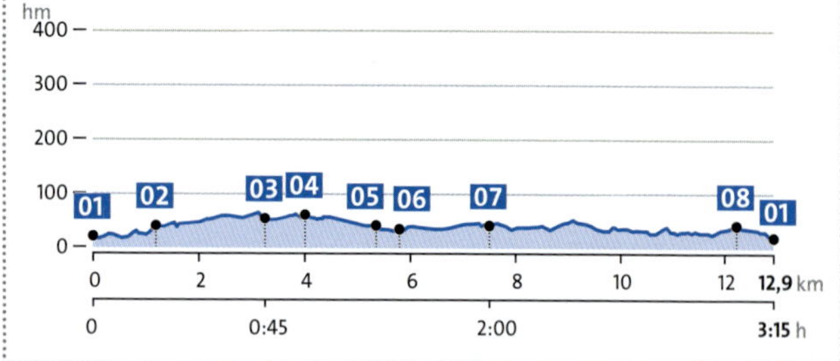

01 Wanderparkplatz NSG Ostpeene, 18 m; 02 Infotafel zum Durchbruchstal, 35 m; 03 Landstraße Malchin-Waren, 56 m; 04 Dorfweiher, 59 m; 05 Kunstwerk „Offene Landschaft“, 34 m; 06 Peene-Brücke, 31 m; 07 Herrenhaus Pinnow, 44 m; 08 beschilderte Kreuzung, 38 m

Sie hat sich bis zu 20 m tief in die umliegende Grundmoräne eingeschnitten und durchbricht diese nach Norden hin, weshalb man von einem Durchbruchstal spricht. Aufgrund ihres starken Gefälles und der hohen Fließgeschwindigkeit ist die Ostpeene ein idealer Lebensraum für Wasseramsel und Gebirgsstelze, ebenso für den seltenen Eisvogel (*Alcedo atthis*). Früher nutzten mehrere Wassermühlen die Kraft des Flusses.

Für uns Wanderer bedeutet NSG: Wir dürfen die Wege nicht verlassen, müssen uns ruhig verhalten und dürfen Pflanzen und Tiere nicht in ihrem Lebensraum stören. Es ist verboten, Pflanzen auszugraben oder zu beschädigen, also auch Blumen zu pflücken. Fürs Radfahren und Reiten eignen sich die unbefestigten Wege im NSG Ostpeene ohnehin nicht. Nun aber los!

▶ Wir betreten bei der Schranke das Naturschutzgebiet. Nach einem Picknickplatz gehen wir links, an der nächsten Verzweigung halten wir uns wieder links. Der Weg führt uns auf den Hohen Timpen, einen Steilhang am Fluss, auf dem eine **Infotafel zum Durchbruchstal** **02** steht.

Weiter südlich erreichen wir die Flur Benz. Hier befand sich einst eine Wassermühle, die im Dreißigjährigen Krieg zerstört wurde. Unser Weg wird breiter und entfernt sich vom Fluss. Wir gehen durch ein Gatter und treffen auf einen Fahrweg, dem wir nach links folgen. Der breite Waldweg geleitet uns südwärts,

Hier scheint die Zeit stillzustehen: der Dorfweiher in Demzin

wir ignorieren alle untergeordneten Abzweige. So treffen wir auf die **Landstraße Malchin-Waren** 03.

Leider ist diese Straße oft stark befahren. Uns bleibt aber nichts anderes übrig, als ihr für etwa 600 m nach Süden zu folgen. Die alten Kastanien entschädigen ein wenig für den Straßenmarsch. Doch aufgepasst: Achten Sie bitte immer auf den Verkehr!

Hinter einem Gehöft biegen wir links ab nach Demzin. Am **Dorfweiher** 04 halten wir uns geradeaus und bei nächster Gelegenheit links, sodass wir ihn im Süden halb umrunden. Nach dem Kinderspielplatz biegen wir rechts ab und wandern immer geradeaus. Schnell lassen wir Demzin hinter uns. Etwa 800 m nach Ortsende treffen wir auf das **Kunstwerk „Offene Landschaft"** 05 des Künstlers Günter Kaden. Rund 400 m weiter ostwärts gehen wir über die **Peene-Brücke** 06 und biegen dahinter links ab.

Der breite Fahrweg führt uns bis Pinnow. Wir marschieren bis zur Kreuzung am Ortseingang geradeaus und dort scharflinks. Der Dorfweiher ist rechterhand, vor uns liegt das zweigeschossige **Herrenhaus Pinnow** 07, das Ende des 18. Jh. erbaut und 1840 nochmals verändert wurde. An der Hofseite fällt ein großes Lünetten-Fenster auf. Auf der anderen Seite führt eine mächtige Freitreppe in den Park. Der 2020 verstorbene Polospieler Hans-Albrecht Freiherr von Maltzahn kaufte das Anwesen 1995.

In der Straßenkurve südlich vom Gutshaus gehen wir in einen Feldweg und anschließend nach rechts, sodass wir an der Parkseite des Gutshofs westwärts wandern. Wir laufen leicht abwärts ins Tal der Ostpeene. Der Fluss erscheint hier besonders naturnah und reizvoll. Nun folgen wir seinem Lauf Richtung Norden für längere Zeit. Nachdem wir den Wald verlassen haben, kommen wir an eine **beschilderte Kreuzung** 08. Wir biegen links ab in den „Querweg" und halten uns vor einem Gehöft rechts in einen Pfad. Kurz vorm **Wanderparkplatz NSG Ostpeene** 01 gehen wir über eine Brücke und sagen dem wilden Fluss auf Wiedersehen.

DER LENNÉPARK SCHLOSS BASEDOW

Leichter Spaziergang zum Aussichtsturm und rund um Mecklenburgs „Märchenschloss“

6,2 km | 1:45 h | 51 hm | 51 hm | 865

START | Basedow, 13 m, Parkplatz beim Gutshof
[GPS: UTM Zone 33U x: 346.796 m y: 5.952.425 m]
CHARAKTER | Die sanft-lieblichen Höhen rund um Basedow waren wohl eine Einladung für den berühmten Landschaftsgärtner Lenné, der hier einen der schönsten Landschaftsparks in Mecklenburg schuf. Beim Wandern können wir die Harmonie von Natur und Gartenkunst spüren. Der „Balkonweg“ führt uns über einen Endmoränenzug mit tollen Ausblicken; vom Aussichtsturm überblicken wir gar einen Großteil der Mecklenburgischen Schweiz. Danach schlendern wir durch den Lennépark zum Schloss Basedow. Zum Abschluss können wir im Café am Schloss ein Tässchen Kaffee trinken und ein Stück Kuchen genießen.

Unser Spaziergang beginnt am Parkplatz beim Gutshof Basedow, gegenüber vom „Farmer-Hotel“. Dort befindet sich auch die Bushaltestelle der Linie 232 Malchin-Teterow. Die Busse fahren allerdings nur montags bis freitags und zu Zeiten, die für Wanderer eher ungünstig sind.

Am Südende des **Parkplatzes** 01 gehen wir nach rechts in den Kirchsteig und laufen kaum fünf Minuten, dann stehen wir vor der

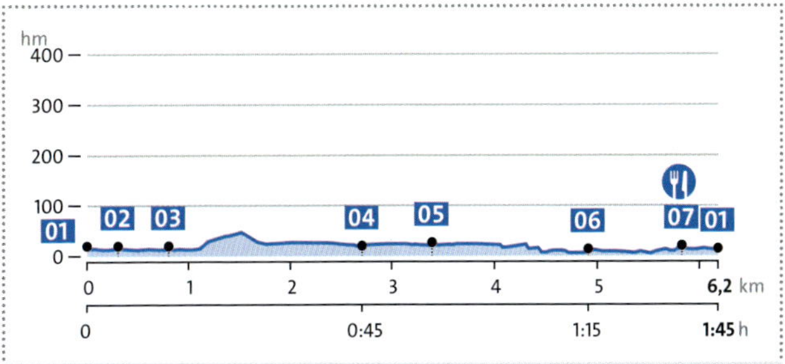

01 Parkplatz Gutshof Basedow, 13 m; 02 Dorfkirche Basedow, 18 m; 03 Badestelle Dröbel, 12 m; 04 Wargentiner Straße, 15 m; 05 Aussichtsturm Basedow, 22 m; 06 Großsteingrab Basedow, 13 m; 07 Schloss Basedow, 15 m

Peter Joseph Lenné (1789-1866)

Peter Joseph Lenné war ein preußischer Gartenkünstler. Als General-Gartendirektor der königlich-preußischen Gärten prägte er fast ein halbes Jahrhundert lang die Gartenkunst. Er gestaltete weiträumige Parkanagen nach dem Vorbild englischer Landschaftsgärten und beschäftigte sich mit einer sozialverträglichen Stadtplanung für Berlin, indem er Grünanlagen für die Naherholung schuf. Charakteristisch für Lennés Parks und Gärten sind vielfältige Sichtachsen, die oftmals auch Bauwerke der Parkanlagen besonders wirkungsvoll in Szene setzen. Ausgehend von den Sichtachsen plante Lenné eine Vielzahl verschlungener Wege. Berühmte Lennésche Werke sind der von ihm umgestaltete Schlosspark Sanssouci (Potsdam), die Pfaueninsel, der Tiergarten und der Zoologische Garten in Berlin, der Schweriner Schlossgarten und der Schlossgarten Brühl. Kaum bekannt ist, dass Lenné auch fernab Preußens tätig war, etwa als Nachfolger von Carl August Sckell beim Projekt Schlosspark Hohenschwangau (Allgäu).

beeindruckenden **Dorfkirche Basedow** 02. Ihre Geschichte reicht bis ins 13. Jh. zurück. Der achteckige, aus Feldsteinen errichtete Chor stammt noch aus dieser Zeit. Das dreijochige Kirchenschiff aus Backstein wurde im 15. Jh. errichtet, im 16. Jh. erfolgte die aufwändige Gestaltung des Innenraums. Nur der neugotische Kirchturm ist viel jünger: Er ersetzt einen älteren Turm, der im 18. Jh. teilweise abbrannte. Während Schloss Basedow am Ende des Zweiten Weltkriegs geplündert wurde, blieb die wunderschöne Kirche verschont. Falls das Gotteshaus geöffnet ist, sollten Sie unbedingt hineinschauen.

Von der Kirche laufen wir entlang der Schlossstraße zum Obelisken

Eine andere Hausnummer: Im Gegensatz zu vielen Mecklenburgischen Herrenhäusern trägt Basedow zurecht die Bezeichnung Schloss

Hoch hinauf: Der Aussichtsturm Basedow ist höchstwahrscheinlich nichts für Menschen mit Höhenangst

am Spielplatz und gehen rechts in die Straße „Am Dröbel". An der Wendeschleife bei den letzten Häusern können wir rechts abzweigen und an der **Badestelle Dröbel** 03 den Teich begutachten, der manchmal auch „Tröbel" geschrieben wird. Wer Verlangen hat, kann sich natürlich auch ins Wasser wagen.

Nun folgen wir dem von Kastanien gesäumten Weg von der Wendeschleife am Ortsrand Richtung Westen. Nach einem halben Kilometer biegen wir rechts ab in

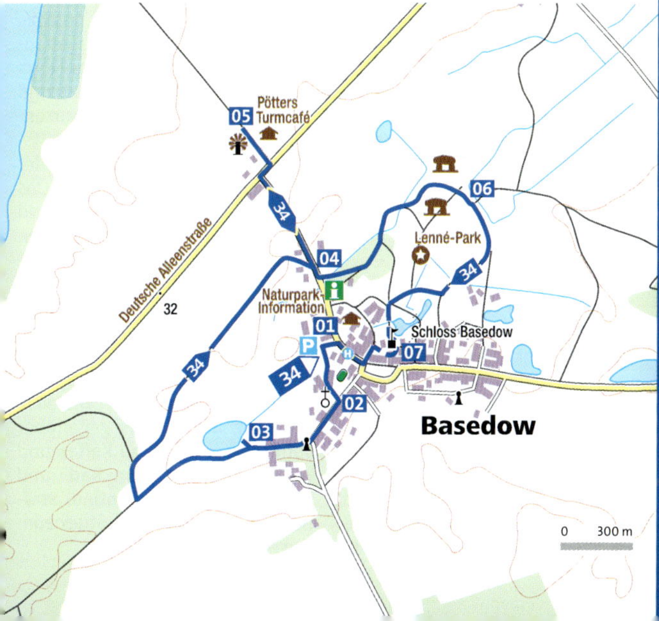

Reizvoll: die romantische Burgruine im Schlosspark Basedow

den „Balkonweg“: Im Schatten von knorrigen Bäumen und Heckensträuchern verläuft der herrliche Aussichtsweg nordostwärts. Hinter ein paar Häusern treffen wir auf die **Wargentiner Straße** 04.

Wer den lohnenden Abstecher zum **Aussichtsturm Basedow** 05 machen will, folgt dem Fuß- und Radweg an der Straße nach links. An der Landstraße gehen wir dann ein paar Schritte nach rechts und an der Bushaltestelle überqueren wir die Landstraße. Hinter dem letzten Haus erhebt sich – freilich unübersehbar – der Aussichtsturm.

Zurück an der **Wargentiner Straße** 04, folgen wir dem mit einem „gelben Punkt“ markierten Grasweg gegenüber der Einmündung des „Balkonwegs“. Nach etwa 75 m nehmen wir den Feldweg nach links und durchwandern den herrlichen Lennépark. Nach rechts abzweigende Alternativen dürfen uns nicht interessieren, damit wir beim **Großsteingrab Basedow** 06 herauskommen. Eine Tafel klärt kurz und knapp über die Historie auf.

Hinter dem frühgeschichtlichen Bodendenkmal halten wir uns rechts (nach links führt eine alte Lindenallee, auf der der Europäische Fernwanderwegs E9A verläuft). Wir bleiben auf dem breitesten Weg, der nun einen Rechtsbogen macht und aufs Schloss zustrebt.

An der ersten Kreuzung vor den Schlossteichen biegen wir rechts ab, etwa 300 m weiter links. Wir spazieren über die große Schlossteichbrücke, vorbei am Gedenkstein für Friedrich Franz Graf von Hahn und an der romantischen Burgruine, zum **Schloss Basedow** 07.

Die Familie von Hahn war bereits im 13. Jh. in Basedow ansässig. 1467 beauftragte sie den Bau einer Burg, die im 16. Jh. zu einem repräsentativen Herrenhaus im Renaissancestil umgewandelt wurde. Ab 1839 ließen die von Hahns das Herrenhaus, die Wirtschaftsgebäude und sogar große Teile des Dorfs neu gestalten. Zwischen 1835 und 1852 legte der berühmte Gartenkünstler Lenné den Landschaftspark an, in den sich die Reste der alten Burg perfekt einfügen. Das Schloss wurde nach einem Brand des Südflügels vom Architekten Albrecht Haupt im Stil der Neorenaissance umgebaut. Die Anlage ist heute in Privatbesitz.

Wir spazieren links um das Schloss herum und schlendern durch die formalen Gärten zum Dorfteich. Das Café am Schloss gegenüber vom Dorfteich lädt zu Kaffee und Kuchen ein. Auf dem Rad- und Fußweg an der Wargentiner Straße laufen wir das letzte Stück zum **Gutshof Basedow** 01.

WERTVOLLES KULTURGUT: DIE BURGWALLINSEL IM TETEROWER SEE

Ein erholsamer Spaziergang für die ganze Familie – mit Bade- und Einkehrmöglichkeit

4,9 km | 1:30 h | 6 hm | 6 hm | 865

START | Teterow, 3 m, Wanderparkplatz Burgwall
[GPS: UTM Zone 33U x: 340.876 m y: 5.962.859 m]
CHARAKTER | Den kurzen Spaziergang zur und über die Insel schafft jedes Kind. Zwei Dinge müssen wir beachten: Die Fähre verkehrt von Ostern bis Ende September, die Gaststätte Wendenkrug hat montags Ruhetag!

An der Total-Tankstelle am nördlichen Stadtrand von Teterow zweigt rechts der Brikettweg ab, der am Rand des Gewerbegebiets in den Burgwallweg einmündet. Dieser führt zum Wanderparkplatz Burgwall, wo wir unser Fahrzeug abstellen und unseren Spaziergang beginnen.

▶ Bei der **Infotafel** 01 „Ferieninsel Burgwall" laufen wir in den Schotterweg, der für öffentlichen Verkehr gesperrt ist. Linkerhand befindet sich das Naturschutzgebiet Binsenbrink, ein sumpfiges und mooriges Gelände, das seltene Vogelarten wie die Beutelmeise (*Remiz pendulinus*) oder die Rohrdommel (*Botaurus stellaris*) als Brutplatz nutzen.

Nach ungefähr 300 m zweigt rechts der Weg zur Halbinsel Sauwerder ab, die wir später erkunden

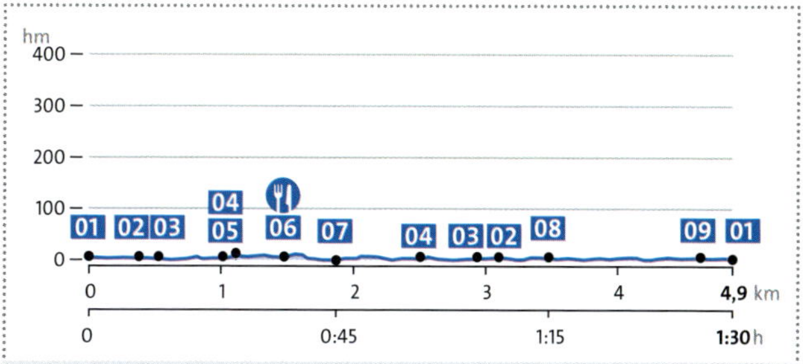

01 Wanderparkplatz mit Infotafel, 3 m; 02 Abzweig Sauwerder, 3 m; 03 Fähranleger, 1 m; 04 Gabelung, 8 m; 05 Beobachtungsturm, 11 m; 06 Gaststätte Wendenkrug, 7 m; 07 Badestelle, 0 m; 08 Wiese mit Zugang zum See, 3 m

Fährmann, hol über: Mit der Fähre gelangen wir auf die Burgwallinsel

(**Abzweig Sauwerder** 02). Vorerst spazieren wir geradeaus bis zum **Fähranleger** 03 und setzen mit der Seilzugfähre auf die Burgwallinsel über. Vom charmanten Fährhaus folgen wir dem breiten Weg für etwa 300 m. An der **Gabelung** 04 nehmen wir den rechten, grasbewachsenen Weg. Er führt uns auf den ehemaligen Burgwall, wo sich ein **Beobachtungsturm** 05 befindet. Vom Turm bietet sich eine wunderbare Aussicht. Wir folgen weiter dem Weg auf dem einstigen Burgwall. Er endet am Spielplatz hinter der **Gaststätte Wendenkrug** 06 (*wendenkrug.burgwall-teterow.de*, Di–So und Feiertage 11–18 Uhr, Mo geschlossen, Übernachtungen möglich).

Wer möchte, kann vor der Einkehr noch den nördlichen Zipfel der Insel erkunden, oder auch danach. Der Rundgang entgegen dem Uhrzeigersinn endet an der **Badestelle** 07 nahe der Gaststätte, wo es auch einen Tretboot-Verleih gibt.

Nach ausgiebiger Rast wandern wir auf dem von Birken gesäumten Hauptweg südwärts bis zur

Tipps: Baden und Barkasse fahren

Immer am See entlang: Vom Wanderparkplatz Burgwall sind es nur 10 min Fußmarsch zum Naturbad am Teterower See. Dort gibt es gepflegte Badestege und Spielmöglichkeiten für die Kinder sowie ein kleines Restaurant.

Gleich nebenan starten die Seerundfahrten mit der historischen Barkasse „Regulus“. Das Schiff befördert bis zu 30 Personen zum Teschower Strand am Ostufer des Teterower Sees und legt auch am Badestrand auf der Burgwallinsel an. Es verkehrt von Ostern bis Ende September. Kontakt zum Bootsführer: Tel. 0151/29233879

Gabelung 04 und auf bekannter Strecke zurück zur Fähre. Wir setzen zum Festland über und gehen vom **Fähranleger 03** bis zum **Abzweig Sauwerder 02**.

Hier folgen wir der Schwarzpappel-Allee zum Naturschutzgebiet Sauwerder. Es gibt nur noch einen begehbaren Pfad: Hinter der Brücke halten wir uns links und bei einem Holzhäuschen, dass der Naturschutzbund NABU nutzt, folgen wir dem Pfad nach rechts. So kommen wir zu einer **Wiese mit Zugang zum See 08**.

Auf bekannter Strecke laufen wir zurück zum **Abzweig Sauwerder 02** und schließlich zum **Wanderparkplatz Burgwall 01**.

Die Burgwallinsel

Die Burgwallinsel im Teterower See wurde im Jahre 2012 von der UNESCO zum schützenswerten Kulturgut der Menschheit erklärt. Bis ins 12. Jh. soll sich auf der Insel eine Slawenburg befunden haben.

Später weidete das Vieh der Teterower Ackerbürger auf dem Eiland. Dank Fähre und Gaststätte wurde die Burgwallinsel ein beliebtes Ausflugsziel. Der Charme einer historischen Sommerfrische ist bis heute spürbar.

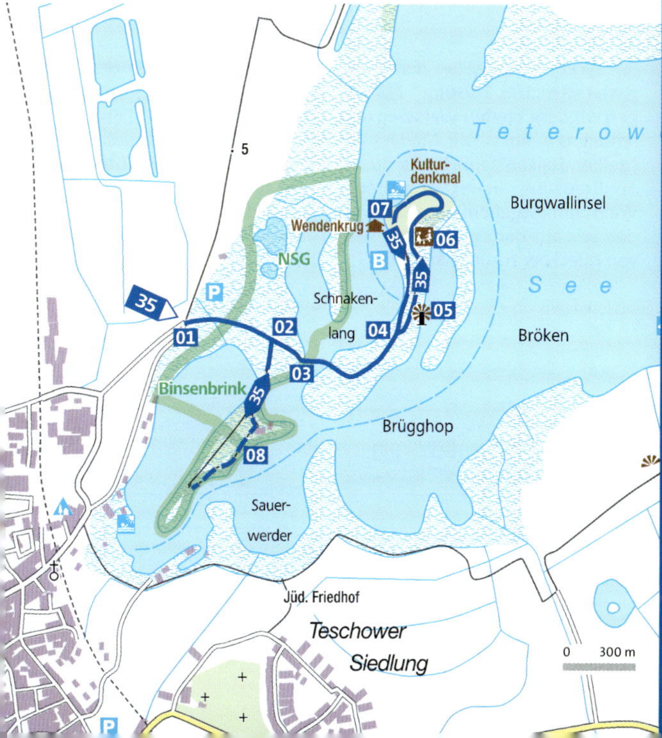

DIE TETEROWER HEIDBERGE

Eine kurze, aussichtsreiche Rundwanderung im Norden der Mecklenburgische Schweiz

7,3 km | 1:45 h | 71 hm | 71 hm | 865

START | Teterow, 57 m, Waldgaststätte „Uns Hüsung“ [GPS: UTM Zone 33U x: 338.972 m y: 5.961.924 m]
CHARAKTER | Im Norden der Mecklenburgische Schweiz sind die Endmoränen knapp über 100 m hoch. Kurioserweise tragen die höchsten Hügel keine Namen und sind auch nicht die besten Aussichtsberge, ganz abgesehen von den fehlenden Wegen hinauf. Wir besteigen zwei der etwas niedrigeren Hügel, von denen sich tolle Panoramen bieten: den Teterower Heidberg, auf dem das Ehrenmal mit Aussichtsplattform steht, sowie den Schmiedeberg. Beide sind 92 m hoch. Viel Kondition brauchen wir nicht.

Vom Parkplatz an der **Waldgaststätte „Uns Hüsung“** 01 folgen wir dem breiten Waldweg und halten uns links. Die Markierung „gelber Balken“ führt uns zu einer Kreuzung, an der wir aus dem Wald hinausgehen. (Später werden wir auf dem markierten Weg von Mieckow zurückkommen.)

Das **Ehrenmal in den Heidbergen** 02 sehen wir schon von weitem. Der Weg dahin führt bergan durch liebliche Heckenlandschaft. Das Ehrenmal wurde 1927 im Gedenken an die im Ersten Weltkrieg gefallenen Teterower Soldaten erbaut. Es stellt ein Schwert dar, das in die Erde gesteckt ist, und

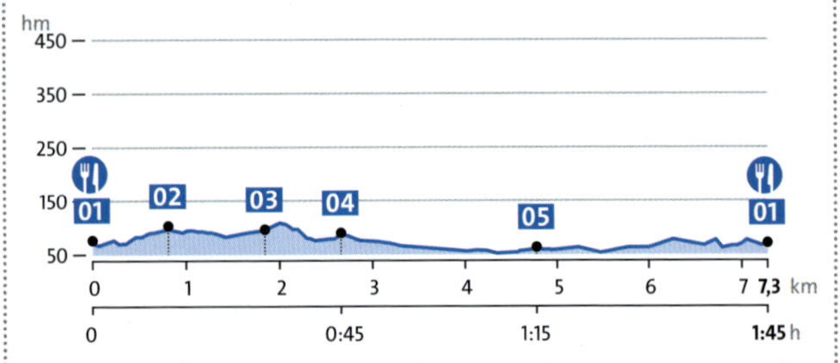

01 Waldgaststätte „Uns Hüsung“, 57 m; 02 Ehrenmal in den Heidbergen, 92 m; 03 „tanzende Stämme“, 98 m; 04 Schmiedeberg, 92 m; 05 Gutshaus Mieckow, 61 m

kann von Ostern bis Ende Oktober bestiegen werden. Von der Aussichtsplattform genießen wir einen ausgezeichneten Rundblick.

Wir bleiben auf dem Schotterweg, der nun leicht bergab führt. Nach etwa 300 m kommen wir an eine beschilderte Kreuzung und biegen links ab Richtung „Heideschmiede" (Markierung: „grüner Balken"). Nach einem ziemlich ebenen Wegabschnitt folgt ein kurzer Anstieg zu den **„tanzenden Stämmen" 03**: Eine Buche und eine Ulme wachsen eng umschlungen.

Anschließend bleiben wir auf dem Weg Richtung „Heideschmiede" und ignorieren deshalb den abzweigenden „Weg der Verliebten" sowie den abzweigenden Weg Richtung „Appelhäger Forst". Bald erfreuen wir uns am Ausblick auf das Hügelland der Mecklenburgischen Schweiz.

Am **Schmiedeberg** 04, gegenüber der Heideschmiede, gehen wir mit etwas Abstand zur Straße

Die „tanzenden Stämme": Eine Buche und eine Ulme wachsen eng umschlungen

Die Familie von Zep(p)elin

Das alte mecklenburgisch-pommersche Adelsgeschlechts Zepelin benannte sich nach seinem Stammhaus Zepelin, heute eine Gemeinde im Landkreis Rostock, und wurde bereits im 13. Jh. urkundlich erwähnt. In Mecklenburg und Pommern besaßen die Zepelins etliche Güter. Zu den frühen und jahrhundertelangen Besitzungen zählten Appelhagen, Guthendorf, Mieckow, Thürkow und Wulfshagen. Später gelangte die Familie auch in Württemberg zu Besitz und Ansehen. Karl von Zeppelin, Begründer der württembergischen Linie und bereits mit zwei „p" geschrieben, wurde Ende des 18. Jh. in den Reichsgrafenstand erhoben. Aus der mecklenburgischen Linie von Thürkow-Appelhagen stammt der berühmte Erfinder und Namensgeber der Luftschiffe, Ferdinand Graf von Zeppelin (1838-1917). Obwohl sich die Familienbegräbnisstätte in Appelhagen befindet, wurde der Luftschiffpionier auf dem Stuttgarter Pragfriedhof bestattet. Dennoch ist ein Besuch der Familienbegräbnisstätte in Appelhagen interessant, am besten im Anschluss an die kurze Wanderung.

Gute Fernsicht: In den Teterower Heidbergen stehen wir hoch genug, um die weite Landschaft ringsum zu überblicken

nordwestwärts. Dann folgen wir der Straße und biegen bei erster Gelegenheit links ab. Der mit Betonplatten ausgeführte Fahrweg bringt uns nach Mieckow. Am Bushäuschen gehen wir nach links in die Dorfstraße und laufen zum **Gutshaus Mieckow** 05.

Gut Mieckow war über viele Jahrhunderte im Besitz der Familie von Zepelin (siehe Kasten). In seinem heutigen Erscheinungsbild ist das Gutshaus ein klassizistischer Backsteinbau auf einem hohen Feldsteinfundament. Es wurde 1848 neu errichtet und um Wirtschaftsgebäude sowie eine große Scheune ergänzt. Nach dem Zweiten Weltkrieg wurde die Familie Zepelin vertrieben und enteignet, ins Gutshaus zogen Flüchtlinge ein. Trotz aller Folgenutzungen wurde das historische Gebäude kaum verändert; heute wird es als Wohnhaus genutzt. Hinter dem Haus erschließt sich ein nicht öffentlicher Park mit altem Baumbestand und einem Teich.

Beim Gutshaus gehen wir südwärts und am Dorfteich am Ortsrand nach links. Der von Bäumen bestandene Feldweg, welcher hin und wieder mit dem „gelben Balken" markiert ist, führt uns in östliche Richtung. Später nehmen wir Kurs Südost und wandern in ein lichtes Waldgebiet hinein. Hin und wieder blicken wir auf das Ehrenmal, das sich linkerhand befindet. Wir kommen zur vertrauten Kreuzung mit Wegweisern und schreiten geradeaus zurück zur **Waldgaststätte „Uns Hüsung"** 01, die sich jetzt für eine Einkehr empfiehlt.

Letzte Ruhestätte: Die Begräbnisstätten der Familien von Bülow und von Zeppelin in Appelhagen

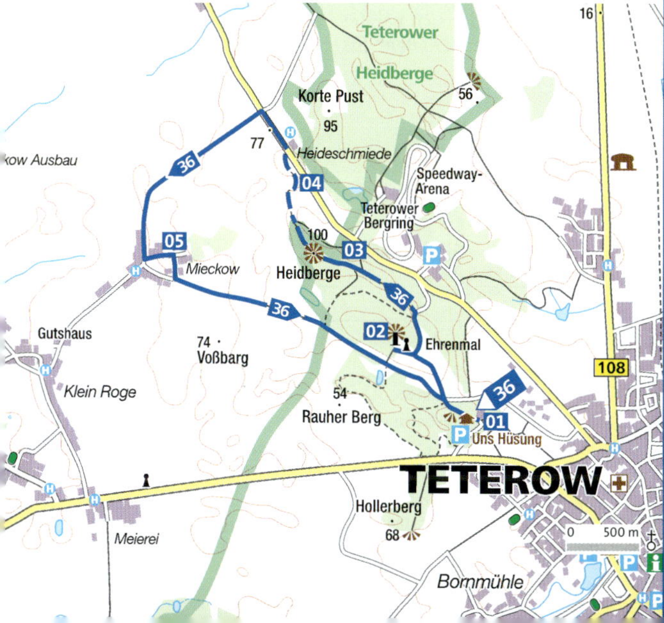

MECKLENBURGISCHE SCHWEIZ: AUF DEN RÖTHELBERG • 95 m

Architektur, Kunst und aussichtsreiche Landschaft

13,2 km 3:30 h 136 hm 136 hm 865

START | Burg Schlitz, 56 m, Parkplatz an der B108
[GPS: UTM Zone 33U x: 338.242 m y: 5.953.357 m]
CHARAKTER | Zweifellos: Die Aussicht vom Röthelberg gehört zu den besten, die man in der Mecklenburgischen Schweiz genießen kann. Wählen Sie deshalb einen Tag mit klarer Sicht und Sonnenschein für die Wanderung. Neben viel schöner Landschaft erleben wir auf dieser Tour Kunst und Kultur: die historischen Gebäude von Schloss Schorssow und Burg Schlitz, die heute noble Hotels sind, den mit vielen Denkmälern ausgestatteten Park Schlitz sowie den Skulpturenweg nach Görzhausen. Ein besonderes Highlight ist der weltberühmte Nymphenbrunnen. Für viele Kinder ist das alles eher langweilig.

Unsere Wanderung beginnt am großen Parkplatz, der sich bei der **Gaststätte „Goldener Frieden“** 01 an der Bundesstraße B108 befindet. Hier gibt es Infotafeln über die Burg Schlitz und den Naturpark

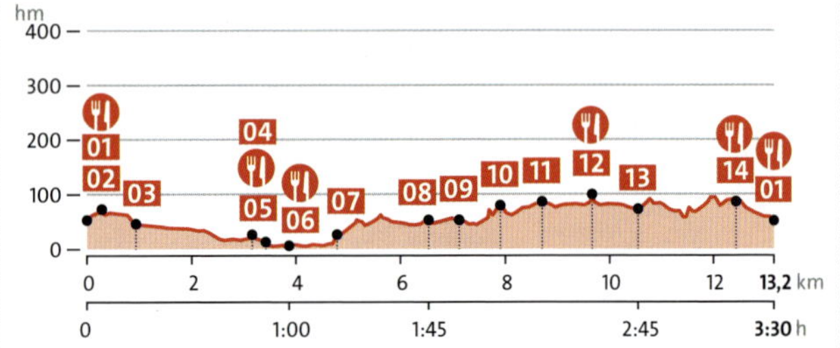

01 Gaststätte „Goldener Frieden“, 56 m; 02 bronzezeitliche Hügelgräber, 54 m; 03 Meierei und Försterei Carlshof, 41 m; 04 Kirchenruine Schorssow, 32 m; 05 Badestelle am Haussee, 6 m; 06 Schloss Schorssow, 6 m; 07 Ruhebank mit See- und Schlossblick, 8 m; 08 Gedenkstein, 49 m; 09 Wanderstabdenkmal, 54 m; 10 Badestelle am Stratensee, 48 m; 11 Röthelberg, 95 m; 12 Görzhausen, 80 m; 13 Schlosspark Schlitz, 74 m; 14 Nymphenbrunnen, 80 m

Schweizen gibt es viele: Die „echte" ist über 800 km von der Mecklenburgischen entfernt

Mecklenburgische Schweiz. Um das „Land der Hügel und alten Bäume" zu erkunden, folgen wir dem Wegweiser Richtung Carlshof und Schorssow. Der Weg führt nach Osten in ein Waldgebiet hinein, wo wir nach etwa 500 m Fußmarsch eine Infotafel über die **bronzezeitlichen Hügelgräber** 02 entdecken, die sich an dieser Stelle befinden.

Auf dem breiten Hauptweg laufen wir weiter, nunmehr Richtung Südosten. Wir ignorieren einen kreuzenden Weg und erreichen schnell die ersten Häuser von Carlshof. An der gepflasterten Straßenkreuzung erfahren wir Wissenswertes über die **Meierei und Försterei Carlshof** 03.

Wir wandern nach rechts, der Wegweiser „Schorssow 2,1 km" gibt uns die Richtung vor. Bevor wir Carlshof südwärts verlassen, können wir einen Abstecher zum gut beschilderten Keramik-Atelier von Elke Steckhan und Viktor Schulze machen.

Der Betonplattenweg nach Schorssow besitzt einen grünen Mittelstreifen, sodass wir nicht immer auf dem harten Untergrund gehen müssen. Wir genießen die friedliche Landschaft. In Schorssow halten wir uns am „Kreisverkehr" halbrechts in einen Fußweg zur **Kirchenruine Schorssow** 04.

Das Mitte des 14. Jh. erbaute Gotteshaus besaß einen annähernd quadratischen Grundriss und kleine romanische Rundbogenfenster. Der beinah gleich große Chor mit einem weitgespannten Triumphbogen hatte bereits gotische Fenster und ein Kreuzrippengewölbe. Im Zuge einer Auseinandersetzung um den Besitz von Schloss Schorssow wurde die Kirche eingerissen. Trotzdem verblieben bis 1944 die im 17. Jh. gestifteten Glocken in der Ruine, dann wurden sie entfernt und zur Verwendung für die Rüstungsindustrie eingeschmolzen. Nach umfangreichen Sanierungsarbeiten in den Jahren 2001/2002 wurde ein neuer Glockenstuhl mit einer neuen Glocke aufgestellt.

Von der Kirchenruine gehen wir durch das parkähnliche Areal zur nahen **Badestelle am Haussee** 05. Hier können wir rasten und uns abkühlen; an der Straße ober-

Älter oder jünger? Im Park von Burg Schlitz stehen romantische Skulpturen, die man schwer von frühgeschichtlichen Denkmälern unterscheiden kann

halb befindet sich das Landhotel Schorssow, dessen Restaurant sich für eine Einkehr anbietet (*www.landhotel-schorssow.de*).

Seeseitig neben der Straße verläuft ein Spazierweg. Wir folgen ihm westwärts und schlendern durch einen Teil des englischen Landschaftsparks zum **Schloss Schorssow** 06. Ursprüngliche Gebäude gehörten vom 14. bis 16. Jh. der Familie Maltzan, danach dem Herzog Hans von Schleswig-Holstein-Gottorp, der im gesamten Ostseeraum Güter erwarb. Weil ausländische Fürsten ab 1755 kein Land in Mecklenburg besitzen durften, fiel das Anwesen an die Familie von Moltke. Hofjägermeister von Moltke ließ das Schloss zu der klassizistischen Dreiflügel-Anlage umbauen, die wir heute sehen. Nach den Napoleonischen Kriegen wechselten die Besitzer. Den Zweiten Weltkrieg überstand das Schloss Schorssow schadenfrei, zur „DDR-Zeiten" richtete man in dem Gebäude eine Kinderkrippe ein. Nach der „Wende" verfiel das historische Bauwerk stark. Im Anschluss an eine aufwändige Sanierung wurde das Schlosshotel eröffnet (*www.schlosshotel-schorssow.de*).

Wir spazieren am Haupteingang des Schlosshotels vorbei. Etwa 100 m westlich steht eine Tafel, die ein Luftbild der Mecklenburgischen Schweiz zeigt. An dieser Stelle folgen wir dem Wegweiser „Burg Schlitz 4,0 km" und wandern auf dem reizvollen Seerundweg um das Westufer des Haussees herum (Markierung: „grüner Punkt"). Bei der **Ruhebank mit See- und Schlossblick** 07 verlassen wir den „Wanderrundweg Haussee" und vertrauen der Beschilderung „Burg Schlitz 3,0 km".

Wir steigen ziemlich steil bergan und drehen uns ab und an um, denn der Blick zurück lohnt sich! Im Wald geht's nur unmerklich auf und ab, und der Weg wird bald breiter. Forstwege, die links abzweigen, ignorieren wir. Im Gehölz verbergen

Kunst am Wegesrand: Am Skulpturenweg ist sie unsere Begleiterin

sich ein paar kleine Toteisseen (Sölle), in denen sich Frösche wohlfühlen – vom Frühjahr bis zum Frühsommer sind sie unüberhörbar. Wo sich rechterhand der Blick auf Felder und Wiesen auftut, passieren wir zwei größere Seen, die Überbleibsel des Gletschereises sind, welches die Landschaft formte. Kurz darauf kommen wir zu einem **Gedenkstein** 08 für einen „Comes (de) Bassewitz".

Bei diesem Gedenkstein biegen wir links ab und folgen dem kerzengeraden Wegverlauf zum **Wanderstabdenkmal** 09. Das prachtvolle, beinah sieben Meter hohe Monument aus dem 19. Jh. erinnert an die Wanderjahre des „Burgherren" Hans Graf von Schlitz. Unmittelbar dahinter befindet sich eine bronzezeitliche Grabanlage.

Vom Wanderstabdenkmal sind es nur knapp 100 m zur Bundesstraße, die wir vorsichtig überqueren, um auf der geteerten Straße nach Karstorf zu marschieren. Wir laufen bis zur einzigen richtigen Kreuzung im kleinen Ort, dort steht ein braunes Schild mit der Aufschrift „Skulpturenweg". Wir biegen links ab und folgen dem geschotterten Fahrweg. Hinter den letzten Häusern befindet sich auf der linken Seite die **Badestelle am Stratensee** 10 mit einem Rastpavillon, der schon etwas in die Jahre gekommen ist. In einem leichten Rechtsbogen steigt unser breiter, von Bäumen gesäumter Weg beständig an. Wir passieren den „Idastein" und biegen etwa 100 m danach in den baumbestandenen Pfad, der nach links zum **Röthelberg** 11 führt. Am „Gipfel" kann man einer kurzen Schlaufe nachgehen und auf einer der Ruhebänke platznehmen, um den herrlichen Ausblick zu genießen.

Wieder am Skulpturenweg, folgen wir diesem nach links bis zum Ort **Görzhausen** 12, um uns die verschiedenen Kunstwerke anzusehen. Auch der Blick in die Landschaft lohnt den Hin- und Rückweg nach Görzhausen. Außerdem gibt es dort ein Hofcafé, dessen Öffnungszeiten Sie bitte vorab erfragen (Facebook: *www.facebook.com/people/Hofcafe-Görzhausen*).

Wertvolle Kunst: Burg Schlitz besitzt eines von weltweit sechs bekannten Exemplaren des Nymphenbrunnens

Zurück aus Görzhausen, zweigen wir nach links in einen schmalen, grasbewachsenen Weg ab. Er beginnt wenige Meter vorm Abzweig des Weges auf den Röthelberg. Wir gehen bergab und betreten den **Schlosspark Schlitz** 13. Wie Sie durch den verwunschenen Park mit seinen zahlreichen Denkmälern schlendern, bleibt Ihnen überlassen. Der kürzeste, breite Weg führt nach ungefähr 100 m nach rechts und stetig westwärts. In der Karte und im GPX-Track zeigen wir Ihnen dagegen die Schlaufe durch den nördlich Parkteil, die zum „Freimaurerstein", zum „Grab des Riesen", zum „Arkadienstein" und vielen anderen Denkmälern führt. Wenige Meter hinterm „Lehrerstein" trifft die Schlaufe auf den breiten Weg, der der kürzeste ist. Wir marschieren leicht abwärts und kommen beim **Nymphenbrunnen** 14 heraus.

Vom Brunnen sind es nur wenige Schritte zur Burg, die heute als vornehmes Hotel genutzt wird (*www.burg-schlitz.de*). Dass es sich um ein Schloss anstelle einer Burg handelt, ist Verdienst des Hans Graf von Schlitz, für den das Wanderstabdenkmal errichtet wurde. Er ließ die ursprüngliche Burganlage abreißen und eine klassizistische Prunkanlage erbauen – die größte in Mecklenburg. Das Hauptgebäude ist dreiflügelig und hat einen zweigeschossigen Mitteltrakt. Auffällig sind der halbrunde Säulenvorbau mit Freitreppe zum Hauptportal sowie ein aufgesetzter „Aussichtsturm". Im Inneren des Schlosses sticht der „Schinkelsaal" hervor, der mit Tapetenmalereien und Kachelöfen nach Entwürfen von Karl Friedrich Schinkel ausgestaltet ist.

Wenn Sie nicht zufällig im Schlosshotel nächtigen, werden sie den „Schinkelsaal" nicht bewundern dürfen. Stattdessen folgen Sie der Zufahrtsstraße zum Parkplatz bei der **Gaststätte „Goldener Frieden"** 01. Schwacher Trost: Dem Autor erging es genauso!

Was haben Antwerpen und New York mit Schlitz in der Mecklenburgischen Schweiz gemeinsam?

Der weltberühmte Nymphenbrunnen ist ein im Jugendstil erschaffenes Kunstwerk des Bildhauers Walter Schott, der zu Zeiten Kaisers Wilhelm II. an der Berliner Bildhauerschule arbeitete. Da die „tanzenden Mädchen" aus Bronze gegossen sind, konnte sie Schott mehrmals anfertigen. Soweit bekannt, gibt es den Nymphenbrunnen sechsmal auf unserer Erde. Die zeitlich erste Anfertigung steht in Potsdam (Türkstraße), die zweite an der Burg Schlitz, Nummer drei im Park des Schlosses Gondelsheim (Landkreis Karlsruhe, Baden-Württemberg). Der vierte Nymphenbrunnen befindet sich im Central Park von New York, eine fünfte Version in Berlin (Pacellliallee), und das sechste Exemplar existiert in Antwerpen. Es soll 1910 den deutschen Pavillon auf der Weltausstellung in Brüssel geschmückt haben, bevor es in die Niederlande kam.

BERGSEE, GROSSER LAUBAHN UND LOPPINER SEE

Ruhige Runde im Naturschutzgebiet „Seen- und Bruchlandschaft südlich Alt Gaarz“

14 km | 3:30 h | 63 hm | 63 hm | 865

START | Alt Gaarz, 68 m, Parkplatz an der Badestelle [GPS: UTM Zone 33U x: 334.940 m y: 5.939.964 m]
CHARAKTER | Mitten im Naturpark Nossentiner/Schwinzer Heide schläft das Dörfchen Alt Gaarz seinen Dornröschenschlaf. Nur wenige Touristen kommen in die ruhige Gegend. Gerade deshalb ist das Naturschutzgebiet „Seen- und Bruchlandschaft südlich Alt Gaarz“ ein gutes Ziel für eine Rundwanderung. Unterwegs kann man sich im Loppiner See erfrischen, am Ende der Wanderung im Bergsee. Einkehrmöglichkeiten gibt es nicht, aber für ein Picknick finden sich mehrere gute Plätze. Im Frühjahr ist die Runde auch sehr schön, dann blühen an den Seeufern und in den Bruchwäldern zahlreiche Pflanzen.

Wir parken an der **Badestelle am Bergsee** 01 und laufen am Steg vorüber südwärts. Wenn grasbewachsene Wege oder Trampelpfade abzweigen, lassen wir uns nicht irritieren und bleiben auf dem

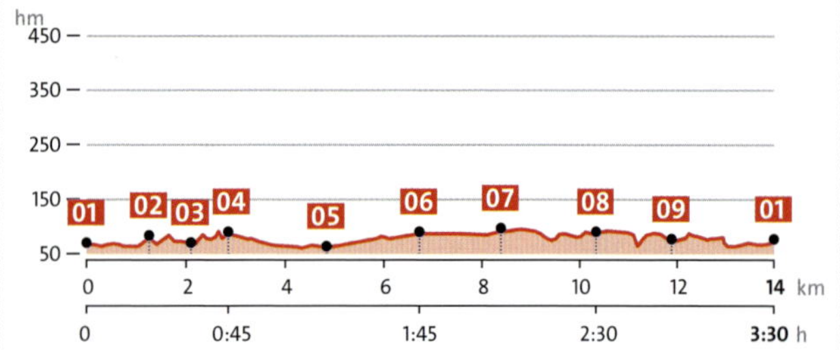

01 Badestelle am Bergsee, 68 m; 02 am Waldrand, 74 m; 03 Südufer des Bergsees, 73 m; 04 T-Kreuzung mit dem „Naturpark-Hauptwanderweg“, 85 m; 05 „Scheune am Loppiner See“, 70 m; 06 erste Wegspinne, 82 m; 07 zweite Wegspinne, 83 m; 08 T-Kreuzung mit einem breiteren Forstweg, 82 m; 09 Rastbank am Bergsee, 75 m

Die Badestelle am Bergsee: Hier können Sie vor und nach der Wanderung ins kühle Nass springen

breiten, gut erkennbaren Feldweg. Nachdem er sich vom Seeufer entfernt hat, blicken wir linkerhand auf den komplett verlandeten Grassee, an dessen Stelle sich Niedermoore und Feuchtwiesen befinden. Sie sind wertvoller Lebensraum für eine Vielzahl an Seggen, Binsen und Moosen und als ein Bestandteil des Naturschutzgebiets „Seen- und Bruchlandschaft südlich Alt Gaarz" deklariert.

Der Feldweg führt weiter südwärts auf einen Wald zu. **Am Waldrand** 02 folgen wir einer grasbewachsenen Fahrspur nach rechts. Anschließend wandern wir auf einem Waldpfad ans **Südufer des Bergsees** 03, wo es eine „wilde" Badestelle gibt. Auf einer Infotafel erfahren wir Wissenswertes über den Klarwassersee, der in einer eiszeitlichen Schmelzwasserrinne liegt. Erstaunlich ist, dass im Bergsee 24 Weichtierarten nachgewiesen wurden. Vier dieser Mollusken-Arten stehen auf der Roten Liste der vom Aussterben bedrohten Arten.

Wer sich nun rechts hält und den Abfluss des Bergsees zum Lankhagensee auf der Krebsbrücke überquert, kann aus der Wanderung einen Spaziergang machen. Die Abkürzung zum Westufer des Bergsees spart beinah 9 km Fußmarsch. Doch unsere Hauptroute führt nicht über die Krebsbrücke, sondern über den Hauptweg oberhalb der „wilden" Badestelle hinweg Richtung Südosten. In etwa 750 m, kurz nach einem von rechts einmündendem Weg, kommen wir an die **T-Kreuzung mit dem „Naturpark-Hauptwanderweg"** 04.

Wir biegen rechts ab und folgen dem teilweise mit einem „roten Punkt" markierten Weg nach Südosten. Bis zum Waldrand legen wir ungefähr 500 m zurück. Beim Schild „Achtung, Brückenschäden!" folgen wir der Waldkante. Blicken Sie bitte nach links: In der kleinen Gehölzgruppe im Feld versteckt sich das Großsteingrab Loppin, das der jungsteinzeitlichen Trichterbecher-Kultur zugerechnet wird. Der Grabhügel ist 19 m lang und 8 m breit und war einst vollständig von Steinen umgeben, von denen nur noch zwei erhalten sind. Von der Grabkammer sind allerdings noch sämtliche sechs Wandsteine vorhanden.

Unterwegs in der Seen- und Bruchlandschaft: Immer wieder blicken wir auf Wasser – hier auf den Krummen See, auch Krog genannt

Der Waldrandweg endet an der Dorfstraße Loppin, auf der wir nach rechts marschieren. Nach nur 200 m biegen wir links in eine kurze Allee ein und spazieren auf das Feriendomizil **„Scheune am Loppiner See“ 05** zu (*www.scheune-am-loppiner-see.de*). Links der liebevoll sanierten Gebäude befinden sich Badestege am Loppiner See, die den Gästen vorbehalten sind.

Unser Weiterweg führt vor den Gebäuden nach rechts Richtung Ortsmitte. Die „Klönbank“ unter der großen Linde ist perfekt zum Innehalten. Gegenüber, auf der anderen Seite der „Hauptstraße“, beginnt ein unbefestigter Fahrweg. Ihm folgen wir westwärts aus dem Ort hinaus (Rundweg „Loppin und Drewitz“ – Markierungen „grüner Punkt“ und „roter Punkt“). Anfangs begleiten wir ein Feld, dann geht's in den Wald hinein. Wir ignorieren einen leicht versetzt kreuzenden Weg und gehen geradeaus weiter bis zur **ersten Wegspinne 06**. Hier bleiben wir auf dem breiten Hauptweg, der nun schnurgerade westwärts verläuft.

Auf einer Strecke von rund 1,6 km schreiten wir an einer ersten Y-Kreuzung, an einer X-Kreuzung und an einer zweiten Y-Kreuzung jeweils geradeaus und kommen so zur **zweiten Wegspinne 07**. Hier treffen insgesamt fünf Wege aufeinander. Aus ankommender Sicht nehmen wir gleich den ersten Weg nach rechts und schwenken somit von der bisherigen Gehrichtung West auf die neue Gehrichtung Nord.

Wir wandern am Kleinen Laubahn vorüber zum Großen Laubahn. Das Tal, in dem sich die malerischen Waldseen ausbreiten, zeigt die typische Form einer Schmelzwasserrinne. Es ist ein besonders wertvoller Teil des Naturschutzgebietes. Bitte bleiben Sie stets auf dem Weg, der an der Verlandungszone des Großen Laubahn östlich verläuft!

Wir kommen zur **T-Kreuzung mit einem breiteren Forstweg 08**, biegen links ab und nach etwa 300 m an der nächsten T-Kreuzung rechts. Damit befinden wir uns zum zweiten Mal auf dem „Naturpark-Hauptwanderweg“ und marschieren auf ihm Richtung Krebsbrücke. Unmittelbar vor der Brücke halten wir uns nun links und folgen dem Bergsee-Westufer nordwärts.

Schon nach kurzer Zeit lädt eine **Rastbank am Bergsee 09** zum Ausruhen unter alten Eichen ein. „Pi mal Daumen“ 15 Minuten später umgehen wir ein See-

Die „Scheune am Loppiner See“: Wer hier Urlaub macht, bekommt eine private Badestelle inklusive

grundstück, indem wir den Pfeilen vertrauen. In Sichtweite des Waldrandes zweigen wir rechts ab und wandern auf dem von Weiden und Feldgehölzen gesäumten Feldweg am Nordwestufer des Bergsees nach Alt Gaarz. Im Ort halten wir uns rechts und beenden unsere Runde an der **Badestelle am Bergsee 01**.

VON MALCHOW AN DEN PLAUER SEE

Alles dreht sich ums Wasser: wir Wanderer und sogar eine Brücke!

15,1 km 4:00 h 72 hm 72 hm 865

START | Malchow, 64 m, Stadthafen
[GPS: UTM Zone 33U x: 329.190 m y: 5.928.066 m]
CHARAKTER | Während dieser Tagestour umrunden wir die vielbefahrene Wasserstraße zwischen der Inselstadt Malchow und dem Lenzer Hafen. Die meiste Zeit wandern wir auf sandigen Wegen und schmalen Pfaden durch angenehme Wald- und Wiesenlandschaft. Zur Halbzeit können wir am Lenzer Hafen einkehren und uns im Plauer See abkühlen. Auch auf dem Rückweg gibt es eine Badestelle. Gegen Ende besichtigen wir das ehemalige Kloster Malchow. Bitte beachten: Mehrere Abschnitte der Tour eignen sich nicht fürs Radfahren!

Mitten im See liegt die Altstadt von Malchow, und ihre Bewohner sind stolz auf den Titel Inselstadt. Während auf der Ostseite seit Mitte des 19. Jh. ein Damm auf die Insel führt, gibt es an der Westseite

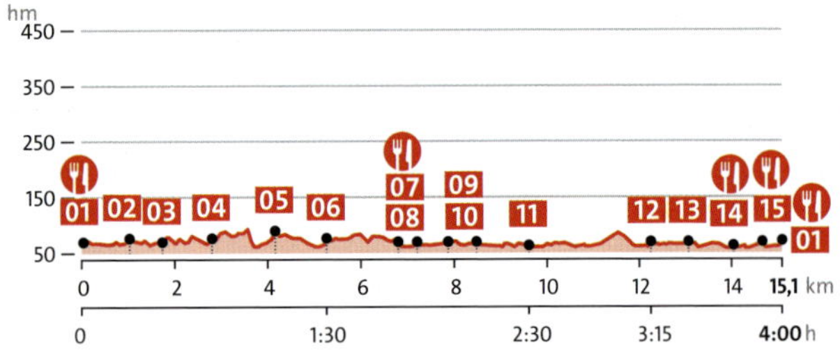

01 Stadthafen Malchow, 65 m; 02 Ende des breiten Wegs, 67 m; 03 Einlassstelle für Boote, 63 m; 04 engste Stelle des Recken, 63 m; 05 Kreuzung an der Autobahn, 77 m; 06 Biestorf, 73 m; 07 Lenzer Krug, 66 m; 08 Y-Kreuzung, 67 m; 09 unscheinbarer Pfad, 69 m; 10 Uferweg, 77 m; 11 Rastplatz an einer Badestelle, 68 m; 12 geteerte Fahrstraße, 72 m; 13 Brücke über den Klosterbach, 64 m; 14 Kloster Malchow, 65 m; 15 Marktplatz, 65 m

Stimmungsvoll: die Mündung des Petersdorfer Sees in den Plauer See beim Lenzer Krug

die viel bestaunte Drehbrücke. Bis 1845 stand an ihrer Stelle eine feste Holzbrücke, die Schiffe umfuhren die Insel auf der anderen Seite. Es folgten eine hölzerne Hubbrücke und eine hölzerne Drehbrücke, bevor 1912 die erste stählerne Drehbrücke eingeweiht wurde. 1945 wurde sie gesprengt, doch drei Jahre später begann der Bau einer neuen Drehbrücke – die erste mit Elektroantrieb. Bis zur Eröffnung der Autobahn Berlin-Rostock im Jahr 1978 war die Drehbrücke der einzige Übergang über die Oberseen der Mecklenburgischen Seenplatte. Dennoch zerfiel sie zusehends und konnte in den 1980er Jahren nicht mehr benutzt werden. Schließlich entstand zwischen 1989 und 1991 die heutige Drehbrücke. Sie wird während der Saison zu jeder vollen Stunde geöffnet, damit der Schiffsverkehr passieren kann.

▶ Unsere Rundwanderung beginnt am **Stadthafen Malchow** 01, der sich nur ein paar Schritte neben der Drehbrücke befindet. Im hafenseitigen Teil der Stadt gibt es mehrere Parkplätze. Ein Parkplatz liegt am Stadthafen, er hat aber nur 25 Stellplätze. Eventuell müssen Sie etwas weiter entfernt parken und zum Stadthafen hinübergehen.

Wir gehen um das Hafenbecken herum zur Mühlenstraße und folgen ihr stadtauswärts. Nach etwa 600 m enden der Asphalt und die Wohnbebauung, rechterhand ist eine Grünfläche. Hier halten wir uns geradeaus. Linkerhand sind viele Bootsschuppen. Ungefähr in Höhe des letzten Bootshauses erreichen wir das **Ende des breiten Wegs** 02.

Wir folgen dem schmalen Pfad geradeaus und bleiben somit in Nähe des Ufers, an dem wir uns beinah den ganzen Tag orientieren können. Wo sich der Pfad teilt, nehmen wir den linken von beiden, und erreichen kurz darauf eine **Einlassstelle für Boote** 03,

Unter der Autobahn: Blick auf den Ausgang des Recken. Der Straßenlärm stört nur für kurze Zeit

an der gelegentlich gebadet wird. Ein idealer Badeplatz ist das aber nicht!

Weiter geht's auf dem schönen ufernahen Pfad. Bald wird er etwas deutlicher und mündet in einen breiteren Weg ein, auf dem wir nach links marschieren. Unser Weg entfernt sich leicht vom Wasser und verläuft durch Wald. Wir ignorieren alle Abzweige nach rechts. Durch den Wald streben wir wieder aufs Ufer zu und erreichen die **engste Stelle des Recken** 04 – so wird die schmale Wasserstraße zwischen Petersdorfer See im Westen und Malchower See im Osten genannt. Auch an dieser Stelle wird manchmal gebadet, obwohl es nicht sonderlich empfehlenswert ist.

Der ufernächste Waldweg bringt uns zur Autobahn A19, unterquert sie und verläuft ein Stück parallel zur Autobahn nordwärts, hier als breiter Sand- und Kiesweg. Knapp 500 m nach der Autobahnunterquerung biegen wir links ab (**Kreuzung an der Autobahn** 05). Auf breitem Weg wandern wir in einem Bogen bis nach **Biestorf** 06, wo wir auf eine Straße treffen und sogleich wieder links abbiegen.

Wir laufen am Forsthaus Leonhard und am „Wohnbootshaus" vorüber – beide kann man als Ferienresidenz mieten. Anschließend geht es ziemlich nah am Ufer des Petersdorfer Sees dahin bis nach Lenz. An unserem Weg zum **Lenzer Krug** 07 erinnert eine ältere Infotafel an den ehemaligen Standort der Lenzer Burg.

Der Lenzer Krug war jahrelang die beste Wahl für eine Einkehr, doch leider war das beliebte Lokal 2023 geschlossen. Ob und wann der Lenzer Krug wiedereröffnet, war bei Erscheinen dieses Buches nicht sicher. Einkehren kann man am Lenzer Hafen allerdings immer noch, nämlich in der Hafengasstätte.

Tipp: Vor der schönen Terrasse des Lenzer Krugs befindet sich die Anlegestelle der Blau-weißen Flotte. Wer keine Lust mehr zum Wandern hat, kann direkt mit dem Schiff nach Malchow zurückfahren oder vorher noch eine

Publikumsmagnet: Wenn die Drehbrücke Malchow geöffnet ist und viele Schiffe hintereinander passieren, sind fast immer Zuschauer dabei

Runde über den Plauer See drehen, sofern es die Abfahrtszeiten erlauben. Der Schiffsanleger am Lenzer Krug ist übrigens der Ausgangspunkt unserer Tour 41.

Wie bei Wanderung 41 queren wir auf der blauen Brücke den Lenzer Kanal und wandern geradeaus, vorbei am Strand und am Eis-Café Strandperle. Nach weniger als 300 m führt Tour 41 geradeaus, doch wir folgen dem Fahrsträßchen in einem Linksbogen, sodass wir uns vom Plauer See verabschieden. An der folgenden **Y-Kreuzung** 08 halten wir uns links Richtung „Hotel & Restaurant Waldesruh".

Nun wird es in gewissem Maße abenteuerlicher: Wo das Asphaltsträßchen nach Süden schwenkt, etwa 600 m nach der Y-Kreuzung, gehen wir scharflinks: Hier beginnt ein **unscheinbarer Pfad** 09. Ein paar Schritte, dann folgt dieser Pfad der Waldkante nach rechts – links von uns ist Wald, rechts eine umzäunte Wiesenfläche. Weiter auf dem Pfad: Wir kommen durch ein Waldstück und erreichen an einem Bach wieder eine Wiesenfläche. Dann kreuzen wir einen Privatweg, der nach rechts zum Hotel Waldesruh und nach links zu dessen Bootssteg führt. Noch 100 m geradeaus und wir erreichen den besser gepflegten **Uferweg** 10. Wir biegen links ab.

Der abwechslungsreiche Weg bringt uns in wenig Abstand zum Ufer des Petersdorfer Sees ostwärts. Nach etwa 800 m passieren wir einen ersten Bootssteg, an dem ein Schild „Betreten und Anlegen verboten" angebracht ist. Rund 200 m weiter folgt ein weiterer Bootssteg, und kurz darauf kommen wir zu einem **Rastplatz an einer Badestelle** 11. Wegen der Autobahnnähe ist das nicht die ruhigste Stelle, aber für eine kurze Erfrischungspause taugt sie allemal.

Unter der Autobahn hinweg geht's weiter ostwärts. Wir ignorieren einen verwachsenen Weg, der nach rechts abzweigt, sowie einen kreuzenden Weg, und treffen etwa 2,3 km ab Autobahn auf eine **geteerte Fahrstraße** 12. Auf ihr laufen wir nach links, an der Zufahrt zu den Häusern Ziegeleiweg 16-18 vorüber.

Stattliches Bauwerk: Die 1890 im neugotischen Stil ungestaltete ehemalige Klosterkirche Malchow dient heute für Konzerte und beherbergt einen Teil des Mecklenburgischen Orgelmuseums

So treffen wir auf den Fuß- und Radweg an der Bundesstraße B192. Wir nutzen diesen Fuß- und Radweg für etwa 700 m und lassen dabei die Bootshalle Malchow links liegen.

Gleich nach der **Brücke über den Klosterbach** **13** verlassen wir den Fuß- und Radweg an der B192. Wir gehen nach links und hinter den Häusern wieder links. So erreichen wir bald das Ufer des Malchower Sees, schreiten an mehreren Bootsgaragen und -stegen vorüber und kommen durch den Engelschen Garten zum ehemaligen **Kloster Malchow** **14**.

Vom Kloster folgen wir schließlich der Uferpromenade beim Bollwerk, wo sich einst der Hafen von Malchow befand. Wir passieren „die Wäsche“, einen der letzten erhaltenen Wäschewaschplätze mit absenkbarem Steg. Dann spazieren wir über den Damm zur Altstadt, an dessen Errichtung ein Gedenkstein daselbst erinnert. Die Strecke durch die Altstadt, deren Lage Malchow den Titel „Inselstadt“ einbrachte, ist Ihnen überlassen. Idealerweise spazieren Sie durch die Lange Straße zum hübschen **Marktplatz** **15** und anschließend durch die Kurze Straße zur Drehbrücke beim **Stadthafen Malchow** **01**.

Kloster Malchow

Das Kloster der Magdalenerinnen entstand Ende des 13. Jh., als die Ordensschwestern von Röbel nach Malchow umzogen. Nach der Reformation wurde es in ein adliges Damenstift umgewandelt. Es war üblich, dass wohlhabende Adelsfamilien ihre Töchter auf Damenstifte schickten. Meist wurden sie schon wenige Tage nach der Geburt „eingeschrieben", und oft galt eine feste Rangfolge: Die älteste Tochter kam nach Dobbertin, die zweitälteste zum Damenstift Malchow, und die drittälteste nach Ribnitz. Wegen der begrenzten Plätze soll es allerdings Wartezeiten von bis zu 50 Jahren gegeben haben.

Die Klosterkirche Malchow war ursprünglich eine Feldsteinkirche. Sie entstand im Jahr 1234. Mitte des 19. Jh. erneuerte man das Gotteshaus und fügte den 52 m hohen Backsteinturm an. Nach einem Brand im Jahre 1888 wurde die Kirche 1890 umfassend erneuert, seither präsentiert sie sich neogotisch. Heute wird das Gotteshaus als Konzertsaal und gemeinsam mit dem ehemaligen Pfarrhaus für das Mecklenburgische Orgelmuseum genutzt (*www.orgelmuseum-malchow.de*).

Die übrigen Gebäude des ehemaligen Magdalenerinnen-Klosters und Damenstifts wurden im Laufe der Jahre mehrfach umgebaut. Von der alten Anlage existieren nur noch ein Teil des Kreuzgangs sowie das einstige Klausurgebäude. In einigen Räumen des vormaligen Klosters befindet sich das Klostercafé (geöffnet Mai-Okt Mi-So 12-17 Uhr, Nov-Apr Sa-So 14-17 Uhr).

PFAD DER WALD- UND BAUMGEISTER

Für Familien: von Zislow um den Großen Pätschsee und am Plauer See retour

8 km | 2:15 h | 29 hm | 29 hm | 865

START | Zislow, 73 m, Parkplatz
[GPS: UTM Zone 33U x: 321.678 m y: 5.923.747 m]
CHARAKTER | Das ist eine ideale Wanderung für Familien mit Kindern! Die einfache, kurze Tour führt durch Felder und Wiesen zum Großen Pätschsee, wo wir dem „Pfad der Wald- und Baumgeister" folgen. Am schönen Uferweg verstecken sich viele sagenhafte Gestalten. Da kommt keine Langeweile auf. Eine Naturbadestelle mit „Affenschaukel" bietet sich für eine Pause an, bevor wir den Rückweg antreten. Er verläuft am Plauer See bis zum Strand Zislow, wo man den restlichen Tag gut verbringen kann.

Der **Parkplatz Zislow** 01 befindet sich am westlichen Ortsrand beim „Dörp Konsum". Dort stellen wir unser Auto ab. Am nördlichen Ende des Parkplatzes suchen wir einen Pfad, der auf der anderen Straßenseite nahe am Waldrand entlangführt. Er endet nach reichlich 250 m an einer asphaltierten Straße, der baumbestandenen Waldchaussee. Ihr folgen wir nach links. Durch Felder und Wiesen laufen wir nordwärts. Wir passieren ein kleines Waldstück rechterhand, dahinter folgt Wald links der Chaussee. Wir sehen

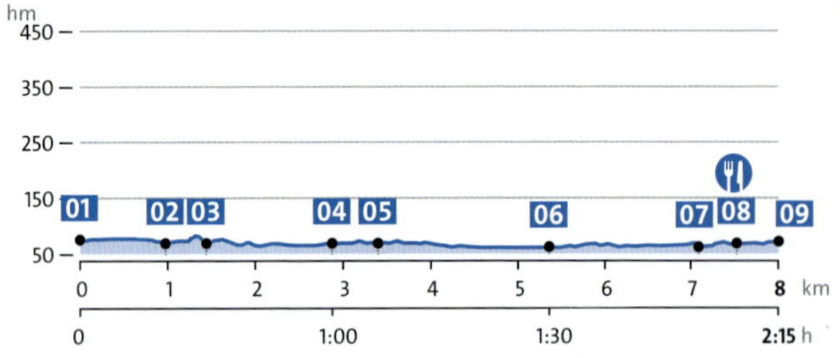

01 Parkplatz Zislow, 79 m; 02 Schranke, 71 m; 03 Großer Pätschsee, 68 m; 04 Kreuzung beim Abfluss, 69 m; 05 Naturbadestelle, 68 m; 06 Marina „Zwei Seen", 62 m; 07 Marina Zislow, 71 m; 08 Strand mit Spielplatz, 67 m; 09 Heimathaus, 68 m

einen großen Baum rechts auf dem Feld. Kurz danach zweigt bei einer **Schranke** 02 rechts unser Weiterweg ab.

Am Waldrand gehen wir ein kurzes Stück nordwärts. Links führt ein Waldpfad zum Kleinen Pätschsee, doch wir laufen geradeaus weiter. Nach einer langen Rechtskurve erreichen wir das Ufer des **Großen Pätschsees** 03. Wir folgen dem Uferweg am Großen Pätschsee nach links. Überall entdecken wir Wald- und Baumgeister!

Nach ungefähr 1,6 km Uferweg erreichen wir die **Kreuzung beim Abfluss** 04 des Großen Pätschsees. An dieser Kreuzung gehen wir nach rechts, um einen Abstecher zur 500 m entfernten **Naturbadestelle** 05 zu unternehmen. Wer sich mit dem schlickigen Seegrund anfreunden kann, plantscht vergnügt im flachen Wasser. Tapfere Kinder können sich mit der „Affenschaukel" ins kühle Nass schwingen, bevor sie mit ihren Eltern zur **Kreuzung beim Abfluss** 04 zurücktrotten.

Nun wandern wir nach rechts durch den Erlenbruchwald zum Ufer des Plauer Sees. An der kleinen Brücke biegen wir links ab und folgen dem Uferpfad am Plauer See. Nach etwa 900 m ab Abzweig Brücke kommen wir zur **Marina „Zwei Seen"** 06. Wir folgen weiter dem Plauer Seeufer, spazieren über den Steg beim Hafenbecken und durch Wald südwärts zur **Marina Zislow** 07. Von da laufen wir rund 500 m

Ein Herz für den Plauer See: Wer aufmerksam ist, entdeckt auf dieser Wanderung viele kleine Kunstwerke

zum **Strand mit Spielplatz** 08. Hier gibt es auch Verpflegungsmöglichkeiten.

Die Wanderung 41 und die Verlängerung – siehe Kasten – führen weiter am Seeufer entlang. Um unsere Runde ohne Extras zu beenden, steigen wir die Stufen zur Fachwerkkirche Zislow hinauf. Das denkmalgeschützte Gotteshaus wurde Mitte des 18. Jh. anstelle einer Vorgängerkirche errichtet, die im Dreißigjährigen Krieg zerstört wurde. Historiker vermuten, dass an dieser Stelle ein germanischer Kultplatz existierte. Teile der Inneneinrichtung der schlichten Dorfkirche sind älter als sie selbst. So stammt das Gestühl aus dem späten 17. Jh., die Kanzel wurde in der Zeit nach 1650 gebaut.

Von der Kirche marschieren wir entlang der Seestraße zum **Heimathaus** 09. Wir folgen der Linkskurve der Seestraße und laufen bis zum Spielplatz. Der „Dörp Konsum“ und der **Parkplatz Zislow** 01 sind in Sichtweite.

Auf dem „Pfad der schlafenden Steine“ zum Aussichtsturm Zislow

Für eine Verlängerung der kurzen Wanderung oder einen anderen Wandertag empfiehlt sich der „Pfad der schlafenden Steine“. Ein Faltblatt, das den Wegeverlauf zeigt und die Sehenswürdigkeiten beschreibt, gibt es am Heimathaus. Wer unserer Tour gefolgt ist, kann gleich am Strand ansetzen und zur Station 3 gehen: „Auf den Spuren der Eiszeit“. Der „Pfad der schlafenden Steine“ führt unter anderem zu einem Aussichtsturm und einem Großsteingrab.

UM DEN SÜDLICHEN PLAUER SEE

Erst eine Schifffahrt und anschließend eine halbe Seeumrundung mit Besuch des Bärenparks Müritz

25,9 km 6:30 h 149 hm 149 hm 865

START | Nach Schifffahrt: Hafen Lenz, 61 m, Schiffsanleger [GPS: UTM Zone 33U x: 324.042 m y: 5.927.750 m]
CHARAKTER | Bevor wir den südlichen Plauer See umrunden, setzen wir mit einem Linienschiff von Plau am See (Westufer) nach Lenz (Ostufer) über. Bitte beachten Sie, dass die Schiffe der Blau-weißen Flotte nur von Mai bis September verkehren. Wenn Sie den Fußmarsch zwischen Oktober und April machen wollen, brauchen Sie ein zweites Auto oder müssen ein Taxi nehmen. Die Wanderung stufen wir als schwer ein: Für die lange Strecke braucht man einen vollen Tag. Gute Kondition ist ein Muss.

Wir parken am **Hafen Plau am See** 14 und nehmen das erste Linienschiff des Tages, das uns bis zum **Hafen Lenz** 01 bringt. Die Überfahrt erfolgt etwa in der Mitte des Plauer Sees, wo dieser fast 5 km breit ist. Der in Nord-Süd-Richtung mehr als 14 km lange Plauer See ist nach der Müritz und dem Schweriner See der drittgrößte in

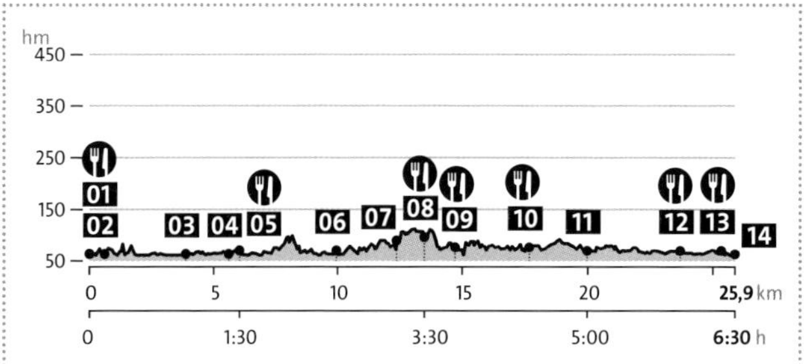

01 Hafen Lenz, 64 m; 02 Lenzer Höhe, 83 m; 03 Marina „Zwei Seen", 62 m; 04 Marina Zislow, 71 m; 05 Strand mit Spielplatz, 67 m; 06 Suckower See, 68 m; 07 Y-Kreuzung, 94 m; 08 Fischimbiss Mütze, 92 m; 09 Campingplatz Bad Stuer, 76 m; 10 Parkplatz Dressenower Mühle, 77 m; 11 Klinik Silbermühle, 67 m; 12 Freibad beim Strandhotel, 66 m; 13 Müritz-Elde-Wasserstraße, 63 m; 14 Hafen Plau am See, 63 m

Ruhe vor dem Sturm? Von Westen kündigen sich dicke Regenwolken über dem Plauer See an

Mecklenburg-Vorpommern und der siebtgrößte See Deutschlands. Mit höchstens 6,80 m Wassertiefe ist er sehr flach, wodurch sich das Wasser im Sommer schnell erwärmt. Badegäste freut's! Über den Fluss Elde ist der Plauer See mit dem Fleesensee, dem Kölpinsee und der Müritz stromaufwärts verbunden. Im Mittelalter hieß der See Cuzhin, nach der gleichnamigen Siedlung und Burg am Westufer, welche heute den Namen Quetzin trägt.

Vom Schiffsanleger beim Lenzer Krug gehen wir über die blaue Brücke zur Südseite des Lenzer Kanals. Wir folgen dem Asphaltsträßchen hinterm Strand für weniger als 300 m. Wo die Straße nach links schwenkt, schreiten wir geradeaus und erklimmen, teilweise über Stufen, die **Lenzer Höhe 02**. Über das kurze Stück Steilufer führen mehrere Pfade – bleiben Sie möglichst in Nähe zum Seeufer. Etwa 1,1 km ab Hafen Lenz erreichen wir annähernd das Seeniveau, auf dem wir uns nun weiterbewegen. Bis zur **Marina „Zwei Seen" 03** marschieren wir auf dem schattigen Uferweg und erfreuen uns am Wald und den Ausblicken auf den See. Über das Gelände des Naturcampingplatzes „Zwei Seen" folgen wir der Ausschilderung zur Gaststätte, die sich beinah am anderen Ende der Anlage befindet. Wir orientieren uns an Schildern und der Nähe zum Seeufer, um auch das „Wald- und Seeblick-Camp" zügig zu passieren. Schließlich spazieren wir über den Steg beim Hafenbecken und am bewaldeten Ufer südwärts zur **Marina Zislow 04**. Von da sind es auf dem Uferweg etwa 500 m zum **Strand mit Spielplatz 05**.

Bevor wir am See weitergehen, machen wir einen Abstecher nach links zur reizvollen Fachwerkkirche Zislow (Treppenweg). Die lange Strecke, die es nun zu absolvieren gilt, bedarf keiner großen Beschreibung: Wir folgen stets dem Seerundweg südwärts, umrunden die auffällige Bucht namens Kellersee, und entdecken ungefähr 10,4 km ab Hafen Lenz den gut versteckten **Suckower See 06**. Zirka 2,5 km weiter stehen wir vor den ersten Häusern von Bad Stuer. An der **Y-Kreuzung 07** gehen wir nicht auf Asphalt in den Ort hinein, sondern im spitzen Winkel nach links, also Richtung Nordnordost. Bald schwenkt der Weg mehr gen Osten und wir

Bärenwald Müritz

Der Bärenwald Müritz ist nach eigenen Angaben das größte Schutzzentrum für Bären in Westeuropa. In dem Areal lebten Anfang 2023 zwölf Braunbären, die aus Zoos, Zirkussen und privaten Haushalten stammen und aufgrund dessen vom Menschen abhängig sind, weshalb sie nicht mehr ausgewildert werden können. Die Tierschützer des Bärenwalds sagen, dass sie die Bären aus teilweise sehr schlechten Haltungsverhältnissen gerettet haben. In naturnahen Gehegen können sie nun ihre Instinkte wiederentdecken und ein weitgehend natürliches Verhalten ausleben. Der Bärenwald ist ganzjährig geöffnet, auch wenn die Bären Winterruhe halten. Mehr Infos: *www.baerenwald-mueritz.de*

kommen an eine Straße. Auf dem parallelen Fuß- und Radweg eilen wir nach rechts. Nach etwa 400 m biegen wir rechts in die Zufahrtsstraße zur Vordermühle ab – ein Stück weiter der Straße entlang kommt man zum Haupteingang des Bärenwalds Müritz (*www.baerenwald-mueritz.de*). Auch beim **Fischimbiss Mütze 08** kommt man in den Bärenwald, allerdings nicht mit Online-Tickets! Der Imbiss ist normalerweise dienstags bis sonntags geöffnet, Montag ist Ruhetag. Wer auf Nummer sicher gehen will, ruft vorher an: Telefon 0171-4722026.

Gegenüber vom Eingang zum Fischimbiss Mütze setzen wir unsere Wanderschaft fort: Wir schlendern durch das schöne „Tal der Eisvögel" Richtung Bad Stuer. Neben Eisvögeln (*Alcedo atthis*) leben in dem Bachtal Gebirgsstelzen (*Motacilla cinerea*) und Wasseramseln (*Cinclus cinclus*). Allesamt sind seltene und scheue Vögel, die sich nur mit Geduld und Ruhe beobachten lassen. Am Ende des Eisvogeltals gehen wir bei der ehemaligen Gaststätte „Schweigt mir von Rom" auf der Fahrstraße nach links und vorbei am kleinen Teich vor dem Seehotel „Stuersche Hintermühle"

Kein Badewetter: An einem kühlen Sommermorgen ist der Himmel wolkenverhangen und der Lenzer Strand menschenleer

(2023 geschlossen). Wenige Meter danach halten wir uns rechts zum **Campingplatz Bad Stuer 09** mit Imbiss (Spezialität: Flammkuchen). Hinter der Hecke, die den Campingplatz abschirmt, biegen wir links ab in die Fahrstraße und wandern nordwärts auf dem Uferweg.

Anfangs ist die Spur recht schmal. Sie mündet in einen breiteren Weg, dem wir nach links aufwärts folgen. Anschließend wählen wir den mittleren von drei Wegen – halbrechts. Der naturnahe Pfad verläuft auf und ab mit etwas Abstand zum Ufer des Plauer Sees, das wir zeitweise nicht einsehen können. Später mündet er in einen Forstweg, dem wir ungefähr 500 m in nordwestliche Richtung folgen. Wir achten auf die Radweg-Beschilderung T27, sodass wir den Forstweg rechtzeitig nach rechts verlassen und am **Parkplatz Dressenower Mühle 10** herauskommen. Das Seerestaurant im „Seedorf Dressenow" bietet hungrigen Wanderern Gelegenheit zur Stärkung. Für eine Pause bietet sich auch die Badestelle mit großer Liegewiese an. Es gibt sogar Strandkörbe!

Vom Parkplatz Dressenower Mühle folgen wir weiter dem Radweg T27: am Ende des Asphalts geradeaus in den Wald hinein und später vorbei an einigen Ferienhäusern. Wir wandern durch das Vierscher Holz und durch das Waldgebiet Bürgertannen, wo jedoch überwiegend Fichten wachsen. Vor der **Klinik Silbermühle 11** gibt es eine weitere Badestelle. Ab der Klinik folgen wir dem breiten Uferweg und staunen über schicke Villen. Vorm Hotel Seelust gibt es wieder einen Badestrand. Von hier gelangen wir nach gut 1 km auf den Campingplatz Zuruf, über den der Seeuferweg offiziell führt. Beachten Sie die Schilder! Nachdem wir den Campingplatz verlassen haben, bewegen wir unsere inzwischen müden Beine auf dem Rad- und Spazierweg am Plauer See zum **Freibad beim Strandhotel 12**. Die Badestelle am See müsste besser Seebad heißen, denn gemauerte Schwimmbecken gibt es hier nicht. Das Freibad bietet die letzte Gelegenheit zur Abkühlung, bevor wir die Stadt betreten.

Etwa 800 m müssen wir dem Fuß- und Radweg neben der Seestraße nachgehen, dann überqueren wir die Bundesstraße B103 und folgen der Dammstraße zwischen der Autowerkstatt und dem Einkaufszentrum. Nach ungefähr 600 m kommen wir zur **Müritz-Elde-Wasserstraße 13**, spazieren über die Brücke und sofort nach rechts. Der Wasserlauf begleitet uns zum **Hafen Plau am See 14**, wo unsere lange Tagestour endet.

LAU
m See
Hotel Marianne
Leuchtturm
Ferienpark & Fischerhaus
An der Metow
Burgmus.
St. Marien
Wasserwander-
rastplatz
Hotel Klüschenberg
Kletterpark
ehem. Ziegelei
Strandhotel
Gaarzer-See
Ziegelsee
PLÖTZEN-
HÖHE
NSG
Wallanlage
Seeluster Buchen
Campingpark "Zuruf"
Zuruf
Kuhlensee
Griepensee
Hunde-
spielplatz
Seeschlößchen
Seehotel
Gesundbrunn
SEELUST
Hundestrand
Lebersee
APPELBURG
Silbermühle
Reha-Klinik
Dreimädelhaus
Lehm- und Backsteinstraße
Dresenow
Vila Vita
Dresenower Mühle
Twietfort
198
Ganzliner
Holz
107
91
84
0 550 m
Stuer Hintermühle
Bad Stuer
Vorder-
mühle
Natur-
camping
Zwei Seen
86
Wald-u.
Seeblick-
Camp
Großer Pätsch-see
Weiberber
82
Zislov
Land-
schul-
heim
Suckow
Suckow
85
Suckower See
96
Plauer See
03
04
05
06
07
08
09
10
11
12
13
14

HALBINSEL WERDER MIT GIPFEL • 91 m

Von Alt Schwerin über den Tauchowsee zum Plauer See und zum Badestrand Alt Schwerin

14,2 km 4:00 h 91 hm 91 hm 865

START | Alt Schwerin, 64 m, Museum Agroneum
[GPS: UTM Zone 33U x: 324.368 m y: 5.932.527 m]
CHARAKTER | Von Alt Schwerin wandern wir zur Halbinsel Werder, umrunden sie und steigen zu ihrem höchsten Punkt hinauf, an dem es sogar ein „Gipfelkreuz“ gibt. Am Anfang und am Ende des Fußmarschs geht es eher lebhaft zu, doch zwischendurch erwarten uns viele beschauliche Wege im Grünen und am Wasser. Apropos Wasser: Wir kommen auch an Badeplätzen vorbei! Stärken können wir uns mit einem leckeren Fischgericht im Gasthaus „Zur Forelle“, das zur Fischerei Alt Schwerin gehört. Da die Tour auf Pfaden verläuft, die für Fußgänger eingerichtet wurden, empfehlen wir sie nicht als Radtour.

Vom **Parkplatz am Museum Agroneum** 01 gehen wir zwischen Hauptgebäude und Kiosk zur Bundesstraße, über den Fußgängerüberweg und auf dem Fuß- und Radweg nach links. Wir passieren mehrere Häuserzufahrten und zweigen nach

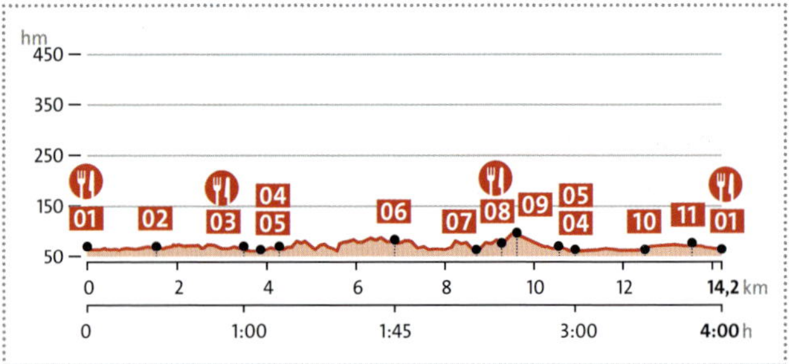

01 Parkplatz am Museum Agroneum, 64 m; 02 Straße nach Jürgenshof, 68 m; 03 Fischrestaurant „Zur Forelle“, 62 m; 04 beschilderte Kreuzung, 61 m; 05 Forellenzucht, 65 m; 06 Südostseite der Halbinsel Werder, 65 m; 07 Badestelle nördlich des Campingplatzes, 60 m; 08 Kreuzung am Ferienpark Plauer See, 80 m; 09 Werder Gipfelkreuz, 91 m; 10 Badestrand Alt Schwerin, 63 m; 11 Dorfkirche Alt Schwerin, 72 m

Morgenstimmung: Rund um die Halbinsel Werder ist der Plauer See ein Paradies für Wasservögel

knapp 150 m rechts ab – hinter dem Haus Nummer 8! Nach etwa 100 m gehen wir über die Querstraße hinweg in einen Feldweg, der durch die bewaldete Uferzone zu einem Bootssteg verläuft. Doch wir halten uns schon am Waldrand links und folgen für längere Zeit dem Ostufer des Tauchowsees. Nachdem wir die kleine Halbinsel passiert haben, kommen wir näher ans Wasser heran und genießen öfter schöne Ausblicke auf den See. Rund 1,7 km ab Start erreichen wir die **Straße nach Jürgenshof** 02, der wir nach rechts in den Ort folgen.

Hinterm Spielplatz halten wir uns rechts (Schild: „Herrenhaus Jürgenshof"), an der T-Kreuzung 100 m weiter gehen wir ebenfalls nach rechts (Sackgasse). Nach den letzten Grundstücken folgen wir einem breiten Pfad nach links. Über eine Treppe geht es ans Ufer des Plauer Sees. Wir laufen auf dem Uferpfad bis Wendorf, wo wir im **Fischrestaurant „Zur Forelle"** 03 sehr gut speisen können (*www.fischerei-alt-schwerin.de*, tgl. ab 11 Uhr). In der Saison sollten Sie unbedingt reservieren, auch der Biergarten ist beliebt!

Vorbei am Fischteich, erreichen wir nach etwa 300 m eine **beschilderte Kreuzung** 04 – dort steht ein altes Fahrrad mit Werbung für „die Forelle". Hier befinden wir uns an der Landenge, über die wir auf die Halbinsel Werder marschieren. Nach 200 m gehen wir vor dem Parkplatz links in den für den Durchgangsverkehr gesperrten Weg mit dem kuriosen Zusatz „Frei für Landvergnügen!" und gehen hinter dem Zaun bei der **Forellenzucht** 05 weiter, sodass wir dem Seeufer folgen.

Wir bleiben nun für lange Zeit auf dem Pfad am Seeufer, der in frei verfügbaren digitalen Karten als „Wandertrail" bezeichnet ist. Mal ist er mehr, mal weniger breit, und an vielen Stellen bietet er schöne Ausblicke auf den Plauer See. An der **Südostseite der Halbinsel Werder** 06 gibt es mehrere „wilde" Badestellen, unser Wegpunkt zeigt die erste.

Nachdem wir die Südspitze in etwas Abstand zum See umgangen

Wegpunkt 7: Die Badestelle nördlich des Campingplatzes eignet sich auch als Rastplatz

haben, steigen wir aufs westliche Steilufer und spazieren oberhalb des „Inselcamping Werder" nordwärts. Wir bleiben „oben auf" und nehmen dann einen breiten Forstweg nach links. Wer jetzt nochmals ins Wasser will, macht den Abstecher zur **Badestelle nördlich des Campingplatzes 07**, alle anderen Wandersleute gehen gleich in einem leichten Rechtsbogen weiter zur **Kreuzung am Ferienpark Plauer See 08**. Nach links gelangt man zum Restaurant „Tulpenbaum" im Ferienpark Plauer See (*www.ferienpark-plauersee.de*, tgl. 12-16 Uhr), nach rechts beginnt unser Anstieg zum höchsten Punkt der Halbinsel Werder.

Am **Werder Gipfelkreuz 09** treffen sieben Wege aufeinander. Aus ankommender Sicht wählen wir gleich den ersten nach links und wandern über die breite Schneise hinweg nach Norden. Etwa 300 m sind es bis zur nächsten Kreuzung, an der sich fünf Wege treffen. An dieser Kreuzung entschieden wir uns für den dritten Weg nach rechts. Erst in nordöstliche, danach in nordwestliche Richtung – so erreichen wir zum zweiten Mal die **Forellenzucht 05**.

Auf bekannter Strecke gehen wir zur **beschilderten Kreuzung 04**. Wer jetzt erst oder ein zweites Mal einkehren will, geht noch einmal zum Restaurant „Zur Forelle". Ab beschilderter Kreuzung folgen wir auf jeden Fall dem Pfad entlang des Grabens zur nördlich gelegenen Ufersiedlung. Ungefähr 200 m nach dem großen Bootsanleger können wir am **Badestrand Alt Schwerin 10** pausieren.

Vom Strand überschreiten wir die Rasenfläche und steigen die Treppen hinauf zur Straße Am Waldeck, auf der wir nach rechts spazieren. An ihrem Ende halten wir uns erneut rechts. Wenige Schritte, dann folgen wir dem Fuß- und Radweg an der Allee.

Beim „Dörpladen" gehen wir links zur **Dorfkirche Alt Schwerin 11**. Das Gotteshaus stammt aus dem frühen 14. Jh., wurde im Dreißigjährigen Krieg stark beschädigt und erst nach 1700 wiederaufgebaut. Die spitzbogigen Fenster stammen aus der Mitte des 19. Jh., ebenso der quadratische Westturm. In der nördlichen Grabkapelle befindet sich die letzte Ruhestätte für mehrere Angehörige des Adelsgeschlechts von Wangelin. Im Inneren der Kirche ist ein achteckiges hölzernes Taufbecken aus dem Jahre 1699 sehenswert.

Wir folgen dem Fuß- und Radweg an der Kastanienallee nach Nordosten und biegen hinter Hausnummer 11 nach rechts in einen Fußpfad ein. Er endet an der Lindenallee, der wir nach links zur Bundesstraße B192 folgen. Dort halten wir uns rechts, überqueren die Straße und kehren zurück zum **Parkplatz am Museum Agroneum** 01. Wer viel Zeit hat, sollte sich den Besuch des Museums nicht entgehen lassen, oder ihn für einen anderen Tag einplanen.

Zerstört und wiederaufgebaut: Die Dorfkirche Alt Schwerin stammt ursprünglich aus dem 14. Jh., wurde jedoch im Dreißigjährigen Krieg stark beschädigt und erst nach 1700 neu hergestellt

IM NEBELDURCHBRUCHSTAL

Wilder „Gebirgsbach“ mitten in Mecklenburg

6,5 km | 1:45 h | 41 hm | 41 hm | 865

START | Serrahn (Kuchelmiß), 52 m, Wanderparkplatz Galgenberg [GPS: UTM Zone 33U x: 324.569 m y: 5.949.888 m]
CHARAKTER | Die Nebel entspringt aus dem Malkwitzer See und fließt zur Warnow. Wie andere Flüsse wurde sie an vielen Stellen ihres natürlichen Laufs beraubt. Nicht so in ihrem Durchbruchstal: Zwischen Serrahn und Kuchelmiß durchfließt die Nebel eine eiszeitliche Endmoräne. Stellenweise hat sie den Charakter eines Gebirgsbaches mit Geröllstrecken und steilen Ufern – einzigartig für unsere Wanderregion! Der Rückweg unseres Spaziergangs führt über die Endmoräne, dadurch wird er noch abwechslungsreicher.

Der **Wanderparkplatz Galgenberg** 01 befindet sich nördlich des Örtchens Serrahn unweit von Kuchelmiß (Autobahnabfahrt A19). Verwechseln Sie es bitte nicht mit Serrahn bei Carpin (siehe Tour 8, Nationalpark Müritz). Am Wanderparkplatz Galgenberg beginnen zwei Wege: Wir nehmen den unteren, nach Norden verlaufenden Weg. Er ist teilweise mit einem „gelben Punkt“ markiert.

Schon nach wenigen Minuten kommen wir an die Nebel und überqueren sie auf einer Brücke.

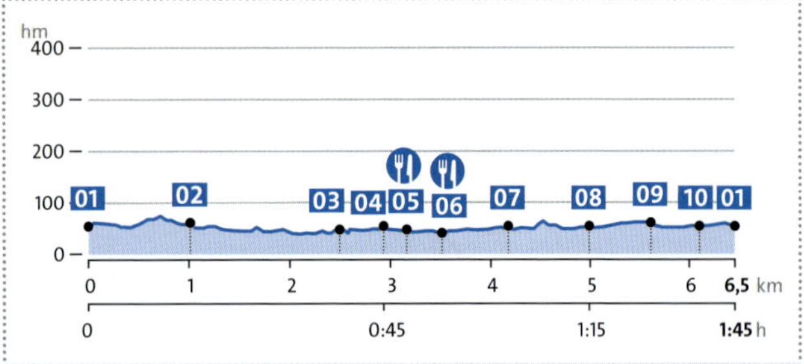

01 Wanderparkplatz Galgenberg, 55 m; 02 Jägersteg, 54 m; 03 Turmhügel, 44 m; 04 Kreuzung Schlossberg, 50 m; 05 historischer Marstall, 47 m; 06 Wassermühle Kuchelmiß, 41 m; 07 Kreuzung, 50 m; 08 einsam gelegenes Hofanwesen, 51 m; 09 Alte Poststraße, 58 m; 10 Teufelsstein, 55 m

Ein bisschen Urwald-Feeling: Die Nebel ist in ihrem Durchbruchstal ein natürlicher Fluss mit allem, was dazugehört

Gleich danach halten wir uns rechts und folgen dem Flusslauf bis zum **Jägersteg** 02, einer weiteren Brücke über die Nebel. Wer später den Rückweg im Tal wählt, kann an dieser Stelle auf die andere Talseite wechseln und entlang des Flusses zur ersten Brücke zurückgehen.

Beim Jägersteg verlassen wir die Nebel und wandern nordwärts durch den schattigen Wald. An einer Gabelung halten wir uns rechts. Nachdem wir eine Wassertretanlage passiert haben, biegen wir bei nächster Gelegenheit links ab und wandern am schilfbestandenen Teichufer entlang. Ein Damm grenzt den ersten Teich von einem zweiten, größeren ab. Wir ignorieren den Weg über den Damm und bleiben am Ufer des größeren Teichs.

Ein Weg Richtung Kuchelmiß – er zweigt rechts vom ufernahen Weg ab – interessiert uns nicht. Etwa 300 m weiter führt uns ein Pfad auf den **Turmhügel** 03, auf dem sich eine mittelalterliche Burganlage befunden haben soll. Fundamentreste des zehn Meter dicken Turms sind noch sichtbar.

Nach dem Abstecher auf den Turmhügel spazieren wir am Nordrand des großen Teichs westwärts. Bald treffen wir auf den ehemaligen Schlosspark Serrahn. Mitte des 19. Jh. ließ Prinz Albert von Sachsen-Altenburg, der durch verschiedene Umstände in den Besitz des malerischen Ortes gelangt war, ein Herrenhaus errichten und ringsum einen Park anlegen. In den 1950er Jahren wurde das Herrenhaus abgerissen, nachdem es im Zweiten Weltkrieg beschädigt wurde, und der ehemalige Schlosspark wurde sich selbst überlassen. Ein paar mächtige Bäume und Reste von Statuen erinnern an vergangene Zeiten.

An der **Kreuzung Schlossberg** 04 folgen wir dem Mühlenweg nach links. Bis zum **historischen Mar-**

Der Jägersteg: Wer im Tal zurückwandert, benutzt ihn auf dem Rückweg, um die Nebel zu überqueren

stall 05 sind es lediglich 200 m. In dem sehenswerten Gebäudekomplex befinden sich heute eine Pension und ein Hof-Café (*www.marstall-kuchelmiss.de*). Das Asphaltsträßchen führt uns schließlich weiter zur **Wassermühle Kuchelmiß** 06.

Bereits im späten 13. Jh. wird eine Mühle bei Serrahn als Eigentum des Klosters Neuenkamp bei Franzburg genannt. Seit Mitte des 15. Jh. waren die Mühle, umliegende Gebäude und Grundstücke ein Lehen des alten mecklenburgischen Adelsgeschlechts von Hahn. Max Graf von Hahn ließ um 1900 zur Bewirtschaftung des Prinz Albertschen Herrenhauses gegenüber der Mühle einen Wasserturm errichten. Er gilt als architektonisches Musterbeispiel seiner Zeit. Inzwischen wurde der Turm zu einer noblen Ferienwohnung umgebaut (*www.turm-fuer-zwei.de*). Derweil hat man die alte Wassermühle zu einem Museum mit Café umfunktioniert (Sa/So 12-17 Uhr, *www.wassermuehle-nebeltal.de*).

Für den Rückweg gibt es nun zwei Möglichkeiten: Entweder, Sie folgen der Straße zurück zum Marstall und halten sich dahinter rechts, um erneut durchs Nebeldurchbruchstal zu wandern, oder Sie folgen der weiteren Beschreibung (siehe Karte und GPX-Track). Der Rückweg über die Endmoräne ist landschaftlich ebenso reizvoll wie die Partie durchs Tal, doch brauchen Sie etwas mehr Orientierungssinn!

An der Zufahrt zum Wasserturm wandern wir in einen Waldweg, der Richtung Südosten verläuft. Bald öffnet sich linkerhand eine Freifläche und wir gehen am Waldrand entlang geradeaus, also weiter nach Südosten. Der Weg ist nun grasbewachsen und je nach Jahreszeit mehr oder weniger gut erkennbar. Er schwenkt mehr ostwärts. Unmittelbar nach Eintritt in den Wald treffen wir auf eine **Kreuzung** 07.

Wir gehen nach links und verlassen rund 100 m weiter den Wald. Sodann folgen wir der Waldkante: rechts von uns der Wald, links eine Acker- oder Wiesenfläche. Wir kommen an einen Gehölzstreifen mit einigen alten Eichen und schwenken direkt dahinter im 90-Grad-Winkel nach links, sodass wir dem Gehölzstreifen in südwestliche Richtung nachgehen. Bei einem kleinen Tümpel gehen wir oberhalb des üppig begrünten Bachlaufs südwärts und treffen auf ein **einsam gelegenes Hofanwesen** 08.

Nun steigen wir auf dem Zufahrtsweg des Gehöfts bergan und von der Kuppe namens Mühlberg hinab zur **Alten Poststraße** 09. Sie ist ein Abschnitt der ehemaligen Landstraße von Berlin nach Rostock. An manchen Stellen erkennt man noch das Kopfsteinpflaster, über das wohl Tausende Kutschen rollten.

Wir folgen der Alten Poststraße nach links bis zu einer Fahrstraße und biegen erneut links ab. Hinter der Brücke über die Nebel entdecken wir linkerhand den **Teufelsstein** 10, der auch Bratstein genannt wird. Wie viele Findlinge, die der Volksglaube mit magischen Kräften in Verbindung bringt, wurde auch dieser große Stein vom Gletschereis transportiert. Vom Teufelsstein führt die Fahrstraße zum **Wanderparkplatz Galgenberg** 01.

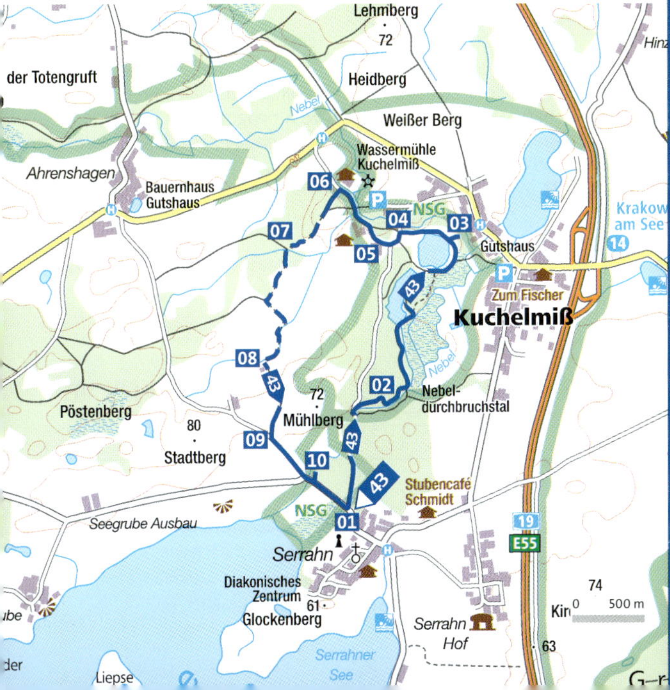

NSG NEBELTAL UND UMGEBUNG

Ein sehr abenteuerlicher Lehrpfad im Naturschutzgebiet und zwei reizvolle Dorfkirchen

11,5 km | 3:15 h | 92 hm | 92 hm | 865

START | Hoppenrade, 18 m, Gutshaus
[GPS: UTM Zone 33U x: 319.776 m y: 5.957.263 m]
CHARAKTER | Der „Rundwanderweg Hoppenrade" widmet sich dem Fluss Nebel und seinen Niedermooren, die sich nach ökologischen Sanierungsmaßnahmen regenerieren sollen. Schautafeln erklären die Zusammenhänge. Leider sind sie in einem sehr schlechten Zustand und der Weg selbst ist schlecht beschildert, an einer Stelle sogar ganz verschwunden. Von der Erkundung des schönen Nebeltals und seines Umlandes mit zwei reizvollen Dorfkirchen soll uns das nicht abhalten. Mit GPS-Unterstützung sollte es keine Orientierungsprobleme geben. Beste Jahreszeit für die abenteuerliche Exkursion ist der Frühling.

Die Haltestelle Hoppenrade der Buslinie von Krakow am See nach Güstrow befindet sich an der Hauptstraße. Von dort führt der Heckenweg Richtung **Gutshaus Hoppenrade** 01. Wer mit dem eigenen Fahrzeug anreist, parkt auf dem beschilderten kleinen Platz hinter dem neogotischen Gebäude. Heinrich von Levetzow ließ es zu Beginn des 18. Jh. erbauen. Ab den 1920er Jahren bis Ende des vorigen Jahr-

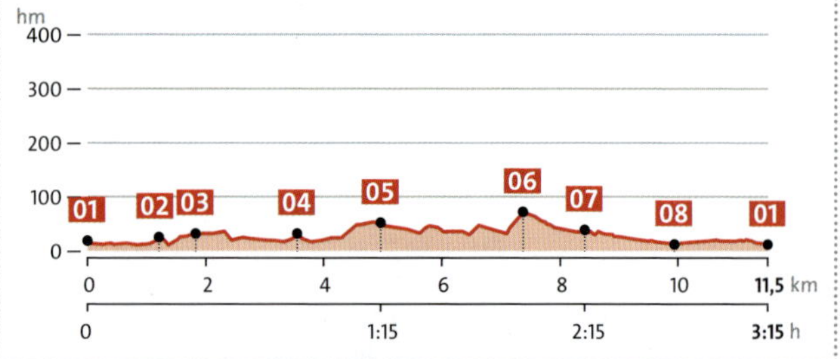

01 Gutshaus Hoppenrade, 18 m; 02 Brücke über die Nebel, 20 m; 03 Kreuzung im Wald (Nr. 1), 31 m; 04 Dorfkirche Kirch Rosin, 30 m; 05 Kreuzung im Wald (Nr. 2), 50 m; 06 Rastbank am Waldrand, 67 m; 07 Dorfkirche Lüdershagen, 35 m; 08 letzte Schautafel, 13 m

Letztes Abendlicht: Im Nebeltal scheint die Zeit stillzustehen. Wer Mecklenburg abseits der Touristenschauplätze erleben will, ist hier richtig

hunderts wurde das herrschaftliche Anwesen als Alten- und Pflegeheim genutzt. Heute ist es ein Wohnhaus, in einem Nebengebäude befinden sich Ferienwohnungen.

▶ Vor dem Gutshaus zeigt ein Schild den Beginn des „Rundwanderwegs Hoppenrade" an, welchem wir fast vollständig folgen werden. Wir gehen an den Nebengebäuden vorbei zur Bahnstrecke Meyenburg-Güstrow, auf der in den letzten Jahren kein Zugverkehr mehr stattfand. Es gibt allerdings Bemühungen, diese Eisenbahnstrecke zu reaktivieren. Nachdem wir die Gleise überquert haben, laufen wir auf einem grasigen Weg zum Fluss Nebel. Über das Naturschutzgebiet Nebel sowie die darin geschützten Lebensräume und Arten informiert eine erste Schautafel. Wir folgen dem Flusslauf nordwestwärts zu einer zweiten Schautafel, die sich mit den Maßnahmen zur ökologischen Instandsetzung der Flusslandschaft befasst. Danach kommen wir zu einer **Brücke über die Nebel** 02.

Nach Überschreiten des Flusses nehmen wir den nun gut erkennbaren Pfad mit der Markierung „grüner Punkt". Am Ende des Buchenwäldchens blicken wir auf einen kleinen See in einer sumpfigen Niederung. Wir wandern an seinem Westufer entlang, überqueren einen Nebenbach der Nebel, der am Rande der Sumpfwiesen fließt, und gehen durch den Forst. Dabei bleiben wir auf dem Hauptweg Richtung Nordwesten und ignorieren alle abzweigenden Wege. Auch an der **Kreuzung im Wald (Nr. 1)** 03, wo der mit „grünem Punkt" markierte Weg nach links führt, gehen wir geradeaus auf dem Hauptweg. Somit haben wir den „Rundwanderweg Hoppenrade" vorerst verlassen.

Nach einem halben Kilometer erreichen wir den Waldrand und blicken in Richtung Kirch Rosin. Unser Weg führt über eine große Wiese zum „ersten" Haus („Schuhmacher – W. Meyer"). Dort beginnt später unser Rückweg. Jetzt gehen wir auf der anfangs unbefestigten Dorfstraße nach rechts und schwenken am Beginn der Betonplatten nach links. Wir überqueren den Teuchelbach und besuchen die wundervolle **Dorfkirche Kirch Rosin** 04. Die goti-

Abgefahren: Gleich zu Beginn unserer abenteuerlichen Wanderung überqueren wir die stillgelegte Bahnstrecke Meyenburg-Güstrow

sche Saalkirche stammt aus der Zeit um 1270/1280. 1690 soll ein erster hölzerner Turm errichtet worden sein, der heutige Turm ist jünger. Am Langhaus fällt das „Deutsche Band" auf, ein typisches Element der Backsteingotik. Im Inneren der Kirche überrascht das hölzerne Tonnengewölbe, das bei Restaurierungsarbeiten 1987-1989 wiederhergestellt wurde. Dabei wurden auch Reste der Wandmalereien aus der Zeit der Spätrenaissance freigelegt. Ein Prunkstück ist der zweiflüglige Schnitzaltar vom Ende des 15./Anfang des 16. Jh., außerdem besitzt die Kirche eine seltene Schrankorgel (Mitte 19. Jh.) sowie ein schmiedeeisernes Taufbecken (frühes 19. Jh.).

Nach dem Besuch der Dorfkirche marschieren wir auf bekannter Strecke zurück zum „ersten" Haus und folgen dort dem mittleren Weg, der rechterhand am Haus vorbeiführt. Wir wandern am Waldrand entlang Richtung Südosten und in den Wald hinein. Nach ungefähr 600 m Fußmarsch erreichen wir die **Kreuzung im Wald (Nr. 2)** **05**. An dieser Kreuzung mündet der „Rundwanderweg Hoppenrade" von links ein – wir gehen geradeaus. An der folgenden Gabelung ohne Schild halten wir uns rechts, der Wanderweg ist leicht überwachsen. Alle abzweigenden Wege, die sichtlich kaum mehr genutzt werden, sollen uns nicht interessieren. In Höhe des kleinen Lüdershagener Sees treffen wir auf eine Infotafel über die beiden Lebensräume, die hier aneinandergrenzen: Waldmeister-Buchenwald und Erlen-Eschenwald.

Noch ein Stück durch den Wald, dann verlassen wir ihn. Wir passieren eine Aufforstung und folgen der Spur entlang des Waldrandes. Hier ist der „Rundwanderweg Hoppenrade" mehr oder weniger weglos. Etwa 300 m nach einem Jagdhochsitz halten wir uns rechts, um weiter dem Waldrand nachzulaufen. Bei einem zweiten Jägerstand steht eine **Rastbank am Waldrand** **06**, von der wir einen schönen Ausblick ins Tal der Nebel genießen können. Wir sind am höchsten Punkt unserer Wanderung angelangt. Etwa 50 m weiter ist der Weg wieder gut erkennbar und führt in den Wald hinein. Nach kurzer Zeit erreichen wir einen Forstweg; wir folgen ihm nach links.

Mit Blick auf Felder und Wiesen wandern wir ostwärts. Vor Lüdershagen beginnt Kopfsteinpflaster, die **Dorfkirche Lüdershagen** **07** ist bald erreicht. Mit dem Bau der Feldsteinkirche wurde vermutlich in spätromanischer Zeit begonnen. Ein Rundbogenfries am Ostgiebel und ein Rundbogenportal aus Backsteinen sollen aus dem frühen 13. Jh. stammen. Da die Fensteröffnungen leichte spitzbogige

Laibungen zeigen, wurde der Kirchenbau vermutlich am Übergang zur Frühgotik fortgesetzt. Ab Mitte des 19. Jh. erfolgte eine neugotische Umgestaltung des Kirchenraumes. Die gesamte Ausstattung früherer Jahrhunderte wurde nicht nur entfernt, sondern vernichtet. Ein kunsthistorischer Frevel: Die wertvollen Schnitzereien hatte man auf den Boden eines Schweinestalls in Hoppenrade gebracht, wo sie verrotteten! Zum Glück wurden die mittelalterlichen Fresken im Chorraum trotz Übermalungen entdeckt und im 19. Jh. wieder freigelegt.

Nachdem wir links um die Dorfkirche herumgegangen sind, folgen wir dem betonierten Fahrweg durch Lüdershagen. Vor der Eisenbahn biegen wir links ab und wandern auf der Betonplattenstraße Richtung Hoppenrade. Achtung: Am Ende der Rechtskurve zweigte bei einem Strommasten ein Feldweg linkerhand ab. Er führte als Stichweg zur **letzten Schautafel** 08 des „Rundwanderwegs Hoppenrade“, auf der es um archäologische Untersuchungen im Tal der Nebel und überraschende Funde geht, die bei den Grabungen gemacht wurden. Im Frühjahr 2023 existierte der Weg nicht mehr. Wenn Sie es sich zutrauen, gehen Sie weglos zur Schautafel, andernfalls lassen sie diesen Wegpunkt aus.

Zurück zur Straße, überqueren wir noch einmal die Nebel sowie die Bahngleise. Nach der Bushaltestelle „Dorfstraße“ zweigen wir von dieser links ab in die Lindenallee und spazieren bis zu ihrem Ende an der Speicherstraße. Wir biegen links ab und sehen auch schon das **Gutshaus Hoppenrade** 01.

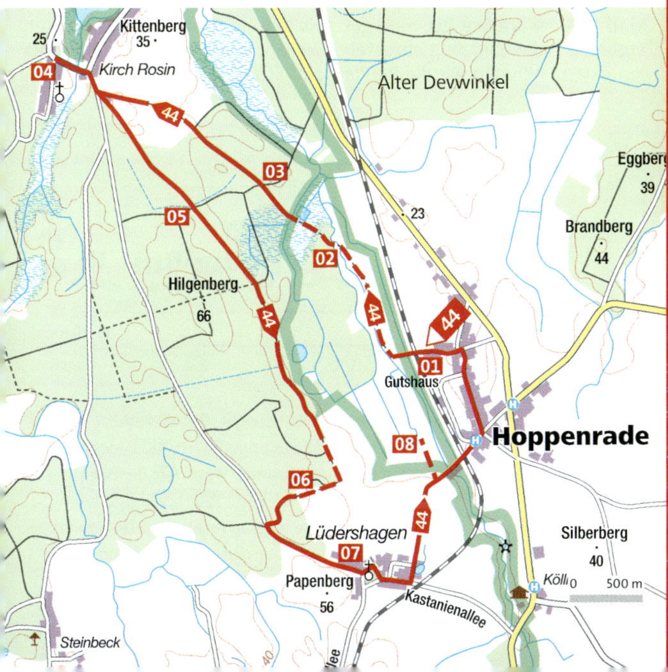

DIE HALBINSELN IM KRAKOWER SEE

Eine längere oder zwei kurze (Bade-)Touren

10,6 km | 3:15 h | 41 hm | 41 hm | 865

START | Krakow am See, 58 m, historische Badeanstalt [GPS: UTM Zone 33U x: 319.911 m y: 5.948.982 m]
CHARAKTER | Diese „Doppelrunde“ ist so konzipiert, dass sie auf einmal oder in zwei Teilen begangen werden kann. Es ist Ihnen überlassen, welchen Teil Sie zuerst erwandern, oder ob Sie vielleicht nur einen Abschnitt in Angriff nehmen. Die besseren Bademöglichkeiten sowie Einkehrmöglichkeiten gibt es im ersten Teil der Tour, die beste Aussicht im zweiten Teil. Für das Wandern mit Kindern eignen sich beide Abschnitte sehr gut. Da schmale Fußpfade und Treppen genutzt werden, sind Bikes fehl am Platz.

Der ehemalige Hotelparkplatz „hinter“ der historischen **Badeanstalt Krakow am See** 01 wäre geeignet, um das Fahrzeug abzustellen. Zuerst nehmen wir die Runde um und über die Halbinsel Schwerin in Angriff. Wenn Sie nur auf die Halbinsel Lehmwerder spazieren wollen, lesen Sie bitte beim Absatz „ZWEITER TEIL“ weiter.

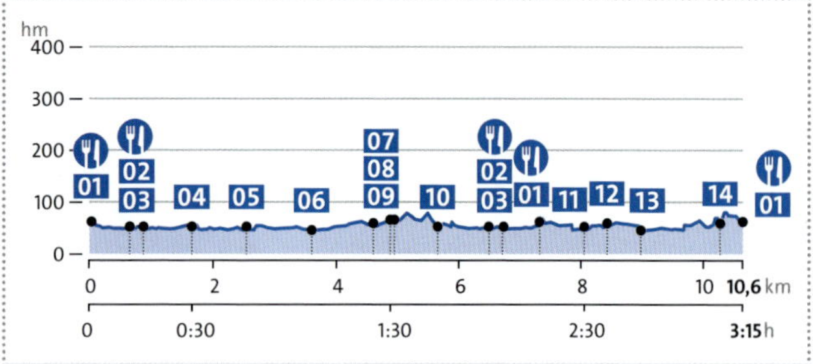

01 Badeanstalt Krakow am See, 58 m; 02 Fischereihof „Dat Hüdenhus“, 49 m; 03 Seehotel, 51 m; 04 Badestelle „Alte Leipziger“, 47 m; 05 Badestelle „Franzosenbad“, 46 m; 06 Badestelle „Insel Schwerin“, 46 m; 07 Bootssteg der Feriensiedlung, 47 m; 08 Rastplatz „Großer Pilz“, 64 m; 09 Findlingsgarten, 59 m; 10 Rastplatz „Kleiner Pilz“, 69 m; 11 Übergang zur Halbinsel Lehmwerder, 47 m; 12 Aussichtsplattform beim Fritz-Reuter-Stein, 53 m; 13 Nordspitze von Lehmwerder, 47 m; 14 Aussichtsturm auf dem Jörnberg, 77 m

Malerisch: die bunten Häuser am Krakower Seeufer und der Aussichtsturm auf dem Jörnberg

ERSTER TEIL: Am Ende des umzäunten Badegeländes spazieren wir auf dem Fußweg zwischen Straße und Bootshäusern. Vorbei am hübschen Wasserspiel geht es südwärts. Etwa 500 m ab Start endet der Fußweg und wir gehen an der Straße weiter zum Fischereihof **„Dat Hüdenhus“** 02 (*www.mueritzfischer.de/fischerhoefe/dat-huedenhus/*). Die Fischerei mit Räucherei und Fischimbiss ist ein Wahrzeichen von Krakow. Tipp: Auf dem Rückweg der ersten Teilrunde können Sie sich hier stärken, bevor Sie die zweite Teilrunde in Angriff nehmen.

Hinterm Steakhouse „Rio Grande“ folgen wir der Seepromenade zum **Seehotel** 03, wo der Flanierweg endet. Wir gehen ein paar Schritte nach rechts und laufen zwischen Seehotel und Spielplatz nach links. Die Goetheallee verlassen wir nach dem Gelände des Anglervereins, indem wir links in den Vierowweg abbiegen. Nach der schattigen Passage des Bornbruchs kommen wir zur **Badestelle „Alte Leipziger“** 04.

Zurück vom Seeufer: Nach ein paar Schritten gehen wir nach links und folgen dem breiten Schotterweg. Wir ignorieren eine links abzweigende Sackgasse nach ungefähr 250 m. Kurz bevor der breite Schotterweg einen Knick nach rechts macht und an einem Privatgrundstück endet, gehen wir geradeaus zur **Badestelle „Franzosenbad“** 05.

Wir laufen mit etwas Abstand zum Seeufer weiter, erst kurz nach Osten, dann länger Richtung Südosten. Etwa 800 m ab „Franzosenbad“ folgt der Abzweig auf die Halbinsel Schwerin. Wir gehen nach links über die Brücke beim Rastplatz und durch ein Metalltor. Dahinter folgen wir dem Pfad nach links. Er führt am Weidezaun entlang zur **Badestelle „Insel Schwerin“** 06. Hier ist das Baden „mit und ohne“ üblich.

Nachdem wir die Halbinsel Schwerin wieder verlassen haben, halten wir uns links zur Bungalowsiedlung „Auf dem neuen Lande“. Zirka 100 m nach den Häusern verlassen wir den breiten Fahrweg nach links in einen ebenfalls gut ausgebauten, jedoch schmäleren Weg. Am **Bootssteg der Feriensiedlung** 07 „Ferienidyll am Krakower See“ er-

Beeindruckende Fernsicht: Vom Aussichtsturm auf dem Jörnberg überblicken wir den ganzen Krakower See und das Umland

blicken wir die größere Insel „Borgwall", auf der sich eine Slawenburg befunden haben soll, sowie die kleinere Insel „Küche".

Vom Steg stolzieren wir in die Feriensiedlung und nach links zum Parkplatz. Wir laufen geradeaus und steigen am Waldrand leicht aufwärts zum **Rastplatz „Großer Pilz“** 08. Von hier haben wir einen herrlichen Blick auf die eiszeitlich geprägte Landschaft. Auf einem Wiesenpfad gehen wir nordwärts zum nur 200 m entfernten **Findlingsgarten** 09, wo wir „Zeugen der Eiszeit" näher betrachten können.

Am Findlingsgarten folgen wir dem Grasweg westwärts, halten uns zweimal rechts und wandern nordwestwärts in den Wald hinein. Im Wald gehen wir geradeaus, im Zweifelsfall eher rechts als links. So erreichen wir den **Rastplatz „Kleiner Pilz“** 10, von dem wir in westliche Richtung weitermarschieren.

Wir kommen bei Häusern heraus und folgen dem geteerten Buchenweg für etwa 300 m, bevor wir nach rechts in die Goetheallee einbiegen. Aufgepasst: Sie ist an dieser Stelle ein schmaler Schotterweg. Haben Sie den Abzweig gefunden? Ausgezeichnet! Dann geht's auf bekannter Strecke zum **Seehotel** 03, zum Fischereihof **„Dat Hüdenhus“** 02 und zur **Badeanstalt Krakow am See** 01.

ZWEITER TEIL: An der Badeanstalt ignorieren wir den „Jörnbergweg", er wird unser Rückweg sein. Wir laufen auf breitem Weg nordwärts und gehen bei einer geschnitzten Rabenfigur nach rechts in den „Kurwald". Der Fußweg führt nah am Seeufer entlang. Bei einer Schautafel über die ehemalige Insel Ehmkwerder halten wir uns rechts und schreiten über das einstige Eiland ostwärts. Am künstlich geschaffenen **Übergang zur Halbinsel Lehmwerder** 11 schauen wir links und rechts aufs Wasser.

Lehmwerder ist seit über 100 Jahren Naturschutzgebiet. Beim Rundgang um die Halbinsel dürfen wir die Wege deshalb nicht verlassen. Wir machen ihn entgegen dem Uhrzeigersinn. Also laufen wir an der ersten Kreuzung nach rechts zur **Aussichtsplattform beim Fritz-Reuter-Stein** **12**. Eine Infotafel fasst „Fritzings Lewen in'n Överblick“ zusammen, eine andere Tafel befasst sich mit der Herkunft des Namens Lehmwerder.

Etwa 250 m nach dem Fritz-Reuter-Stein gehen wir nach rechts, anschließend halten wir uns erneut rechts und erreichen auf einem manchmal feuchten und verwachsenen Pfad die **Nordspitze von Lehmwerder** **13**. Wem der Pfad zu abenteuerlich scheint, folgt dem letzten Abzweig vorher nach links. In jedem Fall wandern wir am Nordwestufer zurück zum **Übergang zur Halbinsel Lehmwerder** **11** und halten uns danach rechts.

Auch am Sportplatz laufen wir nach rechts, um am Nordufer des „Halbinselansatzes“ zu bleiben. Bald macht der Weg eine Linkskurve in eine kleine Bucht mit einem Anglersteg. Wir passieren zwei Bänke und achten auf einen Waldpfad, der ungefähr 50 m danach links abzweigt. Über Stufen steigen wir hinauf zu einem Querweg. Wir folgen ihm nach links und kommen zum **Aussichtsturm auf dem Jörnberg** **14** (ganzjährig ab 9 Uhr geöffnet, im Sommer bis mindestens 18 Uhr, im Winter nur bis 16 Uhr). Von der Aussichtsplattform in über 24 m Höhe bietet sich ein phantastischer Rundblick. 126 Stufen führen hinauf.

Vom Turm gehen wir ostwärts und halten uns an der Weggabelung links. Der Abstieg zur **Badeanstalt Krakow am See** **01** ist schnell geschafft. Wenn das Wetter mitspielt, wäre nun ein erholsamer Badenachmittag angebracht.

RUNDWEGE GROSSER LANGHAGENSEE UND PASCHENSEE

Durch drei Naturschutzgebiete und ein militärisches Sperrgebiet – natürlich mit Erlaubnis!

9,5 km | 2:30 h | 43 hm | 43 hm | 865

START | Wooster Teerofen, 59 m, Wanderparkplatz [GPS: UTM Zone 33U x: 315.788 m y: 5.941.398 m]
CHARAKTER | Dass eine kurze Rundwanderung mehrere Naturschutzgebiete berührt, ist eher selten. Wenn sie auch noch über militärisches Sperrgebiet führt, ist sie ein Sonderfall. Diesen verdanken wir einer Vereinbarung zwischen der zuständigen Naturschutzbehörde und dem Bundesverteidigungsministerium. Demnach ist es erlaubt, Teile des militärischen Übungsplatzes Sanitz-Karow zu betreten, allerdings nur auf den vorgesehenen Wegen. Die waldreiche Tour eignet sich für jede Jahreszeit.

Wo die halbwegs asphaltierte Straße in Wooster Teerofen endet, befindet sich rechts von ihr der **Wanderparkplatz** 01. Wir gehen zur Straße zurück, queren sie und beginnen mit dem größtenteils gut markierten „Rundweg Langhagensee" (Wegzeichen: „blauer Punkt").

Zunächst führt er als breiter Weg nahe am Zaun des Campingplatzes entlang. Der Badestrand

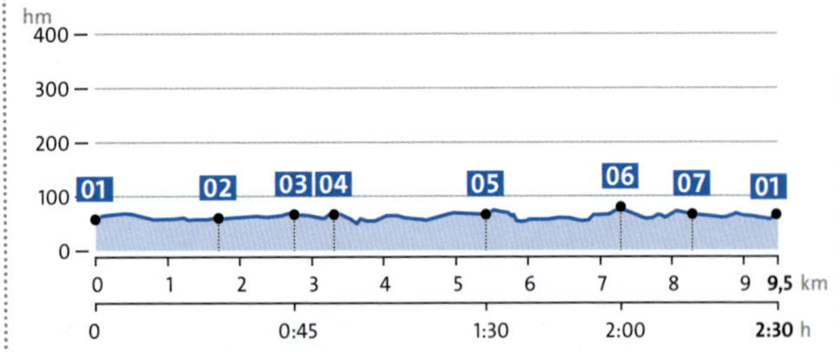

01 Wanderparkplatz, 59 m; 02 Nordspitze des Langhagensees, 59 m; 03 im Westen des Langhagensees, 58 m; 04 NSG „Dünenkiefernwald am Langhagensee", 65 m; 05 Westufer des Paschensees, 63 m; 06 Nordostufer des Paschensees, 58 m; 07 Waldweg, 64 m

Morgenstund hat Gold im Mund: der Langhagensee früh morgens im Mai

Langhagensee ist nur über den Campingplatz zugängig; am Badestrand gibt es eine Gaststätte. In Höhe der Gaststätte halten wir uns geradeaus nach Beschilderung und wandern durch Kiefernwald. Wenig später macht ein Schild auf den militärischen Sicherheitsbereich aufmerksam. Anschließend schwenkt unser Wanderweg nach links und leitet uns zur **Nordspitze des Langhagensees 02**.

Hier befinden wir uns im ersten von drei Naturschutzgebieten dieser Wanderung: Das NSG „Nordufer Langhagensee" dient hauptsächlich dem Erhalt des nährstoffarmen Sees mit seinen zeitweise trockenen Uferzonen sowie daran angrenzenden Binnendünen. In den Flachbereichen des Sees wachsen zum Beispiel die Weiße Seerose (*Nymphaea alba*) und das Schwimmende Laichkraut (*Potamogeton natans*). Wo frü-

Woher kommt das Wort Teerofen?

Das Dorf Wooster Teerofen ging aus einem Teerschwelerhof hervor. Ein Teerschweler war ein Waldhandwerker, der aus dem Holz harzreicher Kiefern oder aus Birkenholz Holzteer herstellte. Dazu wurde das Holz in Meilern, gemauerten Teeröfen oder Eisenkesseln unter Luftabschluss erhitzt. Die Holzteere konnten verschiedene Konsistenzen annehmen, von flüssig bis halbfest, und hatten verschiedene Farben, von hellbraun bis schwarz. Sie dienten als Wagenschmiere, zum Abdichten von Schiffsrümpfen oder Häusern. Die Teerschweler arbeiteten oft gemeinsam mit Pechsiedern und Rußbrennern, die den Holzteer sofort weiterverarbeiteten. Die beim Teerschwelen entstandene Holzkohle wurde außerdem als Brennstoff weiterverkauft.

Spieglein, Spieglein: Wer ist der schönste See im Land?

her Panzer die Durchfahrt durchs Wasser übten, wodurch sehr flache Wasserzonen entstanden sind, gedeihen inzwischen verschiedene Riedgräser und Seggen. An den trockenfallenden Ufern sind zum Beispiel Torfmoose, der Sumpf-Bärlapp (*Lycopodiella inundata*) sowie der Rundblättrige Sonnentau (*Drosera rotundifolia*) nachgewiesen. Im Naturschutzgebiet wurden 18 Schmetterlingsarten gezählt, darunter der sehr seltene Aurorafalter (*Anthocharis cardamines*) und der Kleine Perlmutterfalter (*Issoria lathonia*).

Mit etwas Abstand zum Nordwestufer des Langhagensees marschieren wir durch einen Kiefernforst; der Weg verläuft zum Teil im militärischen Sperrgebiet. **Im Westen des Langhagensees** 03 können wir ihn gut überblicken. Anschließend folgen wir dem „Rundweg Langhagensee" nach links zum **NSG „Dünenkiefernwald am Langhagensee"** 04.

In diesem Areal befinden sich nacheiszeitliche Sanddünen, die mit einem teilweise naturnahen Wald aus alten Kiefern, Birken, Rotbuchen sowie Stiel- und Traubeneichen bewachsen sind. Auf den feinsandigen Flächen fühlt sich auch Wacholder wohl. An manchen Stellen bildete sich eine typische Heide-Vegetation aus. In den 1980er Jahren wurden im NSG „Dünenkiefernwald am Langhagensee" verschiedene Fledermausarten nachgewiesen.

Kurz nach den Infotafeln am Naturschutzgebiet nehmen wir den ufernahen Weg. Wir kommen an einer „wilden" Badestelle mit einer alten Bank vorbei und gehen weiter in Richtung Wooster Teerofen. An der schmalen Bucht, die Einheimische „Seerosenausläufer" nennen, erreichen wir Wooster Teerofen und gehen durch ein kleines Metalltor.

Auf der Dorfstraße könnten wir nach links zum Parkplatz abkürzen. Stattdessen gehen wir ein paar Schritte nach rechts und biegen links ab in den Weg „Am Walde". Auf dem beschilderten

„Rundweg Paschensee“ wandern wir geradewegs ans **Westufer des Paschensees** 05, wo uns eine weitere „wilde“ Badestelle mit einer Bank erwartet.

Das Naturschutzgebiet „Paschensee“ schützt den bis zu 15 m tiefen See mitsamt Uferzone. Der Paschensee entstand als Schmelzwassersee während der letzten Eiszeit. Wegen seines sauren und nährstoffarmen Wassers hat sich eine besondere Pflanzen- und Tierwelt entwickelt. Es gibt so gut wie keine Unterwasser-Vegetation; in den versumpften Uferzonen tritt Vegetation auf, die typisch für Moore ist. Am Paschensee leben Fischotter (*Lutra lutra*).

Von der „wilden“ Badestelle folgen wir dem Uferpfad südwärts und staunen bald über eine Stieleiche, die als Naturdenkmal geschützt ist. Danach umrunden wir die Südspitze des Paschensees, indem wir uns an allen möglichen Abzweigen links halten. Wir folgen immer dem Seeufer und genießen die schönen Ausblicke auf den See.

Erst am **Nordostufer des Paschensees** 06 verlassen wir selbigen. Wir wandern auf grasigem Waldweg nordwärts und treffen einige Minuten nach einer Infotafel auf eine Fahrstraße ohne Fahrbahnbelag. Wir folgen dieser Fahrstraße nach links, ignorieren einen kreuzenden Weg und verlassen die Fahrstraße nach summa summarum 300 m in einen **Waldweg** 07, der linkerhand abzweigt. Nachdem wir Kiefern- und Mischwald hinter uns gelassen haben, folgt eine Wiese mit einer Reihe Kastanienbäume. In der Südwestecke verlassen wir die Wiese, wandern nochmals durch Wald und kommen wenig später am **Wanderparkplatz** 01 heraus.

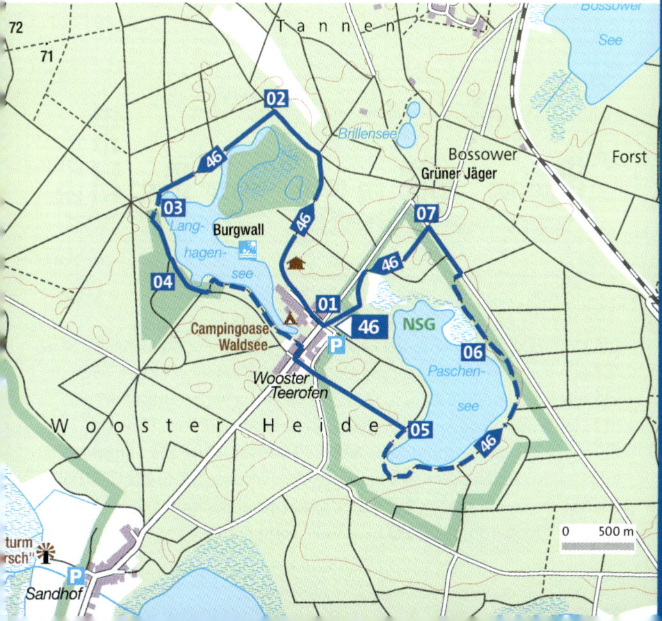

47

RUNDWEG AB KLOSTER DOBBERTIN

Sportliche Runde mit herrlicher Natur

21,6 km | 5:45 h | 129 hm | 129 hm | 865

START | Dobbertin, 47 m, Parkplatz am Kloster
[GPS: UTM Zone 33U x: 306.797 m y: 5.944.916 m]
CHARAKTER | Wer sich nicht vor langen Märschen scheut, wird auf dieser Wanderung mit abwechslungsreicher Landschaft, kleinen und großen Naturwundern belohnt. Ein Höhepunkt ist das Mildenitz-Durchbruchstal, aber auch die Klädener Eichen, der malerische Schwarzsee und der einsame Sandsee mit einer „wilden“ Badestelle sind die Anstrengung wert. Die Tour lässt sich auch mit dem Fahrrad meistern, an ein paar Stellen muss es allerdings geschoben werden. Leider gibt es erst nach über 20 km eine Einkehrmöglichkeit. Nehmen Sie also etwas zu essen und ausreichend Getränke im Rucksack mit!

Vom großen Hauptparkplatz am **Kloster Dobbertin** **01** laufen wir an der Lindenstraße zum nordöstlich gelegenen Kloster-

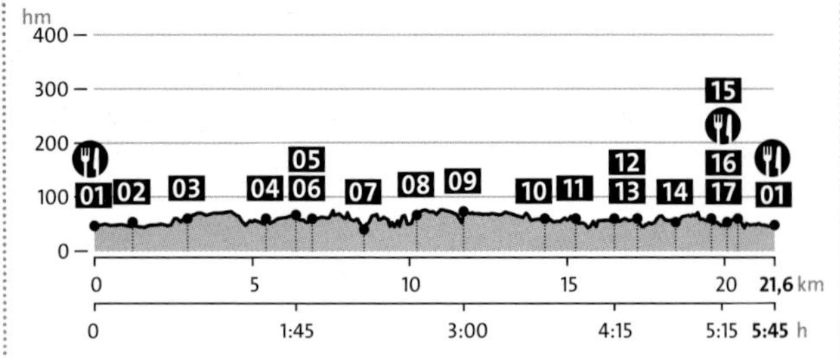

01 Kloster Dobbertin, 47 m; **02** Feldweg, 49 m; **03** breite Waldschneise, 58 m; **04** Bundesstraße B192, 49 m; **05** Naturdenkmal Klädener Eichen, 55 m; **06** Alte Wassermühle Kläden, 52 m; **07** Rastplatz bei der Brücke, 43 m; **08** kreuzender Waldweg, 73 m; **09** Badestelle am Sandsee, 67 m; **10** große Doppelkreuzung, 55 m; **11** Hofanwesen, 54 m; **12** Bungalowsiedlung „Jager Tannen“, 55 m; **13** Badestrand Helmsrade, 49 m; **14** Landzunge am Dobbertiner See, 47 m; **15** Badestrand am Campingplatz, 56 m; **16** Insel-Hotel Dobbertin, 50 m; **17** Badestelle vorm Kloster, 51 m

Alpha und Omega: Vom Kloster Dobbertin starten wir, am Kloster Dobbertin endet auch unsere große Wanderung

friedhof. An der Friedhofsecke folgen wir der Lindenstraße nach rechts. Anschließend überqueren wir vorsichtig die Bundesstraße B192 und marschieren auf einem breiten Alleenweg von ihr fort. Nach etwa 700 m, kurz nach der Stromleitung, zweigt links ein anderer **Feldweg** **02** ab, auf dem wir nun Richtung Nordnordosten gehen. Ungefähr 500 m geradeaus, dann halten wir uns an der ersten Gabelung links. Am Ende der Kurve gehen wir erneut links. Bis zu ei-

NSG „Klädener Plage und Mildenitz-Durchbruchstal"

Das Naturschutzgebiet „Klädener Plage und Mildenitz-Durchbruchstal" umfasst den verlandeten See Klädener Plage südlich des Örtchens Kläde sowie einen naturnahen Teil des Flusses Mildenitz, der zwischen der Alten Mühle bei Kläde und dem Schwarzen See ein Durchbruchstal durch die Endmoräne bildet und schließlich in den Schwarzen See mündet. Das Durchbruchstal ist das größte in Mecklenburg-Vorpommern; die Mildenitz hat sich teilweise bis zu 20 m tief in die kiesige Hochfläche der Endmoräne eingeschnitten. An den steilen Hängen wachsen Rotbuchen (*Fagus sylvatica*), von denen einige über 200 Jahre alt sind. Die alten Buchenwälder sind Lebensraum für mehr als 80 Vogelarten.

Die Klädener Plage ist ein von mineralischem Bodenwasser gespeistes Niedermoor. Wo sich einst der See Wostrowitz befand, entstanden durch Absenkung des Wasserspiegels Weideflächen, die noch bis Ende des Zweiten Weltkriegs genutzt wurden. Durch Aufgabe der Landwirtschaft und bewusste Wiedervernässung konnte sich die Klädener Plage naturnah rückentwickeln. Ein Großteil des Niedermoors wird von Röhricht eingenommen; neben der Sumpfdotterblume (*Caltha palustris*) kommt hier auch der Sumpfsitter (*Epipactis palustris*) vor, eine Orchideenart.

700 Jahre alt: die Stieleiche an der Bundesstraße B192 bei Kläden

ner Asphaltstraße bringen wir ein ziemlich gerades Wegstück hinter uns. Wir überschreiten die Straße und wandern auf dem sandigen Feldweg am Waldrand entlang, bis wir an eine **breite Waldschneise 03** kommen. Hier biegen wir rechts ab und folgen der Schneise für etwa 400 m, wo wir auf dem kreuzenden Weg nach links gehen.

Nach 200 m gehen wir über eine andere Waldschneise gerade hinweg; 300 m weiter kommen wir an eine zweispurige Straße. Wir überqueren sie und wandern längere Zeit auf breitem Weg durch den Forst nach Nordwesten. Dabei gehen wir immer geradeaus und ignorieren alle Wege, die links und rechts abzweigen. Nach ungefähr 800 m schwenkt der Forstweg mehr nach Norden, kurz darauf verlassen wir den Wald.

Wir gehen links einer mit Büschen bewachsenen Grasfläche entlang und folgen dem Feldweg in einem langen Linksbogen entlang des Waldrandes am Klädener Berg bis zur **Bundesstraße B192 04**. Wenige Meter vor der Bundesstraße fällt ein besonderer Baum auf: Die rund 700 Jahre alte Stieleiche (*Quercus robur*) mit einem Stammumfang von zirka 7,30 m ist als Naturdenkmal geschützt.

An der Bundesstraße laufen wir ein paar Meter nach rechts – bitte seien Sie vorsichtig, es gibt hier keinen Gehweg. Dann biegen wir links ab in das Örtchen Kläden. Wir folgen dem Asphaltsträßchen durch die kleine Siedlung bis zum Ende und gehen bald auf sandigem Fahrweg entlang einer Stromleitung weiter westwärts. So begegnen wir etwa 800 m hinter Kläden dem beeindruckenden **Naturdenkmal Klädener Eichen 05**.

Wenige Meter nach den Klädener Eichen erreichen wir einen breiteren Fahrweg, dem wir geradeaus

Ein einzigartiges Stück Natur: unterwegs im Durchbruchstal der Mildenitz

folgen. Wir werfen einen Blick auf die **Alte Wassermühle Kläden 06**, die bis ins 19. Jh. in Betrieb war und heute Urlauber beherbergt (*www.alte-muehle-dobbertin.m-vp.de*). Anschließend folgen wir vom Rastplatz aus dem Naturlehrpfad durch das ganze Mildenitz-Durchbruchstal (Markierung: „blauer Schrägbalken"). Der wunderschöne Weg verläuft rechts des Flusses bis zum **Rastplatz bei der Brücke 07**.

Die Brücke hilft uns trockenen Fußes über die Mildenitz. Gut 300 m weiter teilt sich der Weg: Der Lehrpfad bzw. Rundwanderweg verläuft links weiter, aber wir halten uns rechts und folgen somit dem Uferweg entlang des Schwarzen Sees. Hin und wieder müssen wir gefallene Baumriesen übersteigen oder umgehen. Bleiben Sie bitte auf dem gut erkennbaren Pfad, der sich im Süden des Schwarzen Sees vom Ufer entfernt und kurze Zeit später bei einem Wegweiser „Mildenitz-Durchbruchstal" auf einen **kreuzenden Waldweg 08** trifft.

Wir vertrauen der Beschilderung. Nachdem wir eine Wiese passiert haben, treffen wir hinter einer weiß-grünen Schranke auf einen Forstweg. Hier führt der markierte Weg nach links – wir biegen allerdings rechts ab und wandern auf dem sandigen Forstweg Richtung Südwesten. Alle abzweigenden Wege werden ignoriert. Bei einem Rettungstreffpunkt gehen wir geradeaus weiter. Kurz darauf ist ein steiler Abstecher zur versteckten **Badestelle am Sandsee 09** möglich, die sich neben einem verlassenen Gebäude befindet.

Weiter geht's auf dem Hauptweg oberhalb des Sandsees. In Höhe eines alten Antennenmasts und

Nächster Halt: Sandsee. Den haben wir an dieser Stelle der Tour allerdings schon passiert

eines neuen Elektrokastens gehen wir nach links, womit wir den breiteren der beiden Wege nutzen. An einer Kiefer finden wir auch einen nützlichen Wegweiser: „Dobbertin".

Etwa 200 m weiter überqueren wir die Gleise der ehemaligen Eisenbahnstrecke von Karow nach Sternberg (mit Weiterführung nach Wismar). Zwischen Damerow und Borkow – in diesem Bereich befinden wir uns gerade – wird die Bahnstrecke mit Draisinen befahren (*www.draisine-mecklenburg.de*). Beachten Sie bitte auch die Infotafel über den Sandsee. An der ersten deutlichen Kreuzung nach den Gleisen halten wir uns links und folgen dem Zaun. Am Ende der Schonung schwenkt unser Weg nach rechts und verläuft leicht kurvig weiter bis zu einer Dreieckskreuzung, an der sich ein alter Wegestein befindet. Wir gehen am Stein vorbei und sehen nun auch die rückseitige Beschriftung: Unser Weiterweg führt Richtung Dobbin und Kläden.

Bei einem Naturpark-Schild überschreiten ein zweites Mal die Gleise und zweigen sogleich rechts ab.

Achtung: Wir nehmen nicht den Weg parallel zur Eisenbahn, sondern den breiteren Weg, der nach Osten strebt! Nach etwa 400 m erreichen wir den Waldrand und folgen ihm weiter ostwärts mit Blick auf ein paar einsam gelegene Häuser. Hinter den Häusern treffen wir auf eine **große Doppelkreuzung** **10**.

Aus ankommender Sicht gehen wir zuerst halblinks, also beinah geradeaus, und danach an der Y-Verzweigung nach rechts. Durch Felder wandern wir Richtung Südosten auf den Wald zu. Am Waldrand gehen wir schräglinks in den Wald hinein. Rechterhand versteckt sich ein kleines Moorgebiet hinter Bäumen. Nach 500 m Waldpassage treffen wir in unmittelbarer Nähe eines **Hofanwesens** **11** auf ein asphaltiertes Fahrsträßchen, auf dem wir nach rechts marschieren.

Nach etwa 700 m, bei ein paar Häusern, erreichen wir eine breitere Asphaltstraße, welche wir überqueren (Markierung: „blauer Balken" Richtung Dobbertin). Vorbei am Ferienhaus „Landhaus Dobbertin" geht's südwärts. Der sehr sandige Weg bringt uns zur **Bungalowsiedlung „Jager Tannen"** **12** – bis dahin gibt es keine Abzweige.

Wir halten uns links und marschieren durch die Bungalowsiedlung, wo mittlerweile auch größere Häuser erbaut wurden. Die links abzweigende Zufahrt zur Siedlung ignorieren wir und gehen geradeaus weiter. Der breite Weg endet schnell. Wir wandern auf einem angenehmen Waldpfad in Ufernähe des Dobbertiner Sees und erreichen den **Badestrand Helmsrade** **13**.

Im Anschluss an eine wohlverdiente Erfrischung laufen wir am Seeufer vor der Bungalowsiedlung Helmsrade südwärts. Bei den letzten „Datschen" macht der Weg eine Linkskurve. Kurz bevor er endet, gehen wir auf einem Pfad nach rechts über die Wiese und folgen der Beschilderung des Europäischen Fernwanderwegs E9A sowie des „Naturparkwegs". Der schöne Weg in Ufernähe bringt uns bis zu einer **Landzunge im Dobbertiner See** **14**, von der sich ein sehr schöner Ausblick bietet. Auf dem Skulpturenweg geht's am Seeufer entlang nordwärts. Unser nächstes Etappenziel ist der **Badestrand am Campingplatz** **15**. Von dort folgen wir dem Seeufer noch ein

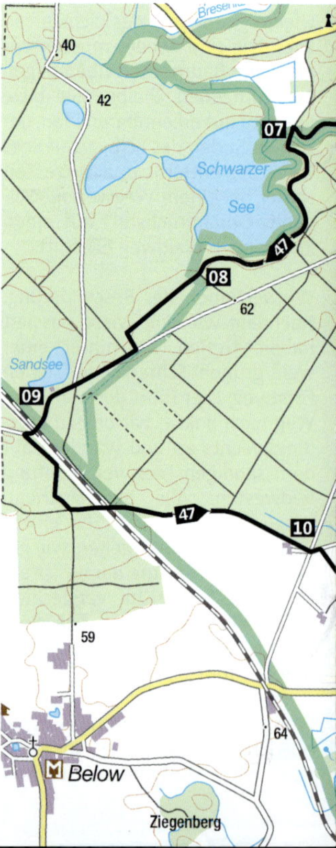

kleines Stück bis zur Anlegestelle des „Drachenboots“ beim Alten Friedhof. Hier gehen wir auf dem Asphaltsträßchen nach links. Am Sägewerk wählen wir die Straße nach rechts und laufen geradeaus zum **Insel-Hotel Dobbertin 16** mit Restaurant (*www.insel-hotel-dobbertin.de*, Öffnungszeiten bitte vorab erfragen).

Am Spielplatz hinterm Hotel entscheiden wir uns für den Weg, der nahe am Seeufer verläuft. Wir kommen zu einer letzten **Badestelle vorm Kloster 17**. Der Uferweg bringt uns schließlich auch zum **Kloster Dobbertin 01**.

Obwohl wir nun viele Kilometer hinter uns haben und wahrscheinlich etwas müde sind, sollten wir das sehenswerte Gelände des Klosters erkunden. Infos zur Geschichte, Sehenswürdigkeiten und Veranstaltungen bietet die Website *www.kloster-dobbertin.de/sehenswertes-und-veranstaltungen/*. Im Kloster-Café dürfen Sie sich für die lange Wanderung mit einem hausgebackenen Kuchen belohnen. In der Werkstatt für behinderte Menschen können Sie Schönes und Nützliches erwerben, das die Dobbertiner Klosterbewohner selbst hergestellt haben.

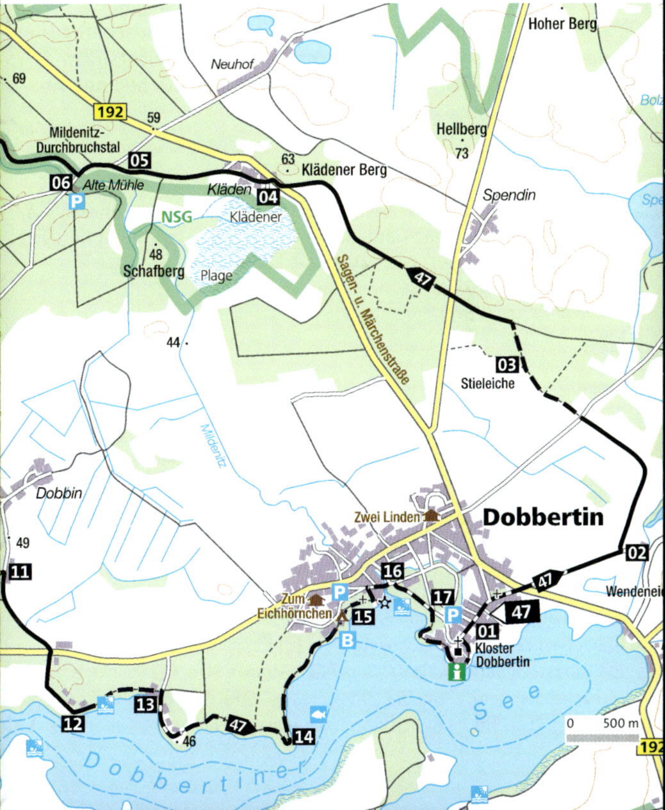

LEHRPFAD LÄHNWITZ UND AUSSICHT AM JASENBERG • 92 m

Alles Stein, oder was? Großsteingräber, ein Steinkreis und Spuren der Steinhauerei

14 km | 3:45 h | 123 hm | 123 hm | 865

START | Lohmen, 42 m, Campingplatz Garden
[GPS: UTM Zone 33U x: 305.982 m y: 5.953.301 m]
CHARAKTER | Steine, Steine, Steine: Für Wanderer mit geologischem und archäologischem Interesse ist diese Wanderung perfekt. Sie führt zu mehreren frühgeschichtlichen Grabanlagen, einem Steinkreis und zu Findlingen, an denen sich die Spuren des alten Steinhauer-Gewerkes befinden. Außerdem gibt es viele andere Naturphänomene in einer lieblichen Landschaft zu entdecken. Ein Höhepunkt ist der Ausblick vom Aussichtsturm am Jasenberg. Als Radtour eignet sich die Runde nur bedingt: An einigen Stellen muss geschoben werden.

„Irgendwo im Nirgendwo" befindet sich der Campingplatz Garden. Sie erreichen ihn über eine Zufahrtsstraße vom Ort Lohmen aus. Lohmen liegt etwa 6 km nördlich von Dobbertin.

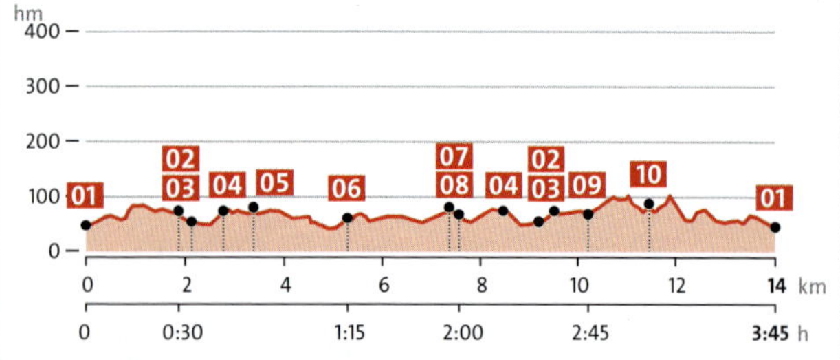

01 Parkplatz beim Bootshafen, 42 m; 02 beschilderte X-Kreuzung, 69 m; 03 Beginn des Lehrpfads Lähnwitz, 55 m; 04 beschilderte T-Kreuzung, 70 m; 05 Großsteingrab Klein Upahl, 75 m; 06 Postmoor, 54 m; 07 Steinkreis „Lenzener Steintanz", 74 m; 08 „Dröger Kraug", 61 m; 09 zweiter breiter Waldweg, 75 m; 10 Aussichtsturm am Jasenberg, 92 m

Am Garder See: Der Bootshafen beim Campingplatz ist Ausgangs- und Endpunkt dieser Wanderung

Der **Parkplatz beim Bootshafen** **01** am Nordufer des Garder Sees ist nicht öffentlich, vielleicht parken Sie besser an der Straße kurz vorm Campingplatz Garden. Am Parkplatz gibt eine Infotafel einen Überblick zur Region. Wir folgen dem Wegweiser „Lehrpfad Lähmnitz – zum Rundweg" (Markierung: „grüner Schrägbalken"). Der sandige Weg ist tatsächlich eine Fahrstraße, das Ortsschild am Ende des Zauns beweist es. Wir nutzen den Fahrweg Richtung Klein Upahl aber nur noch ein kleines Stück und biegen dann links ab, wie es die Beschilderung des Lehrpfads vorsieht. Beachten Sie den alten Wegstein an der Kreuzung!

Wir wandern auf solidem Forstweg durch den Wald nach Nordwesten, später westwärts, bis zu einer **beschilderten X-Kreuzung** **02**. Hier folgen wir dem Wegweiser „Lähnwitz 0,5 km". Nach kurzer Zeit treffen wir bei einem Rastplatz auf einen anderen unbefestigten Fahrweg. Eine Infotafel erklärt den **Beginn des Lehrpfads Lähnwitz** **03**. Nachdem wir die wenigen Häuser von Lähnwitz passiert haben, erfahren wir Wissenswertes über den Lähnwitzer See als Lebensraum. An der **beschilderten T-Kreuzung** **04** vertrauen wir dem Wegweiser „Lehrpfad Lähnwitz" und wandern nach rechts.

Etwa 100 m weiter halten wir uns wieder rechts, sowie nach 200 m erneut: So führt uns der Lehrpfad Lähnwitz zum **Großsteingrab Klein Upahl** **05**. Das Ganggrab mit einem Hünenbett wurde durch Steinschläger stark beschädigt, weshalb nur noch einige Steine der Umfassung vorhanden sind. Bei Ausgrabungen in den 1970er Jahren wurden die sterblichen Überreste von fünf Erwachsenen, einem Kleinkind sowie einem Neugeborenen gefunden. Die Menschen wurden mit Grabbeigaben beigesetzt: Die Archäologen fanden Feuersteinbeile und -meißel, Pfeilspitzen sowie Tongefäße, außerdem Reste von Fleisch.

Vom Großsteingrab folgen wir dem Lehrpfad Lähnwitz nach Westen, Nordwesten und Norden. Wir entdecken alte Bäume und einen Findling, den Lützowstein. Rillen im Stein deuten auf den Versuch hin,

Soweit das Auge reicht: Blick vom Aussichtsturm auf dem Jasenberg über den Großupahler See nach Norden

ihn zu spalten. Etwa 200 m nach dem Lützowstein biegen wir bei einer grün-weißen Schranke links ab. Noch vor dem Dörfchen Lenzen (siehe Kasten) führt der Lehrpfad Lähnwitz nach links zum kleinen **Postmoor** 06 im Wald. Kurz darauf erkennen wir an einem Findling wieder Spuren der Steinschlägerei.

Wir halten uns dem Lehrpfad nach zweimal rechts und erreichen einen breiten Feldweg, dem wir nach links folgen. Wir wandern eine Zeitlang Richtung Südosten und bemerken dank Infotafel linkerhand ein Hügelgrab. Gut 1 km weiter steht links vom Hauptweg der **Steinkreis „Lenzener Steintanz“** 07. Laut archäologischer Befunde stellen die Steine oberirdische Markierungen von Urnengräbern dar. Vom Steinkreis ist es nur ein Katzensprung zum **„Dröger Kraug“** 08. An dem historischen Rastplatz trafen alte Handelsstraßen aufeinander. „Dröger Kraug“ ist plattdeutsch und heißt soviel wie „trockener Krug“, wobei mit „Krug“ ein Wirtshaus gemeint ist. Weil es weit und breit kein Wirtshaus gab, nannte man es wohl trocken.

Nach einer Rast am „Dröger Kraug“ wandern wir dem Lehrpfad nach nordostwärts, vorbei am Brümmelmoor, zur **beschilderten T-Kreuzung** 04, die wir schon kennen. Wir gehen zurück zum **Beginn des Lehrpfads Lähnwitz** 03 und weiter bis zur **beschilderten X-Kreuzung** 02. Nun biegen wir hier links ab und vertrauen somit dem Wegweiser „Hollensee 2,2 km / Klein Upahl 2,1 km“. Wir marschieren solange, bis der Abstand zum Waldrand links kleiner wird, und ignorieren einen ersten rechts abzweigenden Forstweg. Dem **zweiten breiten Waldweg** 09, der rechts abgeht, folgen wir nach Osten (Tipp: Kurz vorm Abzweig steht eine Fahrradweg-Tafel).

Nach ungefähr 500 m führt links ein Pfad hinauf auf den Jasenberg. Dieser Pfad beginnt gegenüber einer Wegschneise. Wir laufen jedoch geradeaus weiter bis zum Waldrand und gehen links bergan. An der nächsten Waldecke erblicken wir linkerhand den hölzernen **Aussichtsturm am Jasenberg** 10. Er ist zwar niedrig, bietet aber eine wunderbare Fernsicht zum Großupahler See und darüber hinaus. Vom Turm gehen wir auf bekanntem Weg retour und dann weiter talwärts entsprechend dem Wegweiser „Garden 2,5 km". Wir stoßen auf einen breiten Forstweg und marschieren auf ihm nach rechts. In etwa 600 m erreichen wir die beschilderte Kreuzung nördlich vom Campingplatz Garden, an der wir anfangs waren. Wir gehen auf bekanntem Weg zum Ortsschild und zurück zum **Parkplatz beim Bootshafen 01**.

Ausflugstipps für die Umgebung

Baden im Garder See: Die beste Badestelle am Garder See befindet sich etwa 400 m westlich vom Campingplatz. Laufen Sie entlang der Straße Richtung Garden. An der Badestelle gibt es keinen Parkplatz.
Baden im Großupahler See: Die schöne Badestelle am Großupahler See befindet sich am Ortsrand von Klein Upahl. Zugang von der Dorfstraße über die Seestraße zum Wasserweg.
Beobachtungsturm am Brennsee: Am Brennsee östlich von Lohmen kann man gut Wasservögel beobachten. Zugang zum Beobachtungsturm über einen Stichweg am Ortseingang Klein Breesen.
Dorfkirche und Windmühle Ruchow: „In Ruchow is de Düwlel den'n Herrgott öwer. De Möhl steiht höge ras de Kark." Der Kirchturm ist nur so hoch, weil ihn die Windmühle ursprünglich überragte.
Krebssee: In Höhe der Reithalle in Garden führt ein Stichweg nordwärts zum lieblichen Krebssee mitten im Wald. Er ist kein Badesee.
Töpferdorf Lenzen: Im idyllischen Lenzen gibt es einen Töpferhof, der handgemachte Keramik verkauft. Jährlich findet in dem kleinen Ort ein Pflanzen- und Töpfermarkt statt.

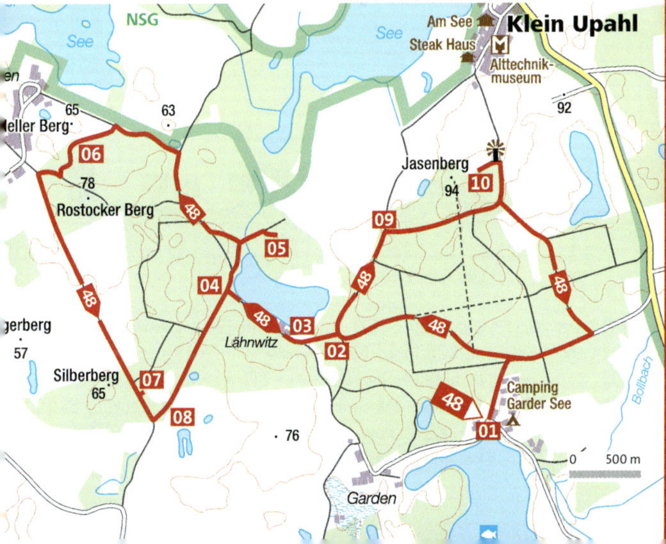

HOHE BURG UND SCHWARZER SEE

Wie im Mittelgebirge: über Berg und Tal, durch große Wälder und mystische Moore

17,8 km 4:45 h 162 hm 162 hm 865

START | Qualitz, 64 m, Feuerwache
[GPS: UTM Zone 33U x: 290.762 m y: 5.969.084 m]
CHARAKTER | Wer im Naturschutzgebiet „Hohe Burg und Schwarzer See" wandert, fühlt sich ans Mittelgebirge erinnert. Während der Weichsel-Kaltzeit formten Eis und Wasser eine beeindruckende Landschaft mit steilen Endmoränenrücken und tief eingeschnittenen Tälern. Die Slawen nutzten das natürliche Relief und errichteten eine Schutzsiedlung an höchster Stelle. Neben den Spuren der Slawenburg entdecken wir zwei steinzeitliche Großsteingräber und passieren zwei Moorgebiete. Voraussetzungen: Ausdauer und Selbstverpflegung.

An der **Feuerwache in Qualitz** 01 befindet sich kein offizieller Parkplatz. PKW können abgestellt werden, sofern die Feuerwehrzufahrt frei bleibt und der Bus, der hier selten hält, wenden kann. Zu Fuß geht's in die Straße Schusterecke und nach links. Am Ende der

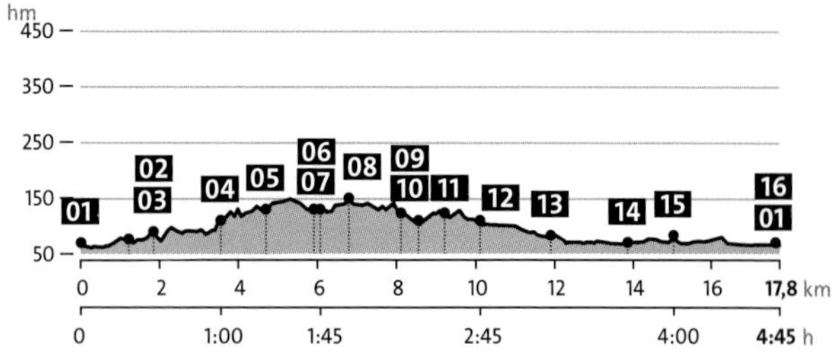

01 Feuerwache in Qualitz, 64 m; 02 Forstweg, 73 m; 03 Rugenseemoor, 74 m; 04 unbefestigter Fahrweg, 108 m; 05 Gabelung, 133 m; 06 Kreuzung, 126 m; 07 „Opferstein", 128 m; 08 Hohe Burg, 147 m; 09 Wegweiser, 121 m; 10 Informationstafel, 114 m; 11 weitere Infotafel, 121 m; 12 Kreuzung beim alten Forsthaus, 102 m; 13 Gralow, 81 m; 14 Gutshaus Katelbogen, 67 m; 15 Ganggrab von Katelbogen, 76 m; 16 Dorfkirche Qualitz, 69 m

Weideland und Wasser: Nur zu Beginn der Wanderung wandern wir im flachen Terrain

Straße, bei der Wendeschleife, folgen wir dem Feldweg halbrechts. Durch von Wassergräben durchbrochene Wiesen spazieren wir auf den Wald zu.

Kurz vorm Wald ignorieren wir einen rechts abzweigenden Feldweg. Am Wald angekommen, gehen wir gleich links über den Graben und bei einem Lesesteinhaufen in den Wald hinein. Hier ist es im Frühjahr besonders schön, wenn sich Moos- und Krautschicht in zartem Grün präsentieren. Ohne Abzweig erreichen wir nach etwa 1,2 km ab Start einen breiteren **Forstweg 02**.

Wir folgen ihm nach rechts und interessieren uns nicht für Nebenwege. Bei einem Rettungstreffpunkt stolzieren wir geradeaus weiter. Kurz darauf treffen wir auf ein Schild „Naturschutzgebiet". Hier befindet sich das **Rugenseemoor 03**, das nicht betreten werden darf. Es ist ein Armmoor (Hochmoor), das aus einem Toteiskessel entstanden ist und nur noch durch Regenwasser gespeist wird. An die saure, nährstoffarme Umgebung haben sich spezielle Pflanzen angepasst, beispielsweise Moosbeeren und Rauschbeeren (beide aus der Gattung *Vaccinium*) sowie der „fleischfressende" Rundblättrige Sonnentau (*Drosera rotundifolia*). Im Rugenseemoor leben auch seltene Tiere, vor allem unterschiedliche Libellen und über 40 verschiedene Schwebfliegen (Familie *Syrphidae*).

Nachdem wir eine ältere Infotafel zum Naturschutzgebiet passiert haben, hören wir schon die Fahrzeuge auf der nahen Straße, die wir gleich erreichen. Es folgt ein unumgänglicher Abschnitt, den wir möglichst schnell hinter uns bringen wollen: Wir marschieren vorsichtig an der Straße nach links und biegen rechts auf die Straße Richtung Bernitt und Schlemmin ein. An dieser Straße, die zum Glück nicht allzu stark befahren ist, gehen wir ungefähr einen Kilometer. Nach der ansteigenden S-Kurve, hinter den Schildern „S-Kurve" und „70", verlassen wir die Straße in einen **unbefestigten Fahrweg 04** nach links.

Auf der breiten Forststraße wandern wir mehr als einen Kilometer durch den Wald – es geht allmählich bergauf. Nachdem wir uns einem Waldrand linkerhand angenähert haben, folgen wir der Rechtskurve des Fahrwegs weiter und erreichen kurz darauf eine **Gabelung** **05**, an der Forstwege nach Norden und Osten führen. Wir entscheiden uns für jenen nach Osten, biegen also rechts ab.

Es geht weiter leicht bergan, vorbei an einem kleinen Soll, bis zu einer Y-Kreuzung, auf die wir etwa 500 m nach der Gabelung stoßen. Hier folgen wir dem Hauptweg halblinks und marschieren geradewegs Richtung Nordosten. Nach ungefähr 600 m kommen wir an eine **Kreuzung** **06**, an der sich ein altes Schild „Naturschutzgebiet" befindet.

Wer Abenteuerlust verspürt, sucht den vermeintlichen **„Opferstein"** **07**. Dazu biegen wir beim Schild „Naturschutzgebiet" links ab und stapfen auf dem durch Forstarbeiten beanspruchten Waldweg etwa 200 m in nordwestliche Richtung. Bevor der Weg stärker zu fallen beginnt, schlagen wir uns weglos nach links und suchen den 3,30 m langen, 2,70 m breiten und 2,60 m hohen Granitfindling. Auf dem Koloss sind eine „Opfer-

Die Hohe Burg zu Schlemmin

Bis heute gibt es kaum wissenschaftliche Erkenntnisse über die slawische Burg auf dem Langen Berg. Sehr wahrscheinlich ist, dass sie zwischen dem 7. und dem 9. Jh. entstand und genutzt wurde, denn nur in dieser Zeit errichteten die Slawen Höhenburgen. Allerdings deutet ein Fund einer weitaus älteren Tonscherbe darauf hin, dass der steile Moränenwall schon früher besiedelt war. 1842 berichtet Georg C. F. Lisch über die „Hohe Burg zu Schlemmin". Im Band 7 der „Jahrbücher des Vereins für Mecklenburgische Geschichte und Altertumskunde" schreibt er von der „bedeutenden Waldhöhe, deren höchster Gipfel durch mehrere frei stehende Buchen bezeichnet wird". Zur Zeit der Slawen war der Lange Berg wahrscheinlich unbewaldet, denn die Höhensiedlung wurde vermutlich nicht nur wegen der steilen Hänge errichtet, die zu zwei Seiten natürlichen Schutz vor Angreifern boten, sondern auch wegen der guten Übersicht. Laut Lisch bildet die Anlage ein „Oblongum [Rechteck, Anm. d. Autors] von 200 Schritten Länge, (...) von einem ziemlich hohen Wall umgeben, um den ein Graben läuft. (...) Gegen N. und S. hin bilden Durchschnitte durch den Wall zwei Einfahrten". Damit bestätigt der Forscher die bis heute ersichtlichen Geländeformen. Eine Urkunde aus dem Jahr 1264 habe die Hohe Burg als „nichts weiter als ein Berg, auf welchem keine Burg mehr stand" erwähnt, wusste Georg C. F. Lisch. Demnach existierten bereits im 13. Jh. keine anderen Reste als die heute sichtbaren. Und so resümierte Lisch auch: „Die mächtige, zähe, sechshundertjährige Decke der (...) Waldvegetation vereitelte jedes tiefere Eindringen in den Boden, als ich am 4. August 1841 den Burgwall besuchte."

Endlich gefunden: Zum „Opferstein" geht's weglos durch den Wald

schale" und zwei „Blutrinnen" erkennbar, die laut Geotop-Erfassungsbeleg jedoch natürlichen Ursprungs sein sollen.

Zurück am Schild „Naturschutzgebiet": Nun gehen wir geradeaus, also Richtung Südosten. Der Waldweg, leider in kläglichem Zustand, führt sehr steil hinauf auf den Langen Berg, mit über 145 m Höhe eine der höchsten Erhebungen Mecklenburg-Vorpommerns. Auf dem Rücken folgen wir einem gut erkennbaren Pfad nach rechts. Bald sehen wir den Ringwall der **Hohen Burg 08** und betreten das Gelände der einstigen slawischen Höhensiedlung (siehe Kasten). Hier lässt sich gut rasten, auch wenn keine Bänke vorhanden sind. Wer möchte, kann dem Pfad bis zum Ende nachgehen – dort steht ein zweiter Höhenmarkierungsstein.

Von der Hohen Burg gehen wir zurück zum letzten Abzweig, dort nach rechts steil abwärts. Im Tal halten wir uns hinterm Schild, das zurück zum Burgwall zeigt, nach links. Wir spazieren am Schwarzen See entlang – zuerst in Richtung Nordosten, dann nach Südosten. Schließlich treffen wir auf einen **Wegweiser 09**, der zur Hohen Burg zurückzeigt. Darüber befindet sich ein Schild, das auf eine eher seltene Flatterulme (*Ulmus laevis*) hinweist.

An dieser Stelle gehen wir rechts und folgen dem „Knüppeldamm" durch das Moor bis an sein Ende, an dem eine **Informationstafel 10** steht. Nachdem wir die Tafel angesehen haben, laufen wir über den „Knüppeldamm" zurück zum Wegweiser und halten uns dort rechts. Bei einer **weiteren Infotafel 11** über den Schwarzen See treffen wir auf einen breiten Fahrweg.

Ein Highlight dieser Tour: der urige „Knüppeldamm" am Schwarzen See

Wir orientieren uns an der Radweg-Beschilderung in südöstliche Richtung. In direkter Linie trifft der breite Fahrweg auf die Straße. Wir folgen ihr geradeaus bis Schlemmin. Im Ort laufen wir bis zur Infotafel „Milchstraße Bützower Land“ an der **Kreuzung beim alten Forsthaus 12**. Hier biegen wir rechts ab in den Gralower Weg Richtung Neu-Schlemmin.

Rechts vorbei am schmalen Weiher: Beim „Seniorenlandsitz“ vertrauen wir erneut der Straßenbeschilderung Richtung Neu-Schlemmin. Nachdem wir von eifrigen Wachhunden behütete Grundstücke hinter uns gelassen haben, laufen wir am Ortsende auf dem unbefestigtem Fahrweg Richtung Gralow und blicken weit über die hügelige Endmoränenlandschaft. Nach einer Weile zweigt der Fahrweg nach Neu-Schlemmin ab – hier halten wir uns halblinks und wandern bis **Gralow 13**.

Beim Stromhäuschen geht's geradeaus am Waldrand entlang, dann passieren wir weitere Grundstücke und marschieren bis zur Straße, wo sich eine Infotafel über Gralow und eine Bushaltestelle befinden. Wir folgen der Straße wenige Meter nach links, biegen sofort rechts ab und nehmen den Feldweg zwischen den Bäumen. Er bringt uns nach Katelbogen, wo wir an landwirtschaftlichen Gebäuden und Wohnhäusern entlanggehen und beim Vorfahrtsschild rechts abbiegen. Von der Dorfstraße aus werfen wir einen Blick auf das **Gutshaus Katelbogen 14**, das sich in Privatbesitz befindet. Das bemerkenswerte Gebäude wurde Ende des 19. Jh. anstelle eines Vorgängerbaus errichtet, Bauherr war der königlich-preußische Oberst Fritz von Voß.

Wir folgen weiter der Dorfstraße und halten uns halbrechts (Straßenbeschilderung nach Qualitz). Vorbei am Spielplatz – anschließend verlassen wir Katelbogen und wandern auf einem Betonplattenweg Qualitz entgegen. In einer auffälligen Baumgruppe mitten im Feld versteckt sich das **Ganggrab von Katelbogen 15**. Bei einem Rastplatz befindet sich eine Infotafel zu diesem sowie zum nahe gelegenen Großsteingrab Qualitz; der Trampelpfad übers Feld darf dank Erlaubnis der Landwirte benutzt werden.

Südwestlich vom Ganggrab von Katelbogen befindet sich das Qualitzer Großsteingrab. Dorthin führt kein Weg, weshalb die alte Infotafel in der Feldinsel nur noch selten gelesen wird. Vor allem während der Wintermonate kann man jedoch leicht den unbestellten Acker überqueren.

Auf dem Betonplattenweg wandern wir bis Qualitz. Wir folgen der Katelbogener Straße und schwenken hinter dem neu erbauten Haus Nr. 13A in die Straße „Am Kirchberg“. Nach 25 Schritten biegen wir links ab und laufen auf den Kirchturm zu. Durch ein hölzernes Tor betreten wir den Friedhof und schauen uns die alte **Dorfkirche Qualitz 16** an. Den Schlüssel verwaltet Familie Schützler aus dem Pfarrhaus, Am Kirchberg 19.

Wir verlassen den Friedhof an der Westseite über einen Treppenweg, gehen nach rechts und beenden unsere Wanderung an der **Feuerwache in Qualitz 01**.

Pfad über den Acker: Er führt uns zum beeindruckenden Ganggrab von Katelbogen, das vergleichsweise gut erhalten ist

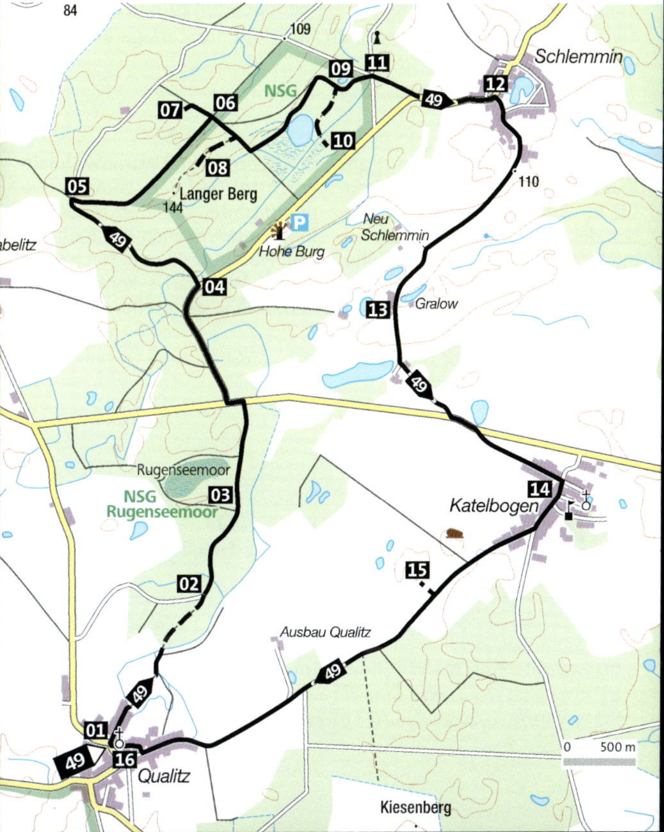

DAS WARNOW-DURCHBRUCHSTAL

Eines der tiefsten Täler in Mecklenburg-Vorpommern

8,4 km | 2:00 h | 104 hm | 104 hm | 865

START | Sternberger Burg, 9 m, Parkplatz an der Mildenitz-Brücke [GPS: UTM Zone 33U x: 291.402 m y: 5.958.747 m]
CHARAKTER | Eine einfache, kurze Rundwanderung, jedoch mit viel Auf und Ab. Die Pfade im wunderschönen Warnow-Durchbruchstal, das als Naturschutzgebiet ausgewiesen ist, sind keinesfalls für Radtouren geeignet. Hierher kommt man, um ein Stückchen „Wildnis“ mitten in Mecklenburg-Vorpommern zu genießen, und entsprechend sollte man sich verhalten. Aufmerksame Wanderer können seltene Tiere beobachten, zum Beispiel den Kleinspecht (*Dryobates minor*). Im Fluss lebt die stark gefährdete Bachmuschel (*Unio crassus*).

Die Wanderung beginnt am **Parkplatz an der Mildenitz-Brücke** 01 im Ort Sternberger Burg. Neben der Kanu-Anlegestelle gibt es Infotafeln für die Wasserwanderer. Wir bevorzugen das Fußwandern und folgen dem Schild Richtung Groß Görnow und Warnow-Durchbruchstal. Auf der schmalen Asphaltstraße, die der Mildenitz folgt, verläuft auch der Radfernweg Hamburg-Rügen. Nach einer kurzen Waldpartie kommen wir in die Nähe der Stelle, an der die

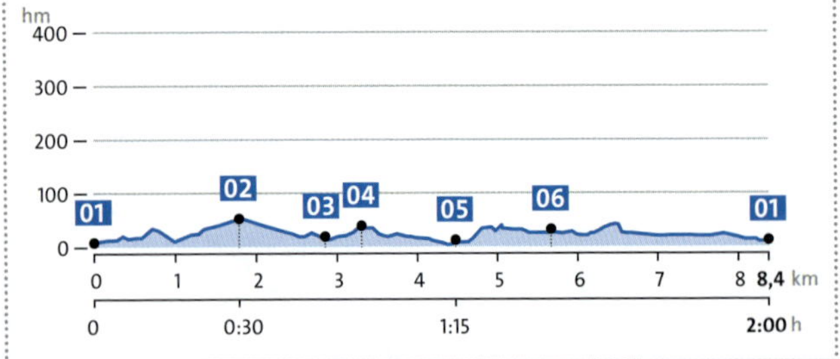

01 Parkplatz an der Mildenitz-Brücke, 9 m; 02 Aussichtsturm, 53 m; 03 markierter Wanderweg, 12 m; 04 erste Warnowbrücke, 27 m; 05 zweite Warnowbrücke, 6 m; 06 Infotafeln oberhalb der ersten Brücke, 25 m; 07 Feldweg, 25 m

Mildenitz in die Warnow mündet. Auf der linken Straßenseite stehen Schautafeln des Naturparks Sternberger Seenland.

Nachdem wir die Warnow überschritten haben, steigen wir auf der Asphaltstraße ziemlich steil bergan. Am höchsten Punkt des Endmoränenwalls steht der **Aussichtsturm** 02, von dem wir die „eiszeitliche Urlandschaft" überblicken – so steht es auf der Infotafel. Wir genießen den wirklich guten Fernblick und gehen anschließend auf bekannter Strecke ungefähr 200 m zurück, also talwärts nach Südosten. Bei erster Gelegenheit nach dem Aussichtsturm biegen wir links ab, gehen durch ein „Kissing gate", wie ein solches Tor in England genannt wird, und laufen auf dem schmalen Pfad entlang des Zauns. Bald begleiten einzelne Bäume und der Waldrand den augenscheinlich wenig genutzten Weg hinab zur Warnow.

Beinah am Fluss angekommen, gehen wir durch eine Lücke im Zaun und wandern mit dem Strom. Hin und wieder müssen wir umgestürzte Bäume übersteigen. Nach kurzer Strecke mündet von links ein **markierter Wanderweg** 03 ein, der vom Parkplatz beim Grabhügel Groß Görnow herunterkommt. An dieser Stelle vertrauen wir dem Schild „Klein Raden – Rundweg NSG Warnow-Durchbruchstal".

Nächster Orientierungspunkt ist die **erste Warnowbrücke** 04. Auch wenn wir hier nicht auf die andere Flussseite wechseln wollen, lohnt es sich, einmal hin- und herzugehen und auf die Warnow zu

Die erste Warnowbrücke: Hier wechseln wir nicht ans andere Flussufer. Hin- und herlaufen lohnt sich trotzdem

blicken. Am östlichen Ufer steht außerdem eine Infotafel über die Bachmuschel, die hier ihren Lebensraum hat.

Wir spazieren weiter am Westufer der Warnow („Rundweg NSG Warnow-Durchbruchstal"). Nach einer Weile entfernt sich der schöne Naturweg vom Fluss. Nach Einmündung des Wegs vom Burgwall führt er auf den Hang hinauf. Dort gehen wir durch ein Holztor und folgen der Waldkante nach rechts. Zielsicher streben wir auf die **zweite Warnowbrücke** **05** zu und überqueren den Fluss.

Am Ostufer biegen wir rechts ab und folgen somit der Beschilderung „Groß Görnow / Parkplatz". Der bald recht breite Waldweg steigt durch alten Buchenmischwald bergan – rechts unter uns liegt der Auwald am Flussufer der Warnow. Wir ignorieren abzweigende Pfade und bleiben immer auf dem markierten Weg. So kommen wir zu den **Infotafeln oberhalb der ersten Brücke** **06**.

Nun folgen wir dem Wegweiser „Sternberger Burg 2,7 km" und befinden uns auf dem Europäischen Fernwanderweg E9A („blauer Balken") und auf dem „Denkmalweg" („roter Balken"). In Bälde entfernt sich unser Pfad vom schönen Warnowtal und folgt einem trockenen Seitental in östliche Richtung. Am Ende dieses Tals stoßen wir auf einen deutlich erkennbaren **Feldweg** **07**. Hier, beim Schild „Naturschutzgebiet", sind es laut Wegweiser noch 1,7 km bis Sternberger Burg.

In leichten Kurven durchstreifen wir Wiesen und Felder. Nachdem wir ein Soll passiert haben, mündet der nun noch breitere Weg in ein Asphaltsträßchen. Vom Klärwerk laufen wir zur Hauptstraße und erblicken schon aus der Ferne unseren **Parkplatz an der Mildenitz-Brücke** **01**.

OBERE SEEN UND WENDFELD

Bei Sternberg: ein Natura-2000-Gebiet mit Wiesen, Wäldern und herrlichen Seen

9,3 km | 2:30 h | 81 hm | 81 hm | 865

START | Sternberg/„Am Karpfenteich“, 23 m, Wanderparkplatz [GPS: UTM Zone 33U x: 288.893 m y: 5.955.641 m]
CHARAKTER | Südwestlich der Stadt Sternberg erstreckt sich eine strukturierte Landschaft aus verschiedenen Lebensräumen, die als Natura-2000-Gebiet geschützt ist. Besonders bemerkenswert sind Trocken- und Halbtrockenrasen als Lebensräume zahlreicher Insekten. Schmetterlinge, die wir auf der Wanderung beobachten können, zeigt eine Infotafel am Wanderparkplatz. Die Runde ist leicht. Es gibt prima Badestellen, also: Badesachen in den Rucksack packen, Picknick nicht vergessen und los!

Um zum **Wanderparkplatz** **01** vorzudringen, der sich am Schießplatz der Schützengilde Sternberg befindet, biegen Sie bei der Tankstelle an der B104 ab und vertrauen der Beschilderung. Nachdem wir die Infotafeln angesehen haben, folgen wir dem Wegweiser „Sternberg – Rundweg Wustrowsee / Kaarz – Oberer See“ (Markierung: „roter Balken“). Durch Mischwald geht es leicht bergan bis zu einer **ersten beschilderten Kreuzung** **02** vor einem Teich.

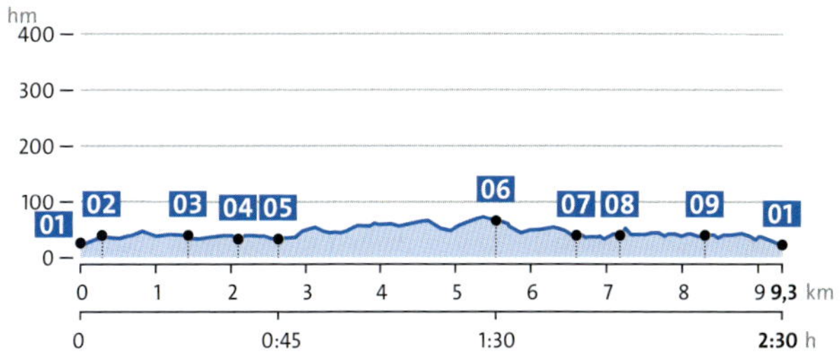

01 Wanderparkplatz, 23 m; **02** erste beschilderte Kreuzung, 38 m; **03** zweite beschilderte Kreuzung, 35 m; **04** erste Badestelle am Wustrowsee, 32 m; **05** zweite Badestelle am Wustrowsee, 32 m; **06** Abzweig vom Forstweg, 65 m; **07** Angelplatz, 32 m; **08** Badestelle am Oberen See, 32 m; **09** Stichweg ans Ufer, 38 m

Hier bleibt man gerne länger: Die zweite Badestelle am Wustrowsee bietet sich für eine längere Pause an

Wir biegen links ab und folgen somit der Beschilderung „Sternberg – Rundweg Wustrowsee“ (Markierungen: „gelber Punkt“ und „grüner Punkt“). Der sandige Weg steigt leicht an. Bei mehreren Infotafeln und einer Rastbank befand sich einmal eine Aussichtsplattform – im Frühjahr 2023 war sie demontiert. Wir folgen weiter dem markierten Rundweg und wandern in kurvigem Auf und Ab durch die Trocken- und Halbtrockenrasen. Neben dem „gelben Punkt“ und dem „grünen Punkt“ entdecken wir bald den „blauen Balken“ des europäischen Fernwanderwegs E9A. Schließlich treffen wir auf die **zweite beschilderte Kreuzung** 03 und orientieren uns an der Richtung „Kaarz / Sternberg“ („grüner Punkt“ und „roter Balken“).

Wo sich linkerhand ein kleiner Tümpel befindet, steht rechts am Weg eine schattige Bank unter Kiefern. Wir passieren ein großes Feld und halten uns bei einer weiteren Bank rechts (Wegweiser: „Rundweg Wustrowsee“, Markierung: „gelber Punkt“). Unter der Stromleitung hinweg – schon sind wir an der **ersten Badestelle am Wustrowsee** 04. Von hier bietet sich ein besonders schöner Blick übers Wasser.

Wir schlendern zurück zur Kreuzung mit der Bank und biegen rechts ab. So kommen wir gleich zu einem Parkplatz, in dessen unmittelbarer Nähe sich die **zweite Badestelle am Wustrowsee** 05 befindet. Hier gibt es sogar einen kleinen Sandstrand, an dem Kinder ein wenig buddeln können.

Vom Parkplatz folgen wir weiter dem breiten Fahrweg, der um die Südwestspitze des Wustrowsees herumführt und dabei leicht ansteigt. Bei einer Schranke gehen wir wenige Meter geradeaus und halten uns sogleich rechts, womit wir der Markierung „grüner Punkt“ vertrauen. Dem ausgebauten Forstweg folgen wir für etwa 2,3 km – demzufolge halten wir uns bei der Infotafel „Kaarzer Holz“ rechts.

In einer Senke treffen wir auf den **Abzweig vom Forstweg** 06. An dieser Stelle folgen wir dem Wegweiser „Sternberg – Oberer See“ bzw.

der Markierung „grüner Punkt“ nach rechts. Am Rande eines breiten Trockentals geht es in Richtung Nordosten leicht bergab, bis wir die Verlandungszone des Oberen Sees erreichen. Am Waldrand machen wir einen Abstecher hinunter ans Ufer, wo sich ein **Angelplatz** 07 befindet (Baden verboten).

Wer baden möchte, muss sich noch ein paar Minuten gedulden. Wir gehen zurück zum Hauptweg und folgen ihm nach rechts zu dem schon von weitem sichtbaren Rastplatz. Hier verlassen wir den mit „grünem Punkt“ und „rotem Balken“ markierten Rundweg: Wir marschieren nach rechts in den Wiesenweg („Privatgrund – Durchfahrt nicht gestattet!“). Nach etwa 300 m kommen wir zur **Badestelle am Oberen See** 08 mit Bänken und einer Informationstafel.

Nach der (Bade-)Pause gehen wir entlang des Seeufers weiter. Einen links abzweigenden Weg ignorieren wir. Wir passieren den Schilfgürtel zwischen Oberem See und Wustrowsee, die einst einen einzigen großen See bildeten, und nähern uns einmal mehr dem Ufer des Wustrowsees. Bei einer Stromleitung zweigt rechts ein kurzer **Stichweg ans Ufer** 09 ab – wir gehen jedoch geradeaus unter der Stromleitung hinweg und kommen am dritten See unserer Wanderung entlang: dem kleinen Bürgermeistersee.

Bei einem eingezäunten Gelände laufen wir geradeaus. Entlang eines auffälligen Grabens erreichen wir den kleinen Teich an der **ersten beschilderten Kreuzung** 02. Auf bekanntem Wege spazieren wir zurück zum **Wanderparkplatz** 01.

SCHLOSS KAARZ UND WARNOWTAL

Ein einfacher Rundweg durch die abwechslungsreiche Wiesen- und Flusslandschaft

7,2 km | 2:00 h | 68 hm | 68 hm | 865

START | Kaarz, 29 m, Platz südlich vom Schloss
[GPS: UTM Zone 33U x: 284.015 m y: 5.954.791 m]
CHARAKTER | Schloss Kaarz ist ein schickes Hotel mit Restaurant. Der alte Schlosspark mit mächtigen Bäumen fügt sich perfekt in die umgebende Landschaft ein. Ein Spaziergang von Kaarz nach Alt Necheln gleicht einem Lustwandeln in vergangenen Zeiten. Im Warnowtal finden wir vergleichsweise unberührte Natur. Wer Glück hat, kann Eisvögel und Fischotter beobachten. Für den einfachen Rundweg brauchen Sie gutes Schuhwerk, die Wege sind manchmal matschig.

Wer im Hotel Schloss Kaarz nächtigt oder im Restaurant speist (Reservierung erforderlich!), kann sein Auto auf dem Parkplatz des Hauses abstellen. Andernfalls parkt man auf dem **unbefestigten Platz** 01 rund 100 m südlich vom Schloss.

Von hier folgen wir dem Wegweiser „Kaarz-Alt Necheln / Großer Naturwanderweg“ – und gehen somit in die Sackgasse beim weißen Koppelzaun. Am Ende des Zauns halten wir uns rechts und folgen somit der Markierung „grüner Schräg-

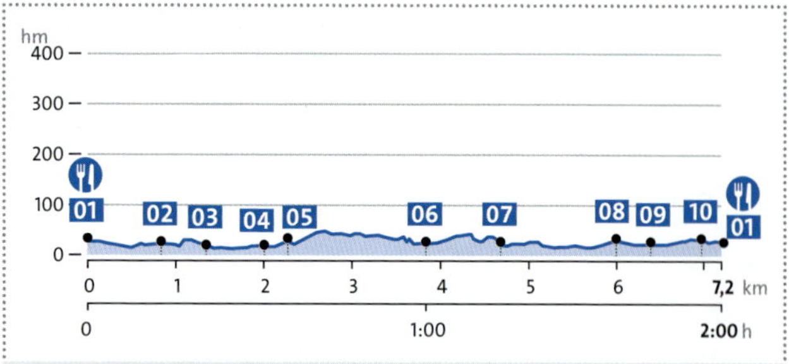

01 unbefestigter Platz, 29 m; 02 Krevtmoor, 23 m; 03 zwei Rastbänke, 17 m; 04 Gutshaus Alt Necheln, 22 m; 05 Nachbau einer Biberburg, 19 m; 06 beschilderte Kreuzung, 30 m; 07 ehemaliger Ort Hütthof, 21 m; 08 Zugang zum Schlosspark Kaarz, 37 m; 09 Eichenallee, 26 m; 10 großer Mammutbaum, 30 m

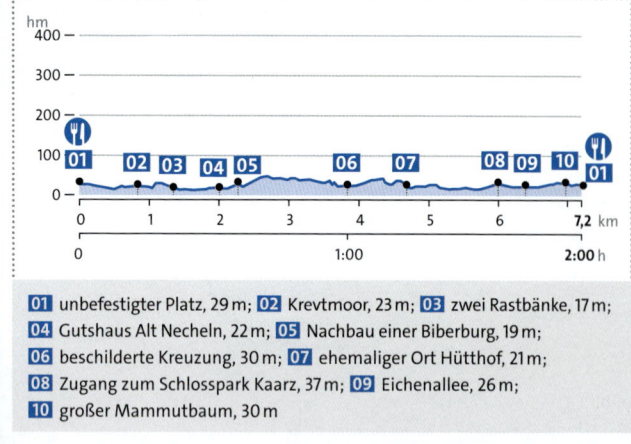

Die Familie von Bülow

Die Herren, Freiherren und Grafen von Bülow zählen zum mecklenburgischen Uradel und sind bis heute die zahlenmäßig stärkste deutsche Adelsfamilie. Ihr Name wurde vom Ort Bülow bei Rehna entlehnt, und ihre Geschichte beginnt mit Ritter Godofridus de Bulowe im Jahre 1229. Im 14. Jh. stellen die Bülows vier Bischöfe im Bistum Schwerin, im 15. Jh. einen Bischof im Bistum Lebus (heute Brandenburg). Bis 1945 brachten die Mitglieder der Familie Bülow 110 mecklenburgische Burgen, Güter und Dörfer in ihren Besitz. Außerdem hatten sie viele Besitztümer in Preußen, Schleswig-Holstein und Dänemark. Etliche Bülows begleiteten hohe Staatsämter oder waren prominente Militärs. Nur einer war ein Komiker: Vicco von Bülow, besser bekannt als Loriot.

balken". Wir gehen am alten Gestüt vorüber, das 1907 erbaut wurde, und sehen kurz darauf rechterhand die alte Eichenallee, der wir uns am Schluss der Wanderung widmen. (Ein Tor verhindert hier den Durchgang zum Schlosspark.)

Auf breitem Sandweg, begleitet von einem Wassergraben, entfernen wir uns geradewegs von Kaarz. Nachdem wir den Wassergraben überquert haben, halten wir uns an einer Kreuzung mit kaum mehr lesbaren Wegweisern links. Nach leichtem Anstieg kommen wir zum **Krevtmoor** 02, einem Soll. Ein paar Meter weiter erreichen wir einen anderen Toteissee, der sich malerisch in die hügelige Endmoränenlandschaft einfügt: das Rauhe Kitz.

Der mit „grünem Schrägbalken" markierte Weg verläuft nun zwischen einer eingezäunten Wiese und dem Waldrand. Wir passieren eine Schutzhütte und erreichen schnell **zwei Rastbänke** 03 bei einer Informationstafel über das Rittergut Weselin, das sich einst in der Nähe befand.

Liebliche Eiszeitlandschaft: Das Rauhe Kitz ist einer von vielen Toteisseen, den wir auf unserer Rundwanderung entdecken

Highlight zum Schluss der Tour: Die Eichenallee am Schlosspark Kaarz sollten Sie nicht verpassen!

Zwischen Koppelzäunen strebt unser Wanderweg auf Alt Necheln zu. Wir überqueren die Warnow auf der „Zwei-Männer-Brücke", bei der sich Anlegeplätze für Kanus befinden, und kommen zum **Gutshaus Alt Necheln** 04. Vor über 100 Jahren wurde das Haus von Emilie Winkelmann entworfen, sie war die erste Architektin Deutschlands. Heute beherbergt es Ferienwohnungen (*www.mein-gutshaus.de*). In einem Holzkasten vorm Gutshaus werden heimischer Honig und Apfelsaft zum Kauf angeboten.

Wir folgen dem Sträßchen „An der Warnow" und dem lustigen Wegweiser Richtung „Entchen". Der begehbare **Nachbau einer Biberburg** 05 wird offenbar nicht mehr gepflegt – hier müssen wir uns nicht lange aufhalten und können gleich entlang der Baumreihe weitermarschieren. Im Anstieg halten wir uns halblinks, sodass wir ein einsam gelegenes Haus umgehen. Gleich hinter dem Haus laufen wir auf einem schmalen Pfad hinab zur Warnow.

Der Pfad folgt erst dem Fluss, entfernt sich von ihm bald in einem Linksbogen und verläuft dann am Fuße des Hanges, der mit Buchenwald bewachsen ist, während sich rechts vom Weg Auwald ausbreitet. Bei einem mit der Ziffer 6 gekennzeichneten Stein passieren wir ein trockenes Seitental der Warnow. Danach folgen wir längere Zeit dem Fluss, den wir jedoch nur an wenigen Stellen zu Gesicht bekommen – zwischen Wasser und Wanderweg wuchert üppiges Grün. Schließlich kommen wir an eine **beschilderte Kreuzung** 06.

An dieser Kreuzung führt der „Große Naturwanderweg" nach rechts, wir gehen jedoch nach links und schließen somit den „Kleinen Naturwanderweg" mit in unsere Tour ein. Er ist mit einem „gelben Punkt" markiert.

Am Waldrand übersteigen wir ein paar gefallene Bäume und folgen dem „gelben Punkt" entlang des Weidezauns. Am Ende der großen Wiese gehen wir gerade in den

Wald hinein. Hier gibt es noch einige ältere Kiefern, die Spuren der Harzgewinnung zeigen (siehe Tour 19/Kasten).

Der Pfad mündet in einen Waldweg: An dieser Stelle folgen wir der Beschilderung Richtung Kaarz. Auch an der nächsten Kreuzung orientieren wir uns am „Kleinen Naturwanderweg" mit der Markierung „gelber Punkt", gehen also nach rechts und verlassen den Wald. Infotafeln markieren den **ehemaligen Ort Hütthof** 07, wo sich eine Glashütte und eine Schule befanden.

Von der alten Schule gehen wir noch ein paar Meter bergan, anschließend senkt sich unser Weg hinab zur Warnow. Vor der Brücke mündet von rechts der „Große Naturwanderweg" ein. Nachdem wir den Fluss überquert haben, schreiten wir geradewegs südwärts. Nach etwa 800 m erreichen wir den **Zugang zum Schlosspark Kaarz** 08. Links geht es in den neuen Park, in dem einige Sportgeräte stehen, rechts in den älteren Teil, wo wir uns zuerst die Bülowsche Kapelle ansehen. Ein zerstörter Grabstein erinnert an Oberstleutnant Wilhelm von Bülow, einen weniger prominenten Militär aus dem großen Adelsgeschlecht.

Wenn wir dem Parkweg an der Bülowschen Kapelle westwärts folgen, kommen wir zu einer kleinen Brücke. Dahinter beginnt die großartige **Eichenallee** 09, die Sie nicht verpassen sollten! Vom Ende der Eichenallee nahe dem Tor, das den Durchgang zum Hinweg versperrt, spazieren wir zurück zur Bülowschen Kapelle und anschließend nach rechts durch den Schlosspark, sodass wir zum **großen Mammutbaum** 10 neben dem Herrenhaus kommen. Dann gehen wir vorm Schloss nach rechts und schließlich nach links zum **unbefestigten Platz** 01.

KARNIN – KRITZOW – MÜSSELMOW

Zur ältesten Eiche im Naturpark Sternberger Seenland und anderen Naturwundern

16,2 km | 4:15 h | 164 hm | 164 hm | 865

START | Infotafel am Fahrweg nach Karnin, 53 m [GPS: UTM Zone 33U x: 273.515 m y: 5.953.867 m]
CHARAKTER | Während der Wanderung durch die Endmoränenhügel im Gemeindegebiet Kuhlen-Wendorf hat man das Gefühl, ein Landschaftsgärtner sei am Werk gewesen. Aber die Natur selbst hat hier ein malerisches Ensemble geschaffen, das seinesgleichen sucht. Ausdauer und eine gute Portion Orientierungssinn sind für diese Tour notwendig.

Von der B 304 fahren wir durch das Örtchen Kleefeld und biegen danach links ab in Richtung Karnin. Bevor der unbefestigte Fahrweg hinab ins Warnowtal führt, befindet sich auf der linken Seite eine Infotafel zum NSG „Warnowtal bei Karnin“. Hier parken wir unser Auto, am Wegesrand ist Platz für mindestens drei PKW.

Nachdem wir die **Infotafel** 01 studiert haben, wandern wir talwärts. Der tiefe Hohlweg im Wald

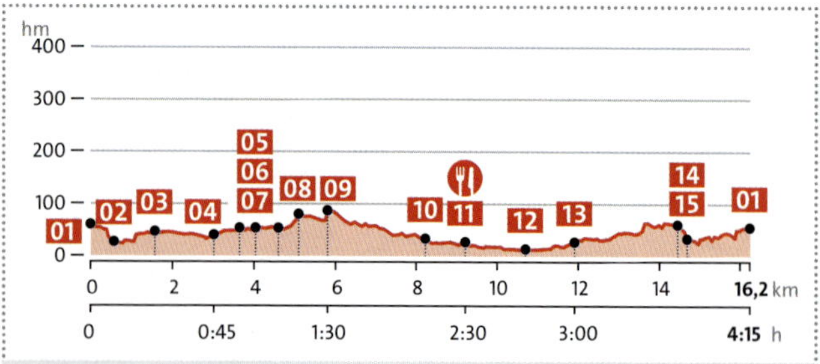

01 Infotafel zum NSG „Warnowtal bei Karnin“, 53 m; 02 Naturschutzstation Karnin, 24 m; 03 Schranke, 43 m; 04 Großsteingrab Kritzow, 39 m; 05 Glasermoor, 51 m; 06 Abzweig der längeren Variante, 53 m; 07 Vereinigung beider Varianten, 49 m; 08 Neunerbuche, 73 m; 09 Waldfriedhof mit Mausoleum, 80 m; 10 Kreuzweg-Eiche, 32 m; 11 Dorfkirche Müsselmow, 22 m; 12 Mündung der Göwe in die Warnow, 14 m; 13 Dorfkirche Zaschendorf, 26 m; 14 westlicher Waldrand, 62 m; 15 Ende des weglosen Abstiegs, 36 m

zeugt von jahrhundertelanger Nutzung. Beim ersten Haus spazieren wir geradeaus zur **Naturschutzstation Karnin** 02. Hier können Wandergruppen und -vereine, Schulklassen und Familien preisgünstig übernachten. An der nächsten Kreuzung führt der „Naturparkweg" nach rechts – wir halten uns links zwischen den Häusern hindurch und überqueren die Warnow kurz vor der ehemaligen Richenberger Mühle.

Der breite Waldpfad führt an den Ruinen vorüber. Dahinter halten wir uns rechts und beachten die Markierung „grüner Balken". Wir benutzen nicht den ersten Hohlweg, der aus dem Warnowtal hinausführt, sondern bleiben noch im Tal entsprechend der Markierung „grüner Balken". Bald kommen wir in die Nähe einer Wiese: Hier folgen wir dem alten Hohlweg aufwärts. Wo er endet, gehen wir entlang des Heckenstreifens weiter leicht bergan.

Oben auf dem Endmoränenzug erwartet uns eine Bank. Wenige Meter weiter beginnt bei einer **Schranke** 03 ein breiter Feldweg. Auf ihm wandern wir entlang der Baumreihe bis zum Ort Kritzow und genießen die weiten Ausblicke. Auf einem Asphaltsträßchen passieren wir mehrere Grundstücke. Hinter Haus Nr. 2 biegen wir scharflinks ab („Richenberger Weg 6-8") und folgen somit dem „Archäologischen Lehrpfad" (Symbol: „grüner Schrägbalken"). Nach etwa 200 m kommen wir zum **Großsteingrab Kritzow** 04. Eine neue und eine ältere Infotafel beschäftigen sich ausführlich mit der Anlage.

Wir bleiben auf dem Asphaltsträßchen. Der „Archäologische Lehrpfad" verweist auf ein weiteres Hügelgrab linkerhand, das über eine „landwirtschaftliche Fahrspur" erreichbar ist. Beim letzten Haus endet der Asphalt – wir gehen auf breitem Feldweg weiter. Westlich eines ovalen Solls, das von großen Bäumen umstanden ist, befindet sich noch ein Hügelgrab. Der Hauptweg führt uns zu einem kleinen Rastplatz am Rande des kleinen Flächennaturdenkmals **Glasermoor** 05.

Wir folgen dem Fußpfad rechts der Informationstafel. Links von uns sind Felder, rechts das Glasermoor. Nach etwa 400 m kommen wir an eine beschilderte Kreuzung, den **Abzweig der längeren Variante** 06 unserer Tour. Wer genügend Ausdauer für etwa 1,2 km Zusatzweg mitbringt und sich für die Thematik begeistert, folgt dem „Archäologischen Lehrpfad" nach links Richtung „Kritzow 2,8 km". Er führt ohne Abzweig bis zur **Vereinigung beider Varianten** 07. Alle anderen Wanderer nutzen den „Rundweg Glasermoor" nach rechts in Richtung „Kritzow 1,6 km".

Auf der Hauptroute kommen wir zu einer Schautafel, die sich mit Bibern beschäftigt. Kurz darauf teilt sich der Weg: Der „Rundweg Glasermoor" führt halbrechts nach „Kritzow 1,3 km" – wir gehen allerdings nach links („Kritzow 2,6 km / Waldfriedhof 1,5 km"). Am folgenden Wegweiser vertrauen wir den Angaben „Kritzow 2,5 km / Waldfriedhof 1,4 km". So kommen wir zur nächsten beschilderten Kreuzung – das ist die **Vereinigung beider Varianten** 07. Der „Archäologische Lehrpfad" kommt von links und wir folgen ihm nach rechts Richtung „Kritzow 2,3 km / Waldfriedhof 1,2 km".

Die Neunerbuche: In diesem Baum finden nicht nur Zwerge Unterschlupf.

Uralte Bäume, die ihre Wurzeln über Steine ausgebreitet haben, begleiten den traumhaften Wanderweg. Besonders bemerkenswert ist die **Neunerbuche** 08 mit ihrem hohlen Stamm. Trauen Sie sich hinein?

Wenige Schritte weiter steht eine Infotafel zur Steinschlägerei. Bald führt unser Weg auf den Funkturm zu, der auf dem Uhuberg (90 m) steht. Wir gehen allerdings nicht auf die bewaldete Kuppe, sondern schwenken vorher nach links zum **Waldfriedhof mit Mausoleum** 09. Hier fand der in jungen Jahren verstorbene Sohn der Kritzower Gutsbesitzerfamilie Hansen seine letzte Ruhe. Ausführliches zur Geschichte der Begräbnisstätte erfahren Sie auf der Infotafel vorm Friedhofstor, wo sich überdies eine Rastbank und eine Wasserpumpe befinden (kein Trinkwasser).

Vom Friedhof folgen wir dem breiten Weg abwärts (Markierung: „blauer Balken"). An der großen Kreuzung nach der Rechtskurve biegen wir links ab und wandern auf geräumigem Forstweg ostwärts. Wir ignorieren einen rechts abzweigenden Forstweg und halten uns danach an der T-Kreuzung links. Bei einer rot-weißen Schranke erreichen wir den Waldrand und folgen ihm auf einer Fahrspur in der Wiese. Anschließend gehen wir nochmals auf einem breiten Forstweg durch ein Waldstück, bevor wir durch Felder Richtung Nordosten streben. Unser aussichtsreicher Weg führt an einem Soll vorüber und strebt auf ein Kiefernwäldchen zu. Dahinter steht die majestätische **Kreuzweg-Eiche** 10.

Der gewaltige Baum ist der älteste seiner Art im Naturpark Sternberger Seenland. Experten schätzen die Stieleiche (*Quercus robur*) auf 250 bis 350 Jahre, hieß es in einem Bericht der Schweriner Volkszeitung (2017). „Von knapp 700 Jahren ist im Dorf die Rede", stand in der Zeitung, doch bei freistehenden Bäumen „täuscht oft das Alter". Gleichwie: Der Stamm der Kreuzweg-Eiche, die bei Einheimischen auch Grenzeiche heiße, habe einen „Umfang von aktuell 8,18 m". Die Höhe des Baumes wird im Zeitungsbericht mit 30 m angegeben.

Rast unter der Kreuzweg-Eiche: Sie ist die älteste Stieleiche im Naturpark Sternberger Seenland

Nachdem wir den Baumriesen bewundert haben, folgen wir dem Weg nach Müsselmow, wandern also nordwärts. Hinterm auffälligen schwarz-weißen Haus biegen wir rechts ab und spazieren zur kleinen **Dorfkirche Müsselmow** **11**, die leer steht und auf eine Sanierung wartet. Ein paar Meter straßenabwärts befindet sich der Gasthof „Zum Lindengarten" mit „Tante-Emma-Laden". Falls Sie einkehren oder einkaufen möchten, informieren Sie sich unbedingt vorab über die Öffnungszeiten (Tel. 038486/33826).

An der Buswendeschleife beachten wir zwei Infotafeln über Müsselmow und laufen dann in den als Sackgasse gekennzeichneten Fahrweg nach Holzendorf. Wir überqueren den Fluss Göwe und biegen in der Straßenkurve links ab. Auf breitem Wirtschaftsweg folgen wir dem Göwe-Tal. Bald begleitet ein Wassergraben unseren Weg. Wo er eine Rechtskurve macht, gehen wir nach links – nun finden wir beidseits des neuen Weges schmale Wassergräben vor. Unser Weg strebt auf eine Reihe von Weiden zu.

Gewaltig: der Findling von Müsselmow

An der Straße von Müsselmow nach Zaschendorf befindet sich ein knapp 22 t schwerer Granitblock. Er entstand vor etwa 1,45 Mrd. Jahren. Gletscher der Weichsel-Eiszeit transportierten den Findling von Südschweden nach Mecklenburg, wo er vor rund 17 000 Jahren liegenblieb. Am Stein gibt es eine Informationstafel.

Ungestörte Idylle: märchenhafte Szenerie an der Mündung des Flüsschens Göwe in die Warnow

An der **Mündung der Göwe in die Warnow** 12 überschreiten wir die Göwe und folgen dem Weg entlang der Warnow bis zur Straße, auf der wir nach rechts marschieren. Auf der Kuppe vor Zaschendorf gibt es eine Rastbank mit Blick ins Warnowtal. Die **Dorfkirche Zaschendorf** 13 ist unübersehbar und lohnt eine Besichtigung. Den Schlüssel verwaltet der freundliche Herr im Haus gegenüber. Beachten Sie auch das Torhaus, das früher die Einfahrt zum Gutshaus markierte.

Wir verlassen Zaschendorf entlang der Straße in nordwestliche Richtung. Bei den ersten Häusern des „Ausbaus" halten wir uns links in den Richenberger Weg („Naturparkweg" Richtung Kleefeld/Schwerin). Hinter der Löschwasserentnahmestelle biegen wir links ab. Kurz darauf kommen wir zu einem Rettungstreffpunkt, an dem der „Naturparkweg" nach rechts führt. Wir gehen jedoch geradeaus und wandern in Begleitung alter Eichen Richtung Süden bis Südwesten. Dabei blicken wir zurück auf Zaschendorf und identifizieren das Gutshaus, das bei der letzten Begehung durch den Autor gerade restauriert wurde.

Ein üppiger Schilfgürtel versperrt den Blick auf ein Soll am Waldrand. Bei einer rot-weißen Schranke stolzieren wir in den Wald, dann halten wir uns geradeaus, sodass wir das Naturschutzgebiet „Warnowtal bei Karnin" betreten. Durch mächtigen Buchenwald wandern wir auf dem gut erkennbaren, ausgefahrenen Weg. Im Zweifelsfall halten wir uns leicht rechts, sodass wir zum **westlichen Waldrand** 14 kommen.

Nun ist gutes Gespür gefragt: Weglos steigen wir durch den Buchenwald steil abwärts, wobei wir uns an einem längst vergessenen Hohlweg orientieren. Sein Verlauf ist im Gelände noch erkennbar. Wenn wir nah am Waldrand bleiben und die Gehrichtung Süd einhalten, machen wir nichts falsch. Am **Ende des weglosen Abstiegs** 15 treffen wir am Waldrand auf einen erkennbaren Weg, dem wir nach rechts folgen.

Der Weg im Warnowtal ist anfangs etwas verwachsen, aber eindeutig. Er führt kurvig und in leichtem Auf und Ab nach Südwesten. Es gibt keine Abzweige. Der Weg umgeht eine einst mit großen Eschen bewachsene Fläche, die 2022/2023 gefällt wurden. Wir passieren ein liebliches Seitental der Warnow und laufen nochmals durch Wald. Schließlich kommen wir in Karnin heraus, wo die alte Schautafel zum Naturschutzgebiet an vergangene Zeiten erinnert. Nun müssen wir nur noch dem bekannten Hohlweg folgen, um zur neuen **Infotafel zum NSG „Warnowtal bei Karnin“** 01 aufzusteigen.

Liebevoll restauriert: Ein Blick in die Dorfkirche Zaschendorf lohnt sich

DIE TROCKENHÄNGE AM PETERSBERG

Geologie live – zwischen Sander und Schmelzwassertal

13,5 km | 4:00 h | 101 hm | 101 hm | 865

START | Pinnow, 41 m, Wendeschleife „Am Petersberg“ [GPS: UTM Zone 33U x: 273.060 m y: 5.945.193 m]
CHARAKTER | Auf dieser Wanderung erleben wir zwei völlig verschiedene Lebensräume: einerseits die nährstoffarmen Trockenhänge am Petersberg mit Magerrasen-Vegetation und Ginsterheiden, andererseits das fruchtbare Warnowtal mit vielen Feuchtwiesen. Dass sie räumlich aneinandergrenzen, hat mit ihrer Entstehung zu tun. Für unsere (nach-)eiszeitliche Naturexkursion brauchen wir gutes Schuhwerk, Orientierungssinn und etwas Ausdauer. Verpflegung packen wir in den Rucksack, und los geht's.

Bei der Wendeschleife „Am Petersberg“ am östlichen Ortsrand von Pinnow gibt es keinen offiziellen Parkplatz – sicherlich finden Sie eine Parkmöglichkeit in der Nähe. Auf den Infotafeln des „Räuber-Röpke-Erlebnispfads“ erfahren wir etwas über die Region. Wir tangieren den Themenweg nur hier – mehr über ihn erfahren Sie im Web unter *www.sagen-erlebnis-pfad.de*.

▶ Von der **Wendeschleife** 01 laufen wir an der kaum befahre-

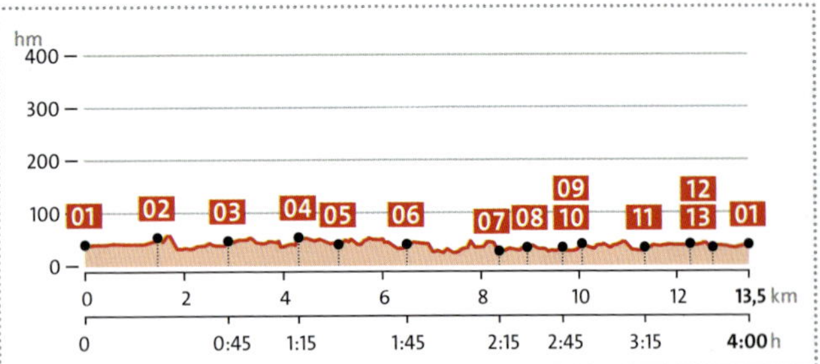

01 Wendeschleife „Am Petersberg“, 41 m; 02 Waldrand, 52 m; 03 Infotafeln des Naturparks Sternberger Seenland, 41 m; 04 erste Kreuzung im Tal, 43 m; 05 zweite Kreuzung im Tal, 38 m; 06 Augustenhof, 32 m; 07 Fußgängerbrücke, 23 m; 08 Jägerstand, 30 m; 09 Dorfplatz Gneven, 28 m; 10 beschilderte Kreuzung, 39 m; 11 hölzerner Steg, 25 m; 12 Wanderparkplatz, 40 m; 13 Muchelwitzer See, 29 m

Mitten in der Natur: unterwegs im Warnowtal bei Kladow

nen Straße nach Muchelwitz und ans andere Ende des langgestreckten Straßendorfs. Bevor die Straße ansteigt, biegen wir am **Waldrand** 02 links ab und folgen dem für den Straßenverkehr gesperrten Waldweg. Er fällt in Kurven hinab ins Warnowtal und führt dort durch alten Laubwald.

Am Ortsrand von Gädebahn erreichen wir eine Fahrstraße. Wir überqueren die Warnow und studieren die **Infotafeln des Naturparks Sternberger Seenland** 03 am Ortseingang von Kladow. Dann gehen wir in den als Sackgasse gekennzeichneten Waldweg und nehmen gleich hinterm Schild „Sackgasse" den linken Weg, der am Fluss entlangführt. Oberhalb liegt das villenartige Herrenhaus Kladow, ein Bau im Stil der französischen Neorenaissance, der zu „DDR-Zeiten" eine Dorfkneipe beherbergte und heute Privatbesitz ist.

Jener Teil des Warnowtals, den wir gerade durchwandern, wurde nach dem vorletzten Gletscher-Vorstoß der Weichsel-Kaltzeit geformt (Pommern-Phase, vor ca. 18 000 bis 15 000 v. Chr.). Gewaltige Schmelzwasserströme zerschnitten die vorhandene Landschaft. Quasi „nebenbei" lagerten sie Sande, Kiese und Geröll am Eisrand ab: die Sander. Während diese Trockengebiete nährstoffarm sind und nur für wenige spezialisierte Arten gute Lebensbedingungen bieten, besitzt das Flusstal fruchtbare Böden. Die Warnow und die angrenzenden Feuchtwiesen sind Lebensräume für Pflanzen und Tiere, die auf Wasser angewiesen sind. Deutliche Spuren hinterlassen die Biber, aber auch Fischotter und Flussmuscheln existieren im Warnowtal.

Unser Wanderpfad windet sich mit dem Fluss westwärts. Nachdem wir eine Stromleitung unterquert haben, steigt er leicht an; wir erreichen die **erste Kreuzung im Tal** 04. Hier halten wir uns links, sodass wir im Warnowtal bleiben. Der Pfad wird nun schmäler, wir müssen einige umgefallene Bäume übersteigen. Nach un-

Ein reißender Strom: Nach dem Winter führt die Warnow oft viel Wasser

gefähr 900 m endet der Steig an der **zweiten Kreuzung im Tal** **05**, wo wir dem Waldweg nach rechts aufwärts folgen.

Nach kurzem Anstieg halten wir uns bei erster Gelegenheit links und schreiten auf breitem, ausgefahrenem Forstweg Richtung Nordosten. Nachdem wir den Wald verlassen haben, gehen wir auf die gegenüberliegende Waldecke zu – ein Stück des Feldwegs wurde durch Waldarbeiten zerstört. Mit Kiefernwald zur Linken und Feldern zur Rechten marschieren wir etwa 200 m nordwärts. Bevor der Weg am Waldrand eine lange Rechtskurve beschreibt, biegen wir links in einen Waldweg ein. Mit etwas Glück erkennen wir an dieser Stelle die alten Markierungszeichen „hellblauer Balken".

Durch eine Bungalowsiedlung laufen wir geradeaus bis zum großen **Augustenhof** **06**, wo wir hinter der Bushaltestelle nach links abbiegen und dem Asphaltsträßchen folgen. Am Ortsausgang Augustenhof gehen wir vor der Brücke nach rechts und marschieren auf dem breiten Weg am Rande des schönen Warnowtals weiter. Hin und wieder entdecken wir „grüne Balken" als Markierungszeichen an den Bäumen. Wir ignorieren alle abzweigenden Wege und wandern bis zu einer Stelle, an der sich mehrere Markierungszeichen an Bäumen befinden. Kurz darauf gehen wir links zur **Fußgängerbrücke** **07**.

Nach Überschreiten der Warnow halten wir uns sofort rechts und folgen ihr. Der Wiesenpfad entlang des Flusses ist stellenweise schwer erkennbar. Aufgepasst: Etwa 500 m nach der Brücke, am anderen Ufer der Warnow steht eine Baumreihe, führt unser Wiesenpfad vom Fluss weg nach links und strebt auf den Wald zu. Im Frühjahr 2023 befand sich am Waldrand ein **Jägerstand** **08**.

Wir betreten den Wald und halten uns rechts. In einem Linksbogen entfernt sich der Weg von der Warnow. Vor dem mit Schilfgras bewachsenen Ufer des Schünsees streben wir südwestwärts zum Ortsrand von Gneven – hier laufen wir halbrechts entlang der Häuser. Der unbefestigte Siedlungsweg mündet in die Straße „Am Hang". Wir biegen rechts ab und gehen sofort links in die Dorfstraße. Am **Dorfplatz Gneven** **09** gibt es Ruhebänke und einen Spielplatz.

Unmittelbar vor dem klassizistischen Gutshaus, das seit der letzten Restaurierung in gelber Farbe erstrahlt, spazieren wir in den Weg, der sich hinter dem Schuppengebäude als Fußpfad entlang des Stratensees fortsetzt. Dann gehen wir ein paar Schritte hinauf zur Straße und folgen ihr nach rechts. Nach leichtem Anstieg kommen wir an eine **beschilderte Kreuzung** **10**.

Wir vertrauen dem Wegweiser „Neu Godern 1,1 km / Schwerin 17,6 km" und wandern somit ein Stück auf dem „Naturparkweg" (Markierung: „blauer Balken"). Hinterm Zaun des großen Grundstücks halten wir uns rechts, sodass wir dem Ufer des Langsees folgen. Hier gibt es ein paar Badestellen.

Der Uferpfad mündet bald wieder in den breiteren Waldweg, dem wir bis Neu-Godern nachgehen. Auf einem Betonplattenweg laufen wir solange südwärts, bis dieser Weg einen 90-Grad-Knick nach rechts macht. An dieser Stelle halten wir uns geradeaus. Hinter dem letzten Gartengrundstück bringt uns ein Pfad zum **hölzernen Steg** **11** über das Mühlenfließ.

Sogleich betreten wir das Naturschutzgebiet „Trockenhänge am Petersberg". Mit gutem Gespür finden wir den richtigen Weg hindurch. Leider ist er nicht markiert, obwohl das im Hinblick auf den

Kurz vorm Ende der Tour: Blick auf den Muchelwitzer See

Schutz seltener Pflanzen und Tiere dringend notwendig wäre!

Am Hang halten wir uns zunächst links zu einer Wiese mit losem Baumbestand; auf der Wiese gehen wir rechts. Anschließend folgen wir immer dem Pfad, der in dem reizvollen Kesseltal verläuft. Wir wandern zwischen Magerrasen und Ginsterheiden. Sie sind Lebensraum für besondere Pflanzen, die sich an die Trockenheit des Sanders angepasst haben. Im Naturschutzgebiet „Trockenhänge am Petersberg" wachsen zum Beispiel Silbergras (*Corynephorus canescens*), Heidenelke (*Dianthus deltoides*) und Sand-Strohblume (*Helichrysum arenarium*). Diese und andere spezialisierte Pflanzen bilden die Grundlage dafür, dass viele seltene Tiere in den Trockenhängen zuhause sind. Fachleute haben hier mehr als 500 Schmetterlingsarten nachgewiesen!

Allmählich wird das Kesseltal flacher, der Pfad steigt an. Wir halten uns leicht links und stoßen auf der Sander-Ebene auf einen deutlicheren Fußweg, dem wir nach rechts folgen. Wir laufen südwärts und treffen auf einen nicht auf Anhieb erkennbaren **Wanderparkplatz** 12 an einem unbefestigten Fahrweg. Hier steht eine Infotafel über das Naturschutzgebiet Trockenhänge am Petersberg.

Nun marschieren wir auf dem sandigen Fahrweg südwärts. Nach etwa 200 m stehen wir an einem Schild „Naturschutzgebiet". Hier biegen wir links ab – der Pfad ist anfangs kaum erkennbar, wird jedoch nach ein paar Metern offensichtlicher und bringt uns hinab zum **Muchelwitzer See** 13, wo wir auf einer hölzernen Plattform relaxen können.

Ab See nehmen wir den Feldweg durch das breite Tal – wir wandern südwestwärts auf die Häuser zu. Bei einer Schranke biegen wir links ab. In ein paar Minuten kommen wir an der **Wendeschleife „Am Petersberg"** 01 an.

DER SCHWERINER SEE

Am Hochufer zwischen Raben-Steinfeld und Görslow

9,1 km 2:30 h 98 hm 98 hm 865

START | Raben-Steinfeld, 55 m, ehemaliges Schloss
[GPS: UTM Zone 33U x: 268.627 m y: 5.944.972 m]
CHARAKTER | Der Schweriner See ist der viertgrößte See Deutschlands und nach der Müritz der zweitgrößte im Bundesland Mecklenburg-Vorpommern. Er entstand während der Weichsel-Kaltzeit und ist Teil einer Schmelzwasser-Abflussrinne, die sich teilweise mehr als 20 m tief in die Hochfläche eingeschnitten hat. Während der Wanderung imponieren die Steilhänge, die mit alten Laubwäldern bewachsen sind. Wir bewegen uns überwiegend auf naturnahen Pfaden, die mit gutem Schuhwerk leicht zu meistern sind.

Sommer, Sonne, Schwerin: Nach einem Besuch der Schweriner Altstadt mit dem prominenten Schloss und dem Dom St. Marien unternehmen wir am späten Nachmittag unsere Wanderung.

Los geht's am ehemaligen **Schloss Raben-Steinfeld** 01. Wenige Meter oberhalb des im späten 19. Jh. errichteten Backsteinbaus befindet sich ein kleiner Parkplatz. Das Haus im Stil der Neorenaissance diente dem Schweriner Hof als Sommerresidenz und war Witwensitz von Marie von Schwarzburg-Rudolstadt, der Stiefmutter des Großherzogs Friedrich Franz III.; während des

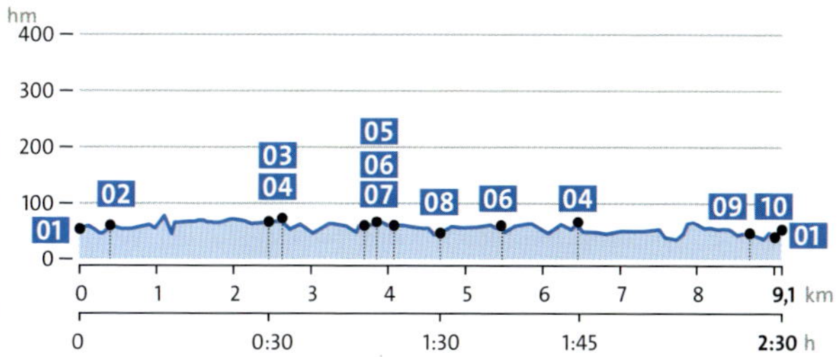

01 Schloss Raben-Steinfeld, 55 m; 02 Kreuzung von fünf Parkwegen, 62 m; 03 in Höhe von Görslow-Ausbau, 73 m; 04 Uferweg, 60 m; 05 Aussichtsplatz, 47 m; 06 Y-Kreuzung, 50 m; 07 Kirche Görslow, 68 m; 08 Bootshaus, 50 m; 09 Aussichtsterrasse, 52 m; 10 Fahrstraße, 48 m

Wo Schwerin am allerschönsten ist: Blick vom Ostufer des Sees auf die Landeshauptstadt

zweiten Weltkriegs diente es als Lazarett, danach als Forstschule. Seit 1995 steht das Schloss leer; es soll jedoch saniert und für kulturelle Zwecke genutzt werden.

Am Schloss gehen wir zu den Garagen und betreten beim Gedenkstein für die Forstschule den großen englischen Landschaftspark, der Mitte des 19. Jh. nach Plänen des Hofgärtners Theodor Klett angelegt wurde. Wir halten uns halblinks und spazieren zum Denkmal für Friedrich Wilhelm Herzog zu Mecklenburg. Dort gehen wir nach rechts und bummeln am Rande der Freifläche entlang, vorbei am ehemaligen Wasserturm, zu einer **Kreuzung von fünf Parkwegen** 02. Hier könnten wir zum Ufer hinabsteigen, doch wir gehen geradeaus weiter auf dem Hochufer und verlassen den Landschaftspark bei einer Infotafel, die einen Überblick über die Anlage gibt.

Eine weitere Infotafel ist deplatziert – sie beschäftigt sich mit den Buchenwäldern am Pinnower See. Laut Kartenausschnitt befindet sich die Tafel anderswo. Bitte lassen Sie sich dadurch nicht durcheinanderbringen. Die Wegweiser des Naturparkwegs interessieren uns ebenfalls nicht, denn wir bleiben auf dem Hochufer und wandern zwischen Hecke und Koppelzaun weiter.

Bis **in Höhe von Görslow-Ausbau** 03 wandern wir auf dem Hochuferweg nach Norden. Er ist mit dem Symbol „blauer Balken" markiert. Pfade, die zum Seeufer hinunterführen, sowie Wege, die vom Hochufer wegführen, ignorieren wir. Nach dem Abzweig Görslow-Ausbau senkt sich unser Wanderpfad hinab zum Schweriner See und trifft auf den **Uferweg** 04. Ihm folgen wir nordwärts bis zu einem **Aussichtsplatz** 05, der den kurzen Abstecher vom Hauptweg wert ist.

Am Seeuferweg folgt eine **Y-Kreuzung** 06: Hier halten wir uns rechts und steigen hinauf zum Waldrand, wo sich eine Infotafel mit dem Naturschutzgebiet „Görslower Ufer" befasst. Am Zaun entlang geht's weiter aufwärts, so kommen wir zur klassizistischen **Kirche Görslow** 07. Das Gotteshaus steht in gerader Sichtachse zum ehemaligen Gutshaus Görslow, da es vom Gutsherrn Georg von Behr beauftragt und finanziert wurde. Dem zuständigen Pfarramt war das nicht geheuer, weshalb die Kirche erst nach dem Tode des Bauherrn geweiht wurde. Im Inneren des Gotteshauses fallen eine hölzerne Kassettendecke und die blau ausgemalte Apsis auf, die mit 250 goldenen Sternen geschmückt ist. Von der Kirche laufen wir die Ortsstraße abwärts. An der Wendeschleife beim einstigen Gutshaus, wo sich jetzt die Feuerwache befindet, halten wir uns halbrechts und gehen solange geradeaus durch die Siedlung, bis die Fahrstraße endet und das Naturschutzgebiet beginnt. Wir spazieren zwischen Hecke und Zaun weiter, lesen die Sage vom geheimnisvollen Gang und steigen neben Petermännchens Stein hinab zum Seeufer. Dort wird die Sage von der grünen Glocke erzählt. Wir halten uns links und rasten beim **Bootshaus** 08 – am Seeufer gibt es zwei Ruhebänke.

Nach der Pause gehen wir hinterm Bootshaus entlang und wandern auf dem Seeuferweg nach Südosten. Wir passieren weitere Bootshäuser sowie eine Wiese mit einer Rastbank, danach erreichen wir die bekannte **Y-Kreuzung** 06. Wir marschieren zum Wegpunkt **Uferweg** 04 und folgen immer dem Seeufer – das klappt ohne Anleitung.

Anstatt die erste Aufstiegsmöglichkeit zum Landschaftspark Raben-Steinfeld zu nutzen, bleiben wir am See und genießen Ausblick und Abendsonne von der **Aussichtsterrasse** 09. Etwa 300 m weiter endet der Uferweg bei zwei Infotafeln an einer asphaltierten **Fahrstraße** 10. Wir folgen ihr nach links, biegen gleich noch einmal links ab und sind am **Schloss Raben-Steinfeld** 01 zurück.

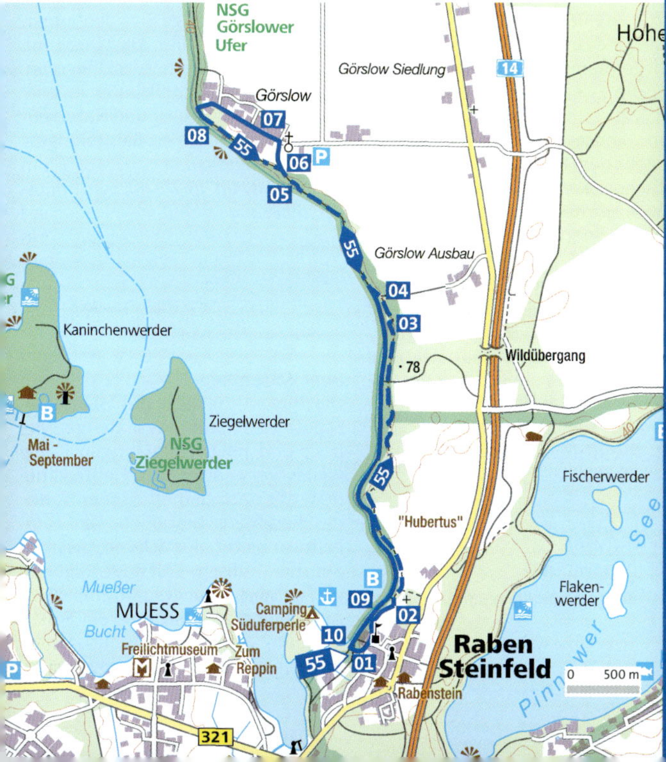

MEINE TIPPS...

„Nur wo Du zu Fuß warst, bist Du auch wirklich gewesen“, soll Johann Wolfgang von Goethe gesagt haben. Doch nicht jeder Tag ist ein guter Wandertag. Zum Glück bietet die Mecklenburgische Seenplatte jede Menge Abwechslung für Schlechtwetter- und Ausruhtage.

Auf den folgenden Seiten finden Sie eine Auswahl an Sehenswürdigkeiten und Freizeiteinrichtungen. Wenn keine Öffnungszeiten dastehen, sind sie ganzjährig geöffnet (zu üblichen Geschäftszeiten, doch Ausnahmen sind möglich). Bitte beachten Sie, dass sich Öffnungs- und Führungszeiten seit Druck des Buches geändert haben können. Im Internet finden Sie normalerweise die aktuellen Angaben.

...BURGEN UND SCHLÖSSER

Alte Burg Penzlin mit Hexenmuseum

Durch das Penzliner Land verlief im 12. Jh. eine Grenze zwischen slawisch und germanisch besiedelten Gebieten: die Eiserne Pforte (Isern Purt). Um 1220 erfolgte der Bau der Burg. Vom mittelalterlichen Burgleben zeugen der Rittersaal mit seinem gotischen Kreuzgewölbe sowie die Schwarzküche mit einem 12 m hohen Rauchfang. Das „Museum für Alltagsmagie und Hexenverfolgungen in Mecklenburg“ erinnert an die überdurchschnittlich hohe Zahl an Hexenprozessen in Mecklenburg. Der letzte fand 1726 auf Burg Stargard statt. Zum Museum gehören der Folterkeller und das Hexenverlies.

Mai-Aug. tgl. 10-18 Uhr, Apr./Sept./Okt. tgl. 10-17 Uhr, Nov.-März Sa/So 13-16:30 Uhr

Alte Burg 1
17217 Penzlin
Tel. (0)3962-210494
alte-burg.amt-penzliner-land.de

Burgturm und -museum Plau am See

Der Burgturm in Plau am See ist Teil einer 1449 errichteten Wehranlage, welche die Raubzüge Brandenburger Ritter stoppen sollte. Das Museum nebenan zeigt die Entwicklung von Handwerk und Technik im 19. Jh. und widmet sich der Kunst und Natur der Region. Die musealen Sammlungen sind umfangreich.

Ostern-Okt. tgl. 10-17 Uhr, sonst nach Vereinbarung

Burgplatz 2
19395 Plau am See
Tel. (0)152-57505657 (Heimatverein)
www.burgmuseum-plau.eu

Burg Wesenberg

Die Burg wurde Mitte des 13. Jh. zum Schutz der Stadt „Wesenberge“ erbaut und im Dreißigjährigen Krieg weitestgehend zerstört. Heute kann man nur noch den erhaltenen Torso des Bergfrieds besteigen: Der Fangelturm bietet eine schöne Aussicht auf die hübsche Altstadt. Zudem gibt es eine Heimatstube mit einer Ausstellung zur Fischerei, ein Forstmuseum sowie eine Tourist-Info. Am ersten Juliwochenende findet

das traditionelle Burgfest mit historischem Umzug, Ritterschauspielen, Tanz und Feuerwerk statt.
Tgl. 9-16 Uhr

Burg 1
17255 Wesenberg
Tel. (0)39832-20621

Höhenburg Stargard

Die nördlichste Höhenburg Deutschlands stammt aus dem 13. Jh. und wurde für die Markgrafen von Brandenburg errichtet. Der mittelalterliche Marstall in der Vorburg beherbergt heute das Museum der Stadt Burg Stargard. Wo einst die Schlachtrosse von 30 Rittern ihr Quartier hatten, erwartet die Besucher die Ausstellung „Das Ross – eine Kulturgeschichte des Pferdes". Auf weiteren 500 m² Ausstellungsfläche finden sich unzählige Sachzeugen der reichen Burg-, Stadt- und Regionalgeschichte.
März-Okt. tgl. 10-17 Uhr; Führungen von Ostern bis Ende Okt. sonntags und feiertags um 14:30 Uhr

Burg 1
17094 Burg Stargard
Tel. (0)39603-25351
www.hoehenburg-stargard.de

Die Burgen von Stuer

Ruinöse Reste der im 14. Jh. errichteten Wasserburg Stuer eignen sich als Ziel für eine kurze Wanderung. Dabei trifft man auch auf den vermeintlichen Standort einer Turmhügelburg sowie die mittelalterliche Grenzanlage Landwehr (siehe Tour 32).

www.stuer-archiv.de/die-wasserburg-stuer/die-burgen-von-stuer

Schlossgarten Neustrelitz

Quasi ganz Neustrelitz ist die Erfindung der mächtigen und lebenslustigen Herzogin Dorothea Sophie. Die barocke Gartenanlage, die Idealstadt und das verschwundene Schloss sind in ihrem Auftrag errichtet worden. Im weitläufigen Schlossgarten kann man heute nicht nur auf Dorothea Sophies Spuren wandeln. Mit seinen Tempeln, Alleen und der Orangerie spiegelt der idyllisch am See gelegene Park die Geschichte der ganzen Dynastie bis 1918 wider. Ganzjährig frei; Parkplatz Schlossgarten beim Marstall

Friedrich-Ludwig-Jahn-Straße
17235 Neustrelitz
www.mv-schloesser.de/de/location/schlossgarten-neustrelitz/

Schloss Güstrow

Zwar nicht in der Mecklenburgischen Seenplatte gelegen, für einen Tagesausflug jedoch nah genug: Schloss Güstrow ist eines der bemerkenswertesten Renaissanceschlösser im nördlichen Europa. In diesem Bauwerk vereinen sich auf faszinierende Weise italienische und französische Architekturelemente mit einer typisch nordeuropäischen Grundstruktur.
Zum Zeitpunkt der Recherchen war das Schloss wegen umfangreicher Sanierungsarbeiten geschlossen. Bitte informieren Sie sich vor Ihrem Besuch online über die aktuellen Besuchsbedingungen. Der Schlosspark ist ganzjährig frei zugängig.

Franz-Parr-Platz 1
18273 Güstrow
Tel. (0)385-58841532
www.mv-schloesser.de/de/location/schloss-guestrow/

Schloss Hohenzieritz (Luisen-Gedenkstätte)

Seit 19. Juli 1810 war Hohenzieritz in aller Munde: Überraschend starb die junge Königin Luise von Preußen im Sommerschloss ihres Vaters. Ihr Sterbezimmer wurde alsbald ein Andachtsraum, und um Luise entwickelte sich ein regelrechter Kult. Nach dem Besuch der Gedenkstätte sollten Sie zumindest einen Spaziergang durch den herrlichen Schlosspark machen, wenn Sie keine Zeit für die Wanderung 11 haben (Seite 66).

Apr. Sa/So 10-16 Uhr, Mai-Sept. Di-So 10-17 Uhr, Okt. Sa/So 10-16 Uhr; Schlosspark: ganzjährig frei

Schlossplatz 3
17237 Hohenzieritz
Tel. (0)385-58841540

Schloss Meyenburg

Das sehr aufwändig rekonstruierte Schloss Meyenburg beherbergt zwei Museen: Das Schlossmuseum widmet sich der Geschichte der Region, des Schlosses und dessen ehemaligen Bewohnern. Die Privatsammlung von Josefine Edle von Krepl ist die Grundlage des ersten Modemuseums Deutschlands, das vor allem Damenmode von 1900 bis zu den 1980-er Jahren zeigt.

Beide Museen: Mi-So 11-17 Uhr, letzter Einlass 45 min vor Schließung

Schloss 1
16945 Meyenburg
Tel. (0)33968-502974
www.schloss-meyenburg.de
www.modemuseum-schloss-meyenburg.de

Luise von Preußen verstarb überraschend während eines Aufenthalts in Hohenzieritz. Die Gedenkstätte im Schloss erinnert an die Königin, die beim Volk beliebter war als jede andere

Schloss Mirow

Über die Schlossinsel im Mirower See verteilen sich verschiedene historische Gebäude. Eines ist das Schloss, das 1749 bis 1752 im Auftrag des Herzogs Adolf Friedrich III. zu Mecklenburg-Strelitz erbaut und später mehrmals umgestaltet wurde. Besonders sehenswert ist der barocke Festsaal. Interessant: Die in Mirow geborene und aufgewachsene Herzogin Sophie Charlotte wurde am 22. September 1761 zur Königin von Großbritannien und Irland gekrönt, nachdem sie mit König Georg III. Wilhelm Friedrich verehelicht wurde. Nach Charlotte wurden unter anderen die Queen-Charlotte-Inseln in British Columbia (Kanada), die US-amerikanischen Städte Charlotte (North Carolina), Port Charlotte (Florida) und Charlottesville (Virginia) sowie die kanadische Stadt Charlottetown (Prince Edward Island) benannt.

Nov.-Febr. nach tel. Anmeldung, März Sa/So 11-16 Uhr, Apr. Di-So 10-17 Uhr, Mai-Aug. tgl. 10-18 Uhr, Sept. Di-So 10-18 Uhr, Okt. Di-So 10-17 Uhr

Schlossinsel 1

17252 Mirow

Tel. (0)385-58841863

www.mv-schloesser.de/de/location/schloss-mirow/

Schloss Rheinsberg

Ein lohnender Ausflug nach Brandenburg: In Rheinsberg verbrachte Friedrich der Große, bekannt als der „Alte Fritz“, die glücklichste Zeit seines Lebens. So schrieb er es später auf. In Rheinsberg entwickelte der berühmte Preußenkönig die innovativen Gestaltungsideen für Schloss Sanssouci (Potsdam). Sein jüngerer Bruder entwickelte Rheinsberg zu einem bedeutenden Musenhof und prägte Schloss und Garten im Stil des frühen Klassizismus. In seinen „Wanderungen durch die Mark Brandenburg“ setzte Theodor Fontane der Stadt ein literarisches Denkmal, und bald darauf machte Kurt Tucholsky Rheinsberg zur charmanten Erfüllung unbeschwerter Liebe.

Schloss: Apr.-Okt. Di-So 10-17:30 Uhr, Nov.-März Di-So 10-16 Uhr, Nov.-April nur mit Führung, letzter Einlass immer 30 min vor Schließung; Park: ganzjährig frei zugängig

Schloss Rheinsberg 2

16831 Rheinsberg

www.spsg.de/schloesser-gaerten/objekt/schloss-rheinsberg/

Schloss Schwerin

Das Wahrzeichen der Landeshauptstadt Schwerin war bis 1918 die Residenz der mecklenburgischen Herzöge und Großherzöge. Das auf einer Insel im Schweriner See gelegene Bauwerk gilt als ein bedeutendes Beispiel des Historismus in Deutschland. Schon vor über 100 Jahren wurde das Schlossmuseum eröffnet; seit 1990 ist das Schloss auch Sitz des Landtages von Mecklenburg-Vorpommern.

15. Apr.-14. Okt. Di-So 10-18 Uhr, 15. Okt.-14 Apr. Di-So 10-17 Uhr, letzter Einlass 30 min vor Schließung; Schlosspark und Burggarten ganzjährig frei

Lennéstraße 1

19053 Schwerin

Tel. (0)385-58841572

www.mv-schloesser.de/de/location/schloss-schwerin/

...FÜR FAMILIEN MIT KINDERN

Bärenwald Müritz

Während unserer langen Wanderung Nr. 41 um die Südspitze des Plauer Sees kommen wir auch zum Bärenwald Müritz. Wer das Bärenschutzzentrum mit Kindern besuchen will, kann bequem mit dem Auto vorfahren. Tickets für den Haupteingang beim Parkplatz können vorab online gekauft werden, das verhindert allzu lange Wartezeiten am Einlass.

15. März-31. Okt. tgl. 9-18 Uhr, 1. Nov.-14. März tgl. 10-16 Uhr, letzter Einlass 60 min vor Schließung

Am Bärenwald 1
17209 Stuer
Tel. (0)39924-79118
www.baerenwald-mueritz.de

Draisinenfahrten

Per Fahrraddraisine können Sie die Mecklenburgische Seenplatte aus einer besonderen Perspektive entdecken. Die ehemaligen Eisenbahnstrecken zwischen Waren (Müritz) und Schwinkendorf sowie Karow und Borkow führen durch abwechslungsreiche Landschaften, Wälder, Wiesen und verschlafene Dörfer. Die gummibereiften Alu-Fahrraddraisinen bieten Platz für zwei bis vier Personen.

Etwa Apr.-Ende Okt., Reservierung erforderlich (online oder tel.)

Tel. (0)39931-54506
www.draisine-mecklenburg.de

Elefantenhof Platschow

Südwestlich der Seenplatte erstreckt sich die Landschaft der Prignitz, die für sich einen Ausflug wert ist. Mittendrin liegt der Elefantenhof Platschow. Dort kann man neben den Dickhäutern auch Kamele, Zebras und sogar Robben bestaunen, die wie in einem Zirkus Darbietungen vollbringen.

Öffnungs- und Aufführungszeiten lt. Internet oder tel. erfragen

Am Dorfplatz 2
19372 Ziegendorf
Tel. (0)1511-9426817
www.elefantenhof-platschow.de

Indoor-Spielwelt Mirow

An der Zufahrt zum Ferienpark Mirow soll bis 2024 eine 800 m^2 große Indoor-Spielwelt zum Klettern, Hüpfen und Toben entstehen. Der Indoor-Spielpark soll nicht nur Übernachtungsgästen des Ferienparks und des Apart-Hotels zur Verfügung stehen, sondern auch für Besucher von außerhalb zugängig sein. Im Ferienpark gibt es bereits einen großen Outdoor-Spielplatz.

Ferienpark Mirow GmbH
Walter-Gotsmann-Straße 2
17252 Mirow OT Granzow
Telefon: (0)39833-600
www.allseasonparks.de/ferienpark-mirow/

Irrgarten Bollewick

Um sich in dem riesigen grünen Labyrinth zurechtzufinden, braucht es Ausdauer und gutes Gespür. Kinder und ihre Eltern können sich auf eine Schatzsuche begeben, in der Knobelecke knifflige Aufgaben lösen und sich am Imbiss stärken.

Nur in der warmen Jahreszeit; Öffnungszeiten: siehe Website

Röbeler Straße 48H
17207 Bollewick
Tel. (0)152-29697272
www.irrgarten-bollewick.de

Klax Natur- und Umweltcamp

Jedes Jahr von Mai bis August öffnet das „Indianerdorf" seine Tipis und bietet kleinen und großen Gästen einzigartige Urlaubstage. Neun Tipis bieten Platz für jeweils bis zu sieben Personen. Die Zelte sind mit einem Holzfußboden ausgestattet, ein kleines Feuer in der Mitte wärmt an kühlen Tagen und lässt Kinderaugen leuchten. Im Camp gibt es zahlreiche kreative Angebote und Erlebnisse in der Natur, einen Naturspielplatz sowie ein kleines Museum.
Tagesbesucher: Mai-Aug. tgl. 10-18 Uhr

Feldweg 3
17194 Klocksin
Tel. (0)30-92109444
www.natur-und-umweltcamp.de

Tiererlebnispark Müritz

Der kleine private Tierpark nordwestlich von Waren (Müritz) wird von vielen Besuchern gelobt. Die Betreiber bieten auch „Safaris" in die Umgebung an.
März-Okt. tgl. 10-18 Uhr, Nov.-Febr. tgl. 10-16 Uhr

17194 Grabowhöfe
Tel.: +49 172 8871223
www.tiererlebnispark-mueritz.de

Tiergarten Neustrelitz

Ein kleiner Tierpark mit exotischen und einheimischen Tieren, einem Kinderspielplatz und einem Bistro.
Jan.-März 9-16 Uhr, Apr./Mai 9-18 Uhr, Juni/Aug. 9-19 Uhr, Sept./Okt. 9-18 Uhr, Nov./Dez. 9-16 Uhr

Am Tiergarten 14
17235 Neustrelitz
Tel. (0)3981-4533060
www.tiergarten-neustrelitz.de

Westernstadt El Dorado

Etwas abseits der Seenplatte liegt die Stadt Templin in Brandenburg. Am nahen Röddelinsee liegt El Dorado, der Nachbau einer Westernstadt. Besuchern wird ein authentisches Show-Programm geboten. Danach können sie sich im Saloon stärken und am Badesteg in den Röddelinsee springen.
Öffnungszeiten tagesabhängig (siehe Website)

Am Röddelinsee 1
17268 Templin
Tel. (0)3987-20840
www.eldorado-templin.de

Wisentreservat Damerower Werder

Auf der Halbinsel Damerower Werder im Kölpinsee befindet sich seit 1957 eine der größten Wisent-Zuchtstationen weltweit, betrieben vom Forstamt Nossentiner Heide. Das Gehege wurde aufgebaut, um eine Genreserve für die dramatisch dezimierten Wisent-Bestände zu erhalten. Auf einem 320 Hektar großen Areal leben unter natürlichen Bedingungen etwa 30 bis 35 Wisente zwischen Rehen, Hirschen, Füchsen und Wildschweinen. Etwa zehn Jungtiere erblicken jährlich das Licht der Welt. Im Infocenter bekommen Besucher einen Einblick in die Wisentzucht und die Eintrittskarten für das Reservat, in dem die Tiere beobachtet werden können.
Apr.-Okt. tgl. 10-18 Uhr, Nov.-März Sa/So 10-16 Uhr, Schaufütterungen immer um 11 Uhr und 15 Uhr

Zum Werder 5b
17194 Jabel OT Damerow
Tel. (0)39929-76711
www.wald-mv.de/walderlebnis/ausflugsziele/wisentreservat-damerow/

...MUSEEN

Amtsturm Lübz

Der spätromanische Amtsturm zählt zu den besterhaltenen Wehrtürmen in Deutschland. Seit 1976 ist in ihm das Stadtmuseum untergebracht. Es widmet sich auf vier Etagen der Burg in Zusammenhang mit der Entwicklung vom Dorf zur Stadt Lübz und informiert über altes Handwerk. Natürlich geht es dabei auch um die Geschichte der Lübzer Brauerei, deren Gerstensaft man beinah überall in der Mecklenburgischen Seenplatte ausgeschenkt bekommt.
Mai-Sept. Di-Fr 10-17 Uhr, Sa 10-12 und 13-16 Uhr; Jan.-Apr. und Okt.-Dez. Di-Fr 10-16 Uhr

Am Markt 23
19386 Lübz
Tel. (0)38731-471839
luebzerland.de/das-stadtmuseum-amtsturm/

Im Lübzer Amtsturm befindet sich das interessante Stadtmuseum

Das Agroneum Alt Schwerin bietet eine umfangreiche Ausstellung zur Guts- und Landwirtschaftsgeschichte Mecklenburgs

Agroneum Alt Schwerin

Die Guts- und Landwirtschaftsgeschichte Mecklenburgs könnte wohl kaum ausführlicher und anschaulicher dargestellt werden als im Agrarmuseum Agroneum. Für einen Besuch sollten Sie idealerweise einen ganzen Tag einplanen – es lohnt sich!
Etwa Mitte Apr.-Ende Okt. 10-18 Uhr

Achter de Isenbahn 1
17214 Alt Schwerin
Tel. (0)39932-47450
www.agroneum-altschwerin.de

Archäologisches Freilichtmuseum Groß Raden

Das Museum thematisiert anschaulich das Leben während der slawischen Besiedlung Mecklenburgs. Die Schatzkammer zeigt Funde aus dieser Zeit. Für Kinder und Erwachsene finden regelmäßig verschiedene Workshops statt.
Apr.-Okt. tgl. 10-17:30 Uhr

Kastanienallee 49
19406 Groß Raden
Tel. (0)3847-2252
www.freilichtmuseum-gross-raden.de

DDR-Alltagsmuseum Malchow

Vor allem „Wessis“ dürften über den Alltag der „Ossis“ staunen, den das DDR-Alltagsmuseum mit Hunderten von Ausstellungsstücken dokumentiert. Das Repertoire reicht von Mode über Fernseh- und Rundfunktechnik bis hin zur Zuckertüte, wie die Schultüte damals noch hieß.
Febr./März Mi-So 11-15 Uhr, Apr./Okt. tgl. 10-16 Uhr, Mai-Sept. tgl. 10-17 Uhr, Nov./Dez. Mi-So 11-15 Uhr, Jan. geschlossen

Alter Filmpalast
Kirchenstraße 25
17213 Malchow
Tel. (0)39932-18000
www.visit-malchow.de/sehenswert/ddr-museum

Flippermuseum Schwerin

Eine einzigartige Sammlung: mehr als 100 Flipper, Videospielautomaten und Musikboxen aus verschiedenen Jahrzehnten! Alle können von den Besuchern ausprobiert werden.
Sa/So 14-18 Uhr

Friesenstraße 29
19053 Schwerin
www.flippermuseum-schwerin.de

Hans-Fallada-Haus Carwitz

Hier lebte der berühmte Dichter und auf dem Friedhof am anderen Ortsende fand er seine letzte Ruhe. Mehr dazu in der Tourenbeschreibung Nr. 3.
Apr.-Okt. Di-So und feiertags 10-17 Uhr, Nov.-März Di-So und feiertags 13-16 Uhr

Zum Bohnenwerder 2
17258 Feldberger Seenlandschaft OT Carwitz
Tel. (0)39831-20359
fallada.de/museum-start/

Karower Meiler

Das Besucherzentrum des Naturparks Nossentiner/Schwinzer Heide bietet eine interessante Dauerausstellung zur Natur und Kultur der Region. Das Außengelände lädt mit Wasserspielplatz, Teich und Obstwiese zum Verweilen ein. Kinder können sich zum „Juniorranger auf Entdeckertour“ qualifizieren.
Mai-Sept. tgl. 10-17 Uhr, Apr. tgl. 10-16 Uhr, Febr./März/Okt./Nov. Mo-Fr 10-16 Uhr

Ziegenhorn 1
19395 Plau am See
Tel. (0)385-58864866
www.naturpark-nossentiner-schwinzer-heide.de

Lehmmuseum Gnevsdorf

Alles über das Baumaterial Lehm erfahren Besucher des Museums in Gnevsdorf anhand von Ausstellungen und Mitmach-Aktionen.
Mai-Sept. Do-So 13-17 Uhr und auf Anfrage

Steinstraße 64a
19395 Gnevsdorf
Tel. (0)38737-33830
www.lehmmuseum.de

Luftfahrttechnisches Museum Rechlin

Das Museum befindet sich auf dem historischen Areal der „Erprobungsstelle der Luftwaffe des III. Reiches – Gruppe Nord“. Die Gebäude wurden nach 1945 von den sowjetischen Streitkräften in Deutschland genutzt und mit deren Abzug im März 1993 freigegeben. Das Museum zeigt Flugzeuge und Fluggerätetechnik aus mehreren Jahrzehnten. Außerdem gibt es eine Ausstellung über die Geschichte der Schiffswerft Rechlin, die sich nebenan befindet. *Apr.-Okt. tgl. 10-17 Uhr, Ostern Fr-Mo 10-17 Uhr, Febr.-März tgl. 10-16 Uhr*

Am Claassee 1
17248 Rechlin
Tel. (0)39823-20424
www.luftfahrttechnisches-museum-rechlin.de

Mühlenmuseum Woldegk

Auf einem der höchsten Berge von Mecklenburg-Vorpommern, dem Woldegker Mühlenberg, befinden sich drei Windmühlen. In einer ist das Mühlenmuseum untergebracht, das die 5000-jährige Geschichte der Getreideverarbeitung anschaulich darstellt. Windmühlenmodelle im Maßstab 1:50 erklären die Entwicklung der Bauwerke. Tour 1 führt am Museum vorüber.
Tgl. 10-18 Uhr, tel. Nachfrage vorab ist empfehlenswert

Mühlendamm
17348 Woldegk
Tel. (0)1577-5351458
www.windmuehlenstadt-woldegk.de/muehlenmuseum-woldegk/

In dieser schönen Windmühle befindet sich das Mühlenmuseum Woldegk

Das Café in der Scheune lädt nach dem Besuch des Schliemann-Museums zur Einkehr ein. Draußen sitzt man auch sehr schön

Müritzeum Waren

Eine große Aquarienlandschaft, eine Naturkunde-Ausstellung sowie die Naturhistorischen Landessammlungen Mecklenburgs machen das Müritzeum zu einem attraktiven Ganztagesziel im Herzen der Mecklenburgischen Seenplatte.
Apr.-Okt. tgl. 10-19 Uhr, Nov.-März Di-So 10-18 Uhr, letzter Einlass eine Stunde vor Schließung

Zur Steinmole 1
17192 Waren (Müritz)
Tel. (0)3991-633680
www.mueritzeum.de

Natur-Museum Goldberg

In der ehemaligen Wassermühle, heute ein technisches Denkmal, befindet sich mittlerweile das Museum, das Geologie, Flora und Fauna der Region thematisiert. Aber auch zur Archäologie und Historie des Handwerks gibt es interessante Ausstellungsobjekte. Der hübsche Bauerngarten lädt zum Verweilen ein.
Apr.-Okt. Mi-Fr 11-16 Uhr, Sa/So/feiertags 11-17 Uhr; Nov.-März Mi-So 11-16 Uhr

Müllerweg 2
19399 Goldberg

Schliemann-Museum Ankershagen

Heinrich Schliemann verbrachte acht Jahre seiner Kindheit in Ankershagen. Das Museum im Pfarrhaus aus dem 18. Jh. setzt dem weltberühmten Altertumsforscher ein würdiges Denkmal. Bereits als Kind soll Schliemann beschlossen haben, irgendwann die Stadt Troja auszugraben, und dieser Beschluss soll eben in Ankershagen gefallen sein. Mehr darüber erfahren Sie in der Beschreibung zu Tour 17.
Mi-So 10-16 Uhr

Lindenallee 1
17219 Ankershagen
Tel. (0)39921-3252
www.schliemann-museum.de

Slawendorf Neustrelitz

Das Freilichtmuseum am Zierker See zeigt unterschiedliche Gebäude und widmet sich Gewerken, die das Leben der slawischen Bevölkerung zwischen dem 6. und Mitte des 12. Jh. repräsentieren. Mit dem Nachbau eines Slawenbootes kann man eine Tour über den Zierker See unternehmen. Um einen Überblick vom weitläufigen Dorf zu bekommen und die schöne Aussicht zu genießen, können Besucher auf den 12 Meter

hohen Wachturm steigen.
Jul./Aug. tgl. 10-17 Uhr, Apr.-Juni und Sept./Okt. Sa-Di 10-16 Uhr, letzter Einlass eine Stunde vor Schließung

Südlich des Stadthafens
– siehe Tour 13 –
17235 Neustrelitz
www.slawendorf-neustrelitz.de

...THERMEN UND SAUNEN

Aquafun Fleesensee
Erlebnisbad, Saunalandschaft und Fitness-Center in günstiger Lage zwischen Müritz und Plauer See. Kinder freuen sich über Wasserrutschen und einen Wasserspielplatz.
Bad: Mo-Sa 9.30-20:30 Uhr, So/feiertags 9.30-18 Uhr; Sauna: Mo-Sa 12-21 Uhr, So/feiertags 12-18 Uhr; Fitness: Mo-Fr 6-21 Uhr, Sa 8-21 Uhr, So/feiertags 10-18 Uhr

An der Therme 1
17213 Göhren-Lebbin
Tel. (0)39932-80500
www.aquafun-fleesensee.com

Natur-Therme Templin
Etwas abseits der Seenplatte, aber gut und schnell erreichbar: Die Natur-Therme Templin nutzt salzhaltiges Heilwasser aus 1650 m Tiefe. In den verschiedenen Schwimm- und Ruhebecken hat es Temperaturen zwischen 30°C und 36°C. Die große Saunalandschaft lädt zu zusätzlicher Entspannung ein.
Tgl. 9-21 Uhr

Dargersdorfer Str. 121
17268 Templin
Tel. (0)3987-201100
www.naturthermetemplin.de

Müritz-Therme Röbel
Bade- und Saunalandschaft mit über 3000 m² Fläche plus Fitness-Center sowie hauseigener Campingplatz mit Bootsverleih.
Bad: tgl. 9-21 Uhr, Sauna: tgl. 9:30-21 Uhr, Fitness: tgl. 9-21 Uhr

Am Gotthunskamp 14
17207 Röbel/Müritz
Tel. (0)39931-87819
www.mueritztherme.com

Sauna Hafenresidenz
Eine finnische Sauna mit Panoramablick und eine Bio-Sauna, Erlebnisduschen sowie ein großzügiger Ruhebereich sorgen für Wohlfühlstimmung im Apartmenthaus Hafenresidenz, das sich direkt am Warener Bootshafen befindet. Die Sauna steht auch Nicht-Gästen zur Verfügung.
Tgl. 16-22 Uhr, nur nach tel. Anmeldung (8-18 Uhr)

Müritzstraße 15a
17192 Waren (Müritz)
Tel. (0)3991-7788228
www.hafenresidenz-waren.de/wellness-sauna-mueritz/

Saunalandschaft Neubrandenburg
Im „Sportpark Otto“ in der Neubrandenburger Oststadt befindet sich diese kleine Saunalandschaft mit drei Saunen, einer Dampfsauna, Erlebnisduschen und Ruhebereich.
Mo 14-20:30 Uhr, Di-Do 9:30-13:30 Uhr und 16:30-20:30 Uhr, Fr 14-20:30 Uhr, Sa/So 9:30-15:30 Uhr, mittwochs nur für Frauen

Kopernikusstraße 3
17036 Neubrandenburg
Tel. (0)395-7072936
www.sauna-neubrandenburg.de

Überblick zum Nationalpark

Mit einer Fläche von über 320 km^2 ist der Müritz-Nationalpark der größte Nationalpark Deutschlands, der nicht am Meer liegt. 70% der Fläche sind von Wald bedeckt, 14% Seen und 8% Moore. Im Nationalpark leben über 50 Säugetier- und mehr als 220 Vogelarten. Sechs Ausstellungszentren, 25 Aussichtsplattformen und etwa 180 Informationstafeln warten auf Entdecker. Mehr Fakten zum Müritz-Nationalpark finden Sie auf seiner Website.

Nationalparkamt Müritz
Schlossplatz 3
17237 Hohenzieritz
Tel. (0)385-58863600
www.mueritz-nationalpark.de

Wanderwege im Nationalpark

Die Wanderwege im Müritz-Nationalpark sind vorbildlich markiert. Eine digitale Karte hilft bei der Orientierung:

www.mueritz-nationalpark.de/karte

Ranger-Stationen im Nationalpark

Der Müritz-Nationalpark betreibt drei Ranger-Stationen. Die Ranger agieren als Besucher-Führer, Landschaftspfleger, Wildhüter und vieles mehr. Wer Fragen zum Müritz-Nationalpark hat oder irgendwelche Probleme klären muss, kann sich vertrauensvoll an die Ranger wenden.

Ranger-Station Serrahn
Serrahn 1
17237 Carpin
Tel. (0)385-58863729
E-Mail: Serrahn@npa-mueritz.mvnet.de

Ranger-Station Blankenförde
Blankenförde 30
17252 Roggentin
Tel. (0)385-58863769
E-Mail: Blankenfoerde@npa-mueritz.mvnet.de

Ranger-Station Schwarzenhof
Schwarzenhof 15
17192 Kargow
Tel. (0)385-58863789
E-Mail: Schwarzenhof@)npa-mueritz.mvnet.de

Die majestätischen Seeadler trifft man saisonal an einigen mecklenburgischen Seen an, etwa am Plauer See

ORTE/TOURISMUSBÜOS

Burg Stargard
Tourist-Information
Burg 4
17094 Burg Stargard
Tel. (0)39603-25355
www.burg-stargard.de

Feldberger Seenlandschaft
Kurverwaltung
Strelitzer Straße 42
17258 Feldberger Seenland-schaft
Tel. (0)39831-2700
www.feldberger-seen-landschft.de

Feldberger Seenlandschaft
Tourismus- und Kulturbüro
Strelitzer Straße 4
17258 Feldberger Seenland-schaft
Tel. (0)39831-2222
www.feldberger-seen.de

Flecken-Zechlin
Tourist-Information
Rheinsberger Straße 15
16837 Rheinsberg
Tel. (0)33923-70412
www.fleckenzechlin.de

Fürstenberg (Havel)
Tourist-Information
Markt 5
16798 Fürstenberg (Havel)
Tel. (0)33093-32254
www.fuerstenberger-seenland.de

Göhren-Lebbin
Tourist-Information
Marktplatz 3
17213 Göhren-Lebbin
Tel. (0)39932-83186
www.goehren-lebbin.com

Goldberg
Tourist-Information
Müllerweg 2
19399 Goldberg
Tel. (0)38736-40443
www.amt-goldberg-milde-nitz.de

Klink
Tourist-Information
Schloßstraße 1
17192 Klink
Tel. (0)3991-1822722

Krakow am See
Tourist-Information
Markt 21
18292 Krakow am See
Tel. (0)38457-22258
www.krakow-am-see.de

Lohmen
Tourist-Information
Dorfstraße 12
18276 Lohmen
Tel. (0)172-3125724
www.lohmen-mv.de

Malchow
Tourist-Information
Kirchenstraße 11
17213 Malchow
Tel. (0)39932-83186
www.visit-malchow.de

Mirow
Tourist-Information
Schloßinsel 2
17252 Mirow
Tel. (0)39833-27567
www.klein-seenplatte.de

Neubrandenburg
Tourist-Info und Ticket-Service
Marktplatz 1
17033 Neubrandenburg
Tel. (0)395-5595127
www.neubrandenburg-touristinfo.de

Neuglobsow (Stechlinsee)
Tourist-Information im Glasmacherhaus
Stechlinseestraße 1
16775 Stechlin
Tel. (0)33082-70202
www.stechlin.de

Neustrelitz
Tourist- und Nationalpark-Information
Strelitzer Straße 1
17235 Neustrelitz
Tel. (0)3981-4534105
www.neustrelitz-erleben.de

Penzlin
Tourist-Information
Turmstraße 35
17217 Penzlin
Tel. (0)3962-210064
www.amt-penzliner-land.de

Plau am See
Tourist-Information
Haus des Gastes
Burgplatz 2
19395 Plau am See
Tel. (0)38735-45678
www.plau-am-see.de

Rechlin
Tourismus- und Dienstleis-tungsgesellschaft mbH
Müritzstraße 51
17248 Rechlin
Tel. (0)39823-169910
www.urlaub-rechlin.de

Rheinsberg
Tourist-Information
Mühlenstraße 15
16831 Rheinsberg
Tel. (0)33931-34940
www.rheinsberg.de

Röbel (Müritz)
Tourist-Information
Straße der Deutschen

Einheit 7
17207 Röbel (Müritz)
Tel. (0)39931-80113
www.stadt-roebel.de

Schwerin
Stadtmarketing-Gesellschaft
Schwerin mbH
Puschkinstraße 44
19055 Schwerin
Tel. (0)375-5925212
www.schwerin.de

Sternberg
Tourist-Information
Am Markt 3
19406 Sternberg
Tel. (0)3847-444535
https://tourismus.stadt-sternberg.de

Teterow
Tourist-Information
Östliche Ringstraße 105
17166 Teterow
Tel. (0)3996-172028
www.teterow.de

Waren (Müritz)
Information
Neuer Markt 21
17192 Waren (Müritz)
Tel. (0)3991-747790
www.waren-tourismus.de

Warin
Tourist-Information
Am Markt 4A
19417 Warin
Tel. (0)38472-60431
www.warin-tourismus.de

Wesenberg
Tourist-Information
Burg 1
17255 Wesenberg
Tel. (0)39832-20621
www.klein-seenplatte.de

Zislow
Tourist-Information
Heimathaus
Seestraße 25
17209 Zislow
Tel. (0)39924-2211
www.erholungsort-zislow.de

TOURISMUSBÜROS

Tourismusverband Mecklenburgische Seenplatte

Der Tourismusverband Mecklenburgische Seenplatte bietet auf seiner Website einen guten Überblick zu Region und Reisezielen. „Erlebnisse und Aktivitäten" sind übersichtlich kategorisiert. Außerdem können Ferienhäuser, Ferienwohnungen und andere Unterkünfte über die Webseite gebucht werden.

www.mecklenburgische-seenplatte.de

Tourismusverband Mecklenburg-Vorpommern

„Auf nach MV", sagt der Tourismusverband Mecklenburg-Vorpommern. Auf seiner Website nennt er viele Aktivitäten und Reiseziele. Unter „Urlaubsservice" kann man Prospekte bestellen oder online durchblättern.

www.auf-nach-mv.de

Tourismus-Marketing Brandenburg

Wer im Süden unseres Wandergebiets unterwegs ist, möchte vielleicht in Brandenburg übernachten und dort die eine oder andere Sehenswürdigkeit besuchen. Auf der offiziellen Tourismus-Webseite des Bundeslands kann man sich umfassend informieren.

www.reiseland-brandenburg.de

ÜBERNACHTUNGSVERZEICHNIS

Die Auswahl an Übernachtungsmöglichkeiten in der Mecklenburgischen Seenplatte ist sehr groß. Trotzdem ist in der Sommersaison eine rechtzeitige Reservierung wichtig. Ferienhäuser und -wohnungen, Campingplätze und besondere Unterkünfte, etwa Wohnboote oder Zelte, finden Sie über die Websites der Tourismusverbände oder mithilfe der Tourist-Informationen. Alternativ können Sie Online-Portale nutzen. Unser Übernachtungsverzeichnis beschränkt sich auf eine Selektion von Hotels.

€ unter 50 Euro €€ 50-80 Euro €€€ 80-110 Euro €€€€ über 110 Euro
(ungefährer Preis pro Person im Doppelzimmer während der Hauptsaison, zumeist ohne Frühstück; Angaben laut Websites der Hotels; Stand: 2023)

Canow und Umgebung .... PLZ 17252/17255

Gasthaus Canow €€, Canower Allee 48, 17255 Wustrow, Tel. (0)39828-268705, www.gasthaus-canow.de

Hotel & Ferienpark Fleether Mühle €, Fleether Mühle 1, 17252 Mirow, Tel. (0)160-1544510, www.flethermuehle.info

Hotel & Restaurant Heidekrug €€, Grünplan 14, 17255 Wustrow, Tel. (0)39828-600, www.heidekrug-hotel.de

Feldberger Seenlandschaft .... PLZ 17258

Hotel und Restaurant Deutsches Haus €€/€€€, Strelitzer Straße 18, Tel. (0)39831-20340, www.deutscheshaus-feldberg.de

Hotel Alte Schule Fürstenhagen €€, Zur alten Schule 3-5, Tel. (0)39831-22023, www.hotelalteschule.de

Seehotel Lichtenberg €€€, Forsthaus am See 1, Tel. (0)39831-2222, www.seehotel-lichtenberg.de

Waldhotel & Restaurant Stieglitzenkrug €/€€, Schlichter Damm 10, Tel. (0)39831-20420, www.stieglitzenkrug.de

Fürstenberg (Havel) .... PLZ 16775/16798

Kulturgasthof Alte Reederei €, Brandenburger Straße 38, 16798 Fürstenberg (Havel), Tel. (0)172-3227421, www.altereederei.de

Landhaus Himmelpfort am See €€€, Eichberg 10, 16798 Fürstenberg (Havel), Tel. (0)33089-4400, www.landhaus-himmelpfort.de

Zur Alten Bornmühle €, Zedenicker Straße 21A, 16798 Fürstenberg (Havel), Tel. (0)33089-39012, www.hotelaltebornmuehle.de

Villa am Stechlin €€€, Am Hirschberg 2, 16775 Stechlin, Tel. (0)33082-406265, www.villa-am-stechlin.de

Kummerower See und Umgebung .... PLZ 17109/17111/17139/17153

Hotel Demminer Mühle €€, An der Mühle 3, 17109 Demmin, Tel. (0)3998-280550, hotel-demminer-muehle.m-vp.de

Hotel Gravelotte €€, 17111 Meesiger OT Gravelotte, Tel. (0)39994-7210, www.hotel-gravelotte.de

Hotel-Restaurant Marcus €, Am Markt 13, 17139 Malchin, Tel. (0)3994-23890, www.hotelsdeutsch.com

Hotel Reuterhof €€, Werdohler Straße 7, 17153 Stavenhagen, Tel. (0)39954-320, www.reuterhof-stavenhagen.de
Hotel Trebeltal €€, Klänhammer-Weg 3, 17109 Demmin, Tel. (0)3998-2510, www.hotel-trebeltal.de

Lübz und Umgebung .... PLZ 19386
Landhotel Kreien €€, Am Feldweg 9, 19386 Kreien, Tel. (0)172-1839214, www.landhotel-kreien.de
Landhotel Schloss Daschow €€/€€€, Schlossstraße 5, 19386 Gallin-Kuppentin, Tel. (0)38732-228641, www.landhotelschlossdaschow.de
Zur Eldenburg €/€€, Am Markt 13, 19386 Lübz, Tel. (0)38731-45900, www.zureldenburg.de

Lychen und Umgebung .... PLZ 17279
Seehotel Lindenhof €€€, Lindenhof 1, 17279 Lychen, Tel. (0)39888-64310, www.seehotel-lindenhof.de
Waldhotel & Pension Sängerlust €/€€, Haus am Zenssee 2, 17279 Lychen, Tel. (0)39888-64600, www.saengerlust.de

Malchiner See und Umgebung .... PLZ 17139/17166/17194
Farmer-Hotel Basedow €€, Brauereiweg 1, 17139 Basedow, Tel. (0)39957-299390, www.farmerhotel.de
Hotel Blücher €, Warener Straße 50, 17166 Teterow, Tel. (0)3996-1579595, www.hotel-bluecher.de
Relais & Châteaux Schlosshotel Burg Schlitz €€€€, Burg Schlitz 2, 17166 Hohen-Demzin, Tel. (0)3996-12700, www.burg-schlitz.de
Schloss und Gut Ulrichshusen €€€, Seestraße 14, 17194 Schwinkendorf, Tel. (0)39953-7900, www.ulrichshusen.de
Seeschloss Schorssow €€, Am Haussee 3, 17166 Schorssow, Tel. (0)39933-790, www.schloss-schorssow.de

Malchow und Umgebung .... PLZ 17209/17213
Boutique-Hotel Lenz/Plauer See €€, Kiefernhain 16, 17213 Fünfseen, Tel. (0)39932-829488, www.art-hotel-lenz.de
Gutshaus Lexow €€€, Dorfstraße 29, 17209 Walow, Tel. (0)381-20363696, www.gutshaus-lexow.de
Hotel Haus Waldesruh €€, Lenzer Straße 19, 17213 Fünfseen, Tel. (0)39932-1020, www.hotelhauswaldesruh.de
Hotel und Restaurant am Fleesensee €€, Strandstraße 4A, 17213 Malchow, Tel. (0)39932-1630, www.hotel-am-fleesensee.de
Landhotel und Gasthof Zur Schmiede €, Malchower Straße 6A, 17213 Göhren-Lebbin, Tel. (0)39932-47880, www.schmiede-roez.de
Schlosshotel Fleesensee €€€€, Schlossstraße 1, 17213 Göhren-Lebbin, Tel. (0)39932-80100, www.schlosshotel-fleesensee.com

Neubrandenburg und Umgebung .... PLZ 17033/17094//17217/17237
Badehaus Hotel und Restaurant €€€, Parkstraße 3, 17033 Neubrandenburg, Tel. (0)395-5719240, www.badehaus-am-see.de
Bornmühle €€/€€€, Bornmühel 35, 17094 Groß Nemerow, Tel. (0)39605-600, www.bornmuehle.de

Burghotel Stargard €€, Burg 2, 17094 Burg Stargard, Tel. (0)39603-277477, www.burghotel-stargard.com
Hotel Zur Burg €€/€€€, Am Markt 11, 17094 Burg Stargard, Tel. (0)39603-2650, www.hotel-zur-burg-stargard.de
Jagdschloss Prillwitz €€€€, Prillwitz 8, 17237 Hohenzieritz, Tel. (0)39824-20345, www.jagdschloss-prillwitz.de
Landhotel Broda €€, Oelmühlenstraße 29, 17033 Neubrandenburg, Tel. (0)395-569170, www.landhotel-broda.de
PARK AM SEE €€€/€€€€, Schlosspark 1, 17217 Penzlin, Tel. (0)3962-221220, www.park-am-see.de

Plau am See und Umgebung .... PLZ 19395
Falk Seehotel Plau am See €€€, Hermann-Niemann-Straße 6, 19395 Plau am See, Tel. (0)38735-840, www.falk-seehotels.de
Fischerhaus Plau am See €€, An der Metow 12-16, 19395 Plau am See, Tel. (0)38735-8390, www.ferienpark-metow.de
Hotel Marianne & Restaurant „Kiek In" €€, Quetziner Straße 77, 19395 Plau am See, Tel. (0)38735-8230, www.hotel-marianne-plau.de
Hotel und Restaurant Fackelgarten €€, Dammstraße 1, 19395 Plau am See, Tel. (0)38735-8530, www.fackelgarten.de
Parkhotel Klüschenberg €€, Klüschenberg 14, 19395 Plau am See, Tel. (0)38735-49210, www.klueschenberg.de
Landhotel Rosenhof €€, August-Bebel-Straße 10, 19395 Plau am See, Tel. (0)38735-890, www.landhotel-rosenhof.de

Rheinsberg und Umgebung .... PLZ 16831
Gast- und Logierhaus Am Rheinsberger See €/€€, Seestraße 7, 16831 Rheinsberg, Tel. (0)33931-2131, warenthin.de/gasthaus/
Precise Resort Hafendorf Rheinsberg €€, Hafendorfstraße 1, 16831 Rheinsberg, Tel. (0)33931-8000, www.precisehotels.com
Seehotel Rheinsberg €€, Donnersmarckweg 1, 16831 Rheinsberg, Tel. (0)33931-3440, www.seehotel-rheinsberg.de

Röbel (Müritz) und Umgebung .... PLZ 17207/17209/17248
Aparthotel Müritz Seeromantik €€, Hafenstraße 1, 17209 Sietow, Tel. (0)39931-8710, www.mueritz-seeromantik.de
Ferienresidenz Müritzpark (Hotel Garni) €/€€, Bahnhofstraße 13, 17207 Röbel (Müritz), Tel. (0)39931-53930, www.ferienresidenzmueritzpark.de
Hotel und Restaurant Am Markt €, Marktplatz 6, 17207 Röbel (Müritz), Tel. (0)39931-8630, www.hotel-am-markt-roebel.de
Hotel und Event Location Bolter Mühle €, Bolter Schleuse 1, 17248 Rechlin, Tel. (0)172-30003638, www.boltermuehle.de
Hotel und Restaurant Seestern €, Müritzpromenade 12, 17207 Röbel (Müritz), Tel. (0)39931-58030, www.hotel-seestern-roebel.de
Residenz am Ostufer €€€€, Boeker Straße 39a, 17248 Rechlin, Tel. (0)39823-29120, www.residenz-am-ostufer.de

Romantik-Hotel Gutshaus Ludorf €€/€€€, Rondell 7, 17207 Südmüritz, Tel. (0)39931-8400, www.gutshaus-ludorf.de

Schwerin und Umgebung .... PLZ 19053/19055/19065/19067/19089

Boulevard-Hotel Schlossweg €€, Klosterstraße 28, 19053 Schwerin, Tel. (0)385-59550, www.boulevardhotel-schwerin.de

Hotel Gut Vorbeck €€€, An der Warnow 1, 19065 Gneven, Tel. (0)3860-502996, www.gutvorbeck.de

Hotel-Restaurant Landhaus Bondzio €€, Hauptstraße 21A, 19067 Langen Brütz, landhaus-bondzio.m-vp.de

Hotel und Ferienwohnungen Rabenstein €€/€€€, Residence Park 7, 19065 Schwerin/Raben-Steinfeld, www.hotel-rabenstein.com

Niederländischer Hof €€/€€€, Alexandrinenstraße 12-13, 19055 Schwerin, Tel. (0)385-591100, www.niederlaendischer-hof.de

Schloss Basthorst €€/€€€, Schlossstraße 18, 19089 Crivitz, Tel. (0)3863-5250, www.schloss-basthorst.de

Seehotel Frankenhorst €€, Frankenhorst 5, 19055 Schwerin, Tel. (0)385-592220, www.seehotelfrankenhorst-schwerin.de

Weinhaus Wöhler €€/€€€, Puschkinstraße 26, 19055 Schwerin, Tel. (0)385-555830, www.weinhaus-woehler.de

Sternberg und Umgebung .... PLZ 19406/19412/19417

Hotel am Wariner See €/€€, Wismarsche Straße 58, 19417 Warin, Tel. (0)38482-235190, www.hotel-am-wariner-see.de

Hotel Mecklenburger Hof €, August-Bebel-Straße 12, 19412 Brüel, Tel. (0)38483-2900, www.mecklenburger-hof.de

Hotel und Restaurant Dreiwasser €€, Johannes-Dörwald-Allee 4, 19406 Sternberg, Tel. (0)3847-4368081, hotel-dreiwasser.mv-p.de

Schloss Kaarz €€€€, Obere Dorfstraße 6, 19412 Weitendorf, Tel. (0)38482-3080, www.schlosskarz.de

Waren (Müritz) und Umgebung .... PLZ 17192

Boutique-Hotel Waren €€€, Große Grüne Straße 11, 17192 Waren (Müritz), Tel. (0)3991-633717, www.hotel-waren.com

Hotel am Tiefwarensee €, Richard-Wossidlo-Straße 7, 17192 Waren (Müritz), Tel. (0)3991-7475100

Hotel Kleines Meer €€€, Alter Markt 7, 17192 Waren (Müritz), Tel. (0)3991-6480, www.kleinesmeer.com

Hotel Müritzperle €€, Mühlenstraße 11, 17192 Waren (Müritz), Tel. (0)3991-633248, www.mueritz-perle.de

Hotel Stadt Waren €€, Große Burgstraße 25, 17192 Waren (Müritz), Tel. (0)3991-62080, www.hotel-stadt-waren.de

MAREMÜRITZ Yachthafen Resort €€€€, Am Seeufer 50, 17192 Waren (Müritz), Tel. (0)3991-1480500, www.maremueritz.com

Nationalparkhotel Kranichrast €€, Dorfstraße 15, 17192 Kargow, Tel. (0)3991-67260, www.nationalparkhotel-kranichrast.de

Ringhotel Villa Margarete €€€, Fontanestraße 11, 17192 Waren (Müritz), Tel. (0)3991-6250, www.villa-margarete.de

IMPRESSUM

1. Auflage 2024 Verlagsnummer 5005 ISBN 978-3-99154-135-6

Titelbild: Die Müritz (©AVTG - stock.adobe.com)

Text und Fotos (soweit nicht anders angegeben): Sven Hähle

Grafische Herstellung: und
Wanderkartenausschnitte: © KOMPASS-Karten GmbH
Kartengrundlage für Gebietsübersichtskarte S. 10-11, U4:
© MairDumont, D-73751 Ostfildern 4

Wir aktualisieren unsere Karten und Touren in regelmäßigen Abständen. Dies kann unter Umständen dazu führen, dass sich die Inhalte der digitalen Version eines freigeschalteten Wanderführers bzw. einer Karte von dem erworbenen Printprodukt unterscheiden. Diese Aktualisierungen sind aus rechtlichen oder sicherheitsrelevanten Gründen erforderlich und ein kostenloser Service mit Mehrwert für alle Nutzer.

Alle Angaben und Routenbeschreibungen wurden nach bestem Wissen gemäß unserer derzeitigen Informationslage gemacht. Die Wanderungen wurden sehr sorgfältig ausgewählt und beschrieben, Schwierigkeiten werden im Text kurz angegeben. Es können jedoch Änderungen an Wegen und im aktuellen Naturzustand eintreten. Wanderer und alle Kartenbenützer müssen darauf achten, dass aufgrund ständiger Veränderungen die Wegzustände bezüglich Begehbarkeit sich nicht mit den Angaben in der Karte decken müssen. Bei der großen Fülle des bearbeiteten Materials sind daher vereinzelte Fehler und Unstimmigkeiten nicht vermeidbar. Die Verwendung dieses Führers erfolgt ausschließlich auf eigenes Risiko und auf eigene Gefahr, somit eigenverantwortlich. Eine Haftung für etwaige Unfälle oder Schäden jeder Art wird daher nicht übernommen. Für Berichtigungen und Verbesserungsvorschläge ist die Redaktion stets dankbar. Korrekturhinweise bitte an folgende Anschrift:

KOMPASS-Karten GmbH
Karl-Kapferer-Straße 5, A-6020 Innsbruck
www.kompass.de/service/kontakt

FSC
www.fsc.org
MIX
Papier | Fördert gute Waldnutzung
FSC® C015829